Wähle:
- Die Sinne entwickeln sich 10
- Kino – Ein sinnliches Vergnügen 20
- Den Sinnen auf die Sprünge helfen 28
- Expedition in die Welt der Sinne 36

■ Die Themenseite erleichtert dir den Einstieg.

● Auf den Aktionsseiten findest du Experimente und Beobachtungsaufgaben.

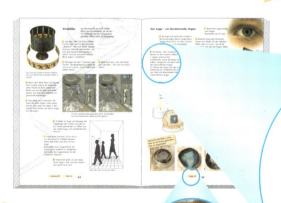

▶ Auge 42

Zum Auge findest du Informationen auf Seite 42.

4 An Rinder- oder Schweine... kannst du den inneren Aufbau ▶ Auges untersuchen:
Betrachte zuerst das Auge von außen. Vergleiche mit dem Aufba... des menschlichen Auges.
b) Trenne das Auge nach der Sez... anleitung auf. Vergleiche die ein... nen Teile mit Bestandteilen des menschlichen Auges.

5 Entfe...

Forschen und Entdecken

Brigitte Bömer
Hartmut Fahrenhorst
Hans Flinkerbusch
Hans Knopff
Ilse Nötzold
Uwe Rist
Wilhelm Roer
Marlene Rüland
Elisabeth Schreiber
Willi Schuh
Georg Trendel

Ernst Klett Verlag
Stuttgart   Düsseldorf   Leipzig

Gedruckt auf Papier aus chlorfrei gebleichtem Zellstoff, säurefrei.

1. Auflage

A 1 ⁵ ⁴ ³ ² ¹ | 2003 2002 2001 2000 99

Alle Drucke dieser Auflage können im Unterricht nebeneinander benutzt werden, sie sind untereinander unverändert. Die letzte Zahl bezeichnet das Jahr dieses Druckes.

© Ernst Klett Verlag GmbH, Stuttgart 1999.
Alle Rechte vorbehalten.
Internetadresse: http://www.klett-verlag.de

Redaktion: Herbert Lies, Ute Kühner, Simone Reichert
Herstellung: Hans Klement
Layout: Alfred Marzell, Schwäbisch Gmünd
Zeichnungen und Illustrationen: Alfred Marzell, Schwäbisch Gmünd; Mathias Hütter, Schwäbisch Gmünd; Monika Richter, Schwäbisch Gmünd

Satz und Repro: Steffen Hahn GmbH, Kornwestheim
Druck: SCHNITZER DRUCK GmbH, Korb

ISBN 3-12-036470-3

Einbandgestaltung:
Alfred Marzell, Schwäbisch Gmünd unter Verwendung folgender Fotos:
Kieselsteine: Claus Kaiser, Stuttgart; Baby: Pictor International Bildagentur GmbH, München; Stoppuhr: Werkstatt Fotografie Neumann und Zörlein, Stuttgart; Auge: Klett-Archiv; Drachen: Mauritius (Pigneter), Mittenwald; Karpfen: Eckart Pott, Stuttgart; Wetterhäuschen: Bavaria (PRW), Gauting; Schwalbenschwanz: Silvestris (Volkmar Brockhaus), Kastl; Pollenkorn: Manfred Kage, Lauterstein; Blitz: Tony Stone (Ralph Wetmore), München; Eisbär: Reinhard-Tierfoto (Hans Reinhard), Heiligkreuzsteinach; Mountainbiker: Zefa (Blankenburg), Düsseldorf

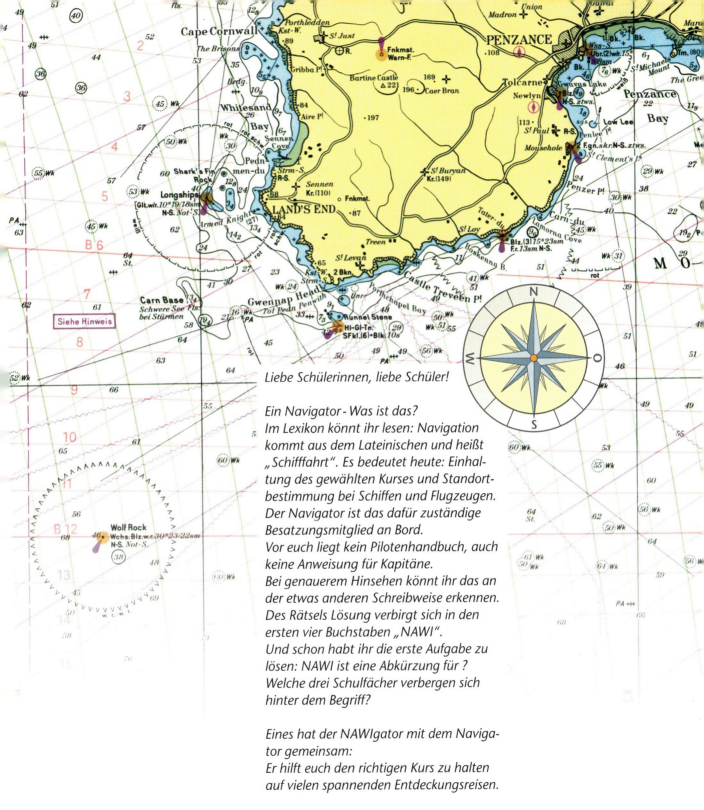

Liebe Schülerinnen, liebe Schüler!

Ein Navigator - Was ist das?
Im Lexikon könnt ihr lesen: Navigation kommt aus dem Lateinischen und heißt „Schifffahrt". Es bedeutet heute: Einhaltung des gewählten Kurses und Standortbestimmung bei Schiffen und Flugzeugen. Der Navigator ist das dafür zuständige Besatzungsmitglied an Bord.
Vor euch liegt kein Pilotenhandbuch, auch keine Anweisung für Kapitäne.
Bei genauerem Hinsehen könnt ihr das an der etwas anderen Schreibweise erkennen. Des Rätsels Lösung verbirgt sich in den ersten vier Buchstaben „NAWI".
Und schon habt ihr die erste Aufgabe zu lösen: NAWI ist eine Abkürzung für ? Welche drei Schulfächer verbergen sich hinter dem Begriff?

Eines hat der NAWIgator mit dem Navigator gemeinsam:
Er hilft euch den richtigen Kurs zu halten auf vielen spannenden Entdeckungsreisen.

Viel Spaß beim Forschen und Entdecken!

Inhaltsverzeichnis

I Sinne und Wahrnehmung

▶ **Versuch's mal** 8

■ **1 Die Sinne entwickeln sich** 10
- Eine Welt voller Licht 12
- Zum Sehen brauchst du Licht, aber Licht allein genügt nicht 13
- Töne und Geräusche 14
- Geschmack und Düfte 16
- Wärme und Berührung 18
- Dem Tastsinn auf der Spur 19

■ **2 Kino – ein sinnliches Vergnügen** 20
- Hast du Töne? 22
- Mitten im Geschehen? 23
- Kinobilder 24
- Das Auge – ein faszinierendes Organ 25
- Linsen, Augen und Projektoren 26
- Ein Regisseur greift in die Trickkiste 27

■ **3 Den Sinnen auf die Sprünge helfen** 28
- Leben im Dunkeln 30
- Leben in der Stille 32
- Brillen helfen 34
- Der Lärm machts 35

■ **4 Expedition in die Welt der Sinne** 36
- Expedition in die Welt der Sinne 38

Infothek 42

II Entdeckungen im Mikrokosmos

▶ **Was ist was?** 60

■ **1 Einbruch bei Oma Schulte** 62
- Unser Kriminallabor 64

■ **2 Reisen in kleine Welten** 66
- Neues aus der Mikrowelt 68
- Und die Reise geht noch weiter 70

■ **3 Regenwurm Krümel erzählt** 72
- Hallo, da bin ich wieder! 74
- Boden ist nicht gleich Boden 77

■ **4 Immer da und nie beachtet** 78
- Am Teich 80
- Die Tulpe, eine alltägliche Gartenpflanze 82
- Die Tulpe – scheibchenweise 84

≡ *Infothek* 86

> ▶ Mit den Wahlseiten findest du dein Wunschthema.
>
> ■ Mit der Themenseite steigst du in das gewählte Thema ein.
>
> ● Auf den Aktionsseiten findest du viele Anregungen und Anleitungen zum Experimentieren.
>
> ≡ Auf den Infothekseiten findest du Informationen, die du zum Forschen und Entdecken brauchst.

III Tiere und Pflanzen in ihrer Umwelt

▶ **Leben und Wohlfühlen** 100

■ **1 Meine Klasse find' ich klasse!** 102
- Leben im Klassenzimmer mit Pflanzen und Tieren 104
- Beim richtigen Klima gedeiht alles prima! 106

■ **2 Auf dem Bauernhof** 108
- Rund um die „Kuh" 110
- Pflanzen, die nützen 112

■ **3 Das große Waldspiel** 114
- Pflanzen und Tiere des Waldes 116
- Geschichten, die der Baum erzählt 118
- Wer frisst wen? 120
- Der Wald in Gefahr 121

■ **4 Im Zoo: Tiere und Pflanzen aus aller Welt** 122
- Im Zoo – Ganz nah dran! 124
- Ein Vortrag in der Zooschule – Leben in der Arktis 126
- Mit Hanane im Zoo 128

≡ *Infothek* 130

IV Körper und Leistung

▶ **Wer leistet was?** 142

■ **1 Erst 'mal toben** 144
- Im Fit-Mess-Studio 146

■ **2 Mein Laufabzeichen** 150
- Ein guter Plan ist alles 152
- Was macht mein Körper mit der Luft? 153
- Der Puls zeigt 's 154
- So weit die Füße tragen 155

■ **3 Wer frühstückt was?** 156
- Das Frühstück 158
- Was ess' ich noch, was ich nicht seh'? 160

■ **4 Von großen und kleinen Kräften** 162
- Heben – Kraft macht 's möglich 164
- Stark – auch ohne Muskelkraft 166

≡ **Infothek** 168

V Stoffe im Alltag

▶ **Stoffe um uns herum** 180

■ **1 Gegen den Durst** 182
- It's tea-time… Das älteste Erfrischungsgetränk der Welt 184
- Von Saft und „Säften" 186
- Sprudelnde Getränke 188

■ **2 Mit Rotkohl zaubern und forschen** 190
- Rotkohl – ein zauberhafter Stoff 192
- Ein Blick in die Natur 194

■ 3 Den Stoffen auf der Spur *196*
- Die Stofffahndung 198
- Ermittlungssache: Die 7 Unbekannten 199
- Von versteckten Farben und Geheimschriften 200

Infothek *202*

VI Wetter und Jahresrhythmik

► Wenn der Hahn kräht auf dem Mist, bleibt das Wetter, wie es ist? *214*

■ 1 Frühling – die Zeit des Erwachens *216*
- So ein Nebel – man sieht kaum die Hand vor Augen! 218
- Wolken entstehen nur in der Höhe! 219
- Von Frühlingsboten 220
- Von Frühlingswanderern 221

■ 2 Sommerschule – ein Tag im Freibad *222*
- Unsere Wetterstation – wir untersuchen einen Sommertag 224
- Es wird heiß 225
- Sonnenlicht – schön und gefährlich 226
- Die Vorhersage – Wie wird das Wetter morgen? 227

■ 3 Herbst – eine windige Zeit *228*
- Auf den Spuren des Windes 230
- Im Windlabor 232

■ 4 Winter – Zeit der Ruhe? *234*
- So eine Kälte 236
- Achtung – Wärmeverlust! 237
- Eisiges 238

Infothek *240*

Register 256
Bildquellenverzeichnis 260

Sinne und Wahrnehmung

Versuch's mal

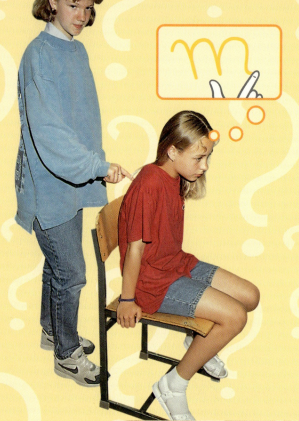

Umkehrbilder

Die Sinne entwickeln sich...

Das Baby „be-greift" die Welt

Das Neugeborene riecht die Mutter

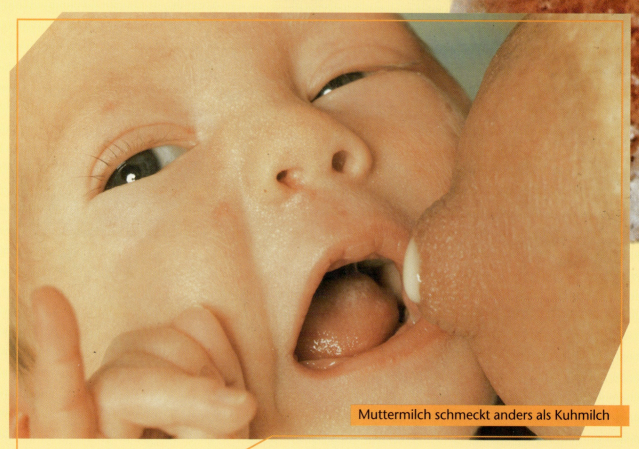

Muttermilch schmeckt anders als Kuhmilch

Das Neugeborene sieht die Welt auf dem Kopf

Achtung: Fötus hört mit!

Eine Welt voller Licht

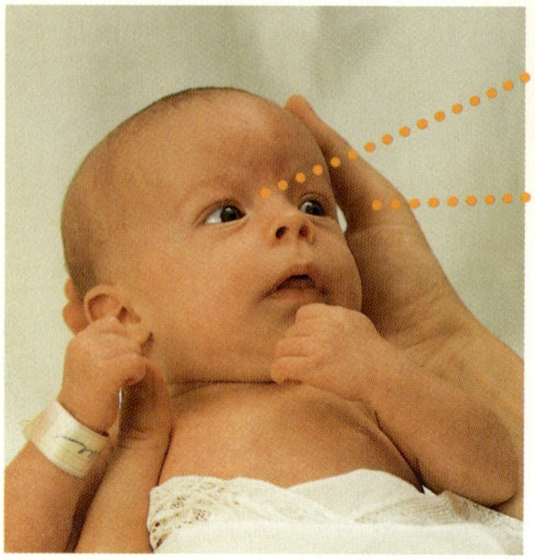

Tim, 2 Tage alt

Sarah, 6 Monate

Wie sehen wir die Welt?
Fast alle Informationen über uns und unsere Umwelt erhalten wir über den Sehsinn. Wenn das Neugeborene die ▶ Augen öffnet, dann taucht es in eine Welt aus Licht und Schatten. Diese Welt steht zunächst auf dem Kopf. Du wunderst dich bestimmt, aber auch deine Augen bilden alles, was du siehst, auf dem Kopf stehend und seitenverkehrt ab. Dein Gehirn hat in den ersten Lebenswochen gelernt, dass die Dinge „auf den Füßen stehen". Es dreht jedes Bild, das du auf der ▶ Netzhaut deines Auges empfängst, um.

1 Bilder in der dunklen Kammer
Baue dir eine einfache Kamera. Sie heißt camera obscura oder zu deutsch ▶ Lochkamera.
Was fällt dir bei den Bildern auf?

2 Wie Babys sehen...
Du brauchst eine Sammellinse (▶ Linsen) und ein Stück weißes Papier. Gehe ans Fenster und bilde mit der Sammellinse einen Baum oder ein Haus auf deinem Stück Papier ab. So bekommst du einen Eindruck von den ersten Seheindrücken eines Babys.

▶ Augen 42 ▶ Netzhaut 51 ▶ Lochkamera 50 ▶ Linsen 49

Zum Sehen brauchst du Licht, aber Licht allein genügt nicht

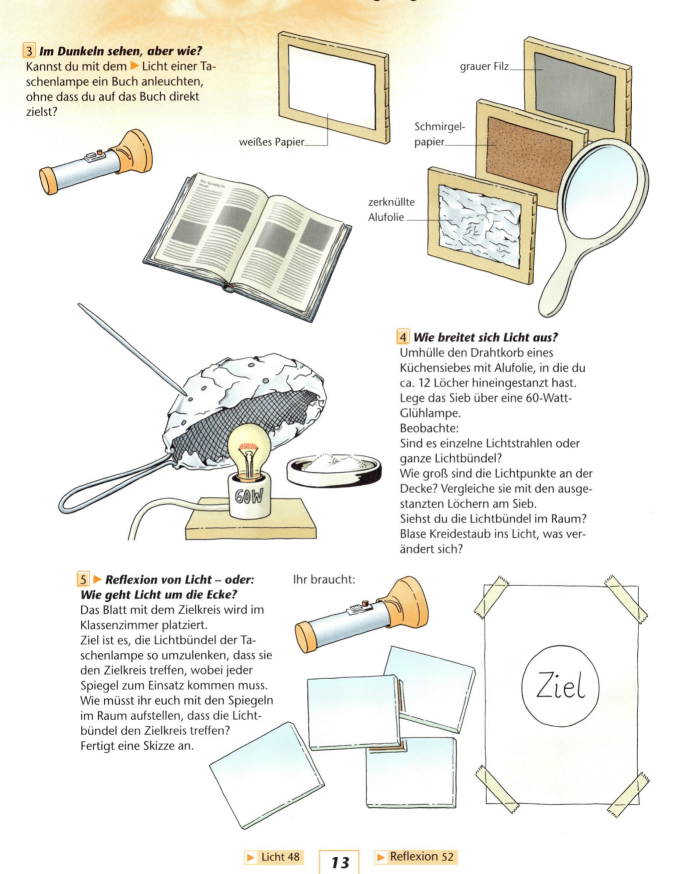

3 Im Dunkeln sehen, aber wie?
Kannst du mit dem ▶ Licht einer Taschenlampe ein Buch anleuchten, ohne dass du auf das Buch direkt zielst?

weißes Papier
grauer Filz
Schmirgelpapier
zerknüllte Alufolie

4 Wie breitet sich Licht aus?
Umhülle den Drahtkorb eines Küchensiebes mit Alufolie, in die du ca. 12 Löcher hineingestanzt hast. Lege das Sieb über eine 60-Watt-Glühlampe.
Beobachte:
Sind es einzelne Lichtstrahlen oder ganze Lichtbündel?
Wie groß sind die Lichtpunkte an der Decke? Vergleiche sie mit den ausgestanzten Löchern am Sieb.
Siehst du die Lichtbündel im Raum? Blase Kreidestaub ins Licht, was verändert sich?

5 ▶ Reflexion von Licht – oder: Wie geht Licht um die Ecke?
Das Blatt mit dem Zielkreis wird im Klassenzimmer platziert.
Ziel ist es, die Lichtbündel der Taschenlampe so umzulenken, dass sie den Zielkreis treffen, wobei jeder Spiegel zum Einsatz kommen muss. Wie müsst ihr euch mit den Spiegeln im Raum aufstellen, dass die Lichtbündel den Zielkreis treffen? Fertigt eine Skizze an.

Ihr braucht:

▶ Licht 48   **13**   ▶ Reflexion 52

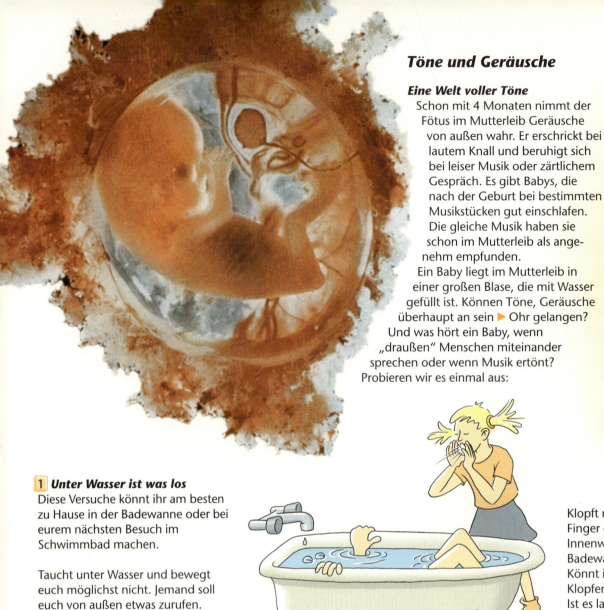

Töne und Geräusche

Eine Welt voller Töne

Schon mit 4 Monaten nimmt der Fötus im Mutterleib Geräusche von außen wahr. Er erschrickt bei lautem Knall und beruhigt sich bei leiser Musik oder zärtlichem Gespräch. Es gibt Babys, die nach der Geburt bei bestimmten Musikstücken gut einschlafen. Die gleiche Musik haben sie schon im Mutterleib als angenehm empfunden.

Ein Baby liegt im Mutterleib in einer großen Blase, die mit Wasser gefüllt ist. Können Töne, Geräusche überhaupt an sein ▶ Ohr gelangen? Und was hört ein Baby, wenn „draußen" Menschen miteinander sprechen oder wenn Musik ertönt? Probieren wir es einmal aus:

1 Unter Wasser ist was los
Diese Versuche könnt ihr am besten zu Hause in der Badewanne oder bei eurem nächsten Besuch im Schwimmbad machen.

Taucht unter Wasser und bewegt euch möglichst nicht. Jemand soll euch von außen etwas zurufen. Könnt ihr verstehen, was gesagt wurde?

Klopft mit dem Finger gegen die Innenwand der Badewanne. Könnt ihr das Klopfen hören? Ist es lauter oder leiser als in der Luft?

2 Wenn der Boden bebt
Es wird berichtet, dass Indianer bei ihren Jagdzügen durch Horchen am Boden feststellen konnten, dass sich Büffelherden nähern, bevor die ersten Tiere zu sehen waren. Wird ▶ Schall vielleicht auch durch den Boden, einen festen Stoff, übertragen? Lege ein Ohr auf den Tisch. Euer Nachbar oder eure Nachbarin soll am anderen Ende des Tisches leicht kratzen oder klopfen. Presst ein ▶ Ohr an den Fußboden (Papier unterlegen). Am anderen Ende der Klasse läuft jemand ein paar Schritte. Was könnt ihr hören?

▶ Ohr 51   ▶ Schall 54

3 Eine Unterhaltung im Weltraum

Astronauten verlassen manchmal ihre Raumstation, um außen bestimmte Aufgaben zu erledigen. Der Weltraum ist völlig luftleer, es besteht ein ▶ Vakuum. Könnten sie sich auch über den leeren Raum durch Zuruf verständigen?

Stellt einen Wecker oder eine elektrische Klingel unter eine Vakuumglocke und pumpt die Glocke luftleer. Was hört man? Was sieht man?

Was wird benötigt, damit ▶ Geräusche übertragen werden können? Welche Stoffe übertragen Geräusche besonders gut, welche nicht so gut?

4 Wie entstehen ▶ Töne?
Ein Geräuscheparcours

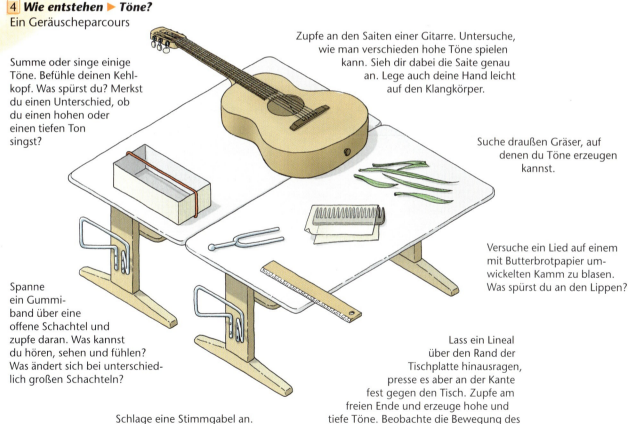

Summe oder singe einige Töne. Befühle deinen Kehlkopf. Was spürst du? Merkst du einen Unterschied, ob du einen hohen oder einen tiefen Ton singst?

Zupfe an den Saiten einer Gitarre. Untersuche, wie man verschieden hohe Töne spielen kann. Sieh dir dabei die Saite genau an. Lege auch deine Hand leicht auf den Klangkörper.

Suche draußen Gräser, auf denen du Töne erzeugen kannst.

Versuche ein Lied auf einem mit Butterbrotpapier umwickelten Kamm zu blasen. Was spürst du an den Lippen?

Spanne ein Gummiband über eine offene Schachtel und zupfe daran. Was kannst du hören, sehen und fühlen? Was ändert sich bei unterschiedlich großen Schachteln?

Lass ein Lineal über den Rand der Tischplatte hinausragen, presse es aber an der Kante fest gegen den Tisch. Zupfe am freien Ende und erzeuge hohe und tiefe Töne. Beobachte die Bewegung des Lineals bei verschiedenen Tonhöhen.

Schlage eine Stimmgabel an. Vergleiche die entstehenden Töne. Berühre mit den Spitzen der Stimmgabel leicht deine Wange. Tauche die Spitzen der Stimmgabel in ein Glas Wasser und beobachte.

▶ Vakuum 58   ▶ Geräusche 47   ▶ Töne 57

Geschmack und Düfte

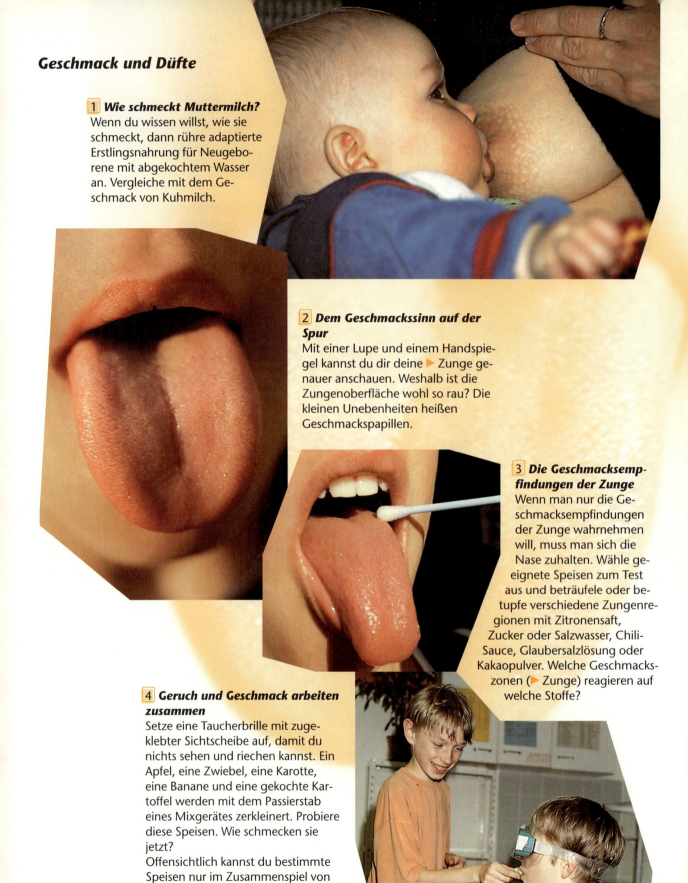

1 Wie schmeckt Muttermilch?
Wenn du wissen willst, wie sie schmeckt, dann rühre adaptierte Erstlingsnahrung für Neugeborene mit abgekochtem Wasser an. Vergleiche mit dem Geschmack von Kuhmilch.

2 Dem Geschmackssinn auf der Spur
Mit einer Lupe und einem Handspiegel kannst du dir deine ▶ Zunge genauer anschauen. Weshalb ist die Zungenoberfläche wohl so rau? Die kleinen Unebenheiten heißen Geschmackspapillen.

3 Die Geschmacksempfindungen der Zunge
Wenn man nur die Geschmacksempfindungen der Zunge wahrnehmen will, muss man sich die Nase zuhalten. Wähle geeignete Speisen zum Test aus und beträufele oder betupfe verschiedene Zungenregionen mit Zitronensaft, Zucker oder Salzwasser, Chili-Sauce, Glaubersalzlösung oder Kakaopulver. Welche Geschmackszonen (▶ Zunge) reagieren auf welche Stoffe?

4 Geruch und Geschmack arbeiten zusammen
Setze eine Taucherbrille mit zugeklebter Sichtscheibe auf, damit du nichts sehen und riechen kannst. Ein Apfel, eine Zwiebel, eine Karotte, eine Banane und eine gekochte Kartoffel werden mit dem Passierstab eines Mixgerätes zerkleinert. Probiere diese Speisen. Wie schmecken sie jetzt?
Offensichtlich kannst du bestimmte Speisen nur im Zusammenspiel von Zunge und ▶ Nase richtig benennen.

▶ Zunge 59   ▶ Nase 51

5 ▶ Düfte auf dem Schulhof
Sammelt verschiedene Materialien auf dem Schulhof. Wer kann sie mit verbundenen Augen ▶ erriechen?

6 Eine Riechorgel selbst gebaut
Du kannst Düfte sammeln wie andere Leute Briefmarken. Alles was du brauchst, sind kleine, luftdicht verschließbare Behälter z. B. schwarze Filmdöschen (evtl. im Fotogeschäft nachfragen). Nun könnt ihr die Döschen mit Substanzen aus der Natur oder verschiedenen Flüssigkeiten füllen: Gewürzkräuter, Essig, Erde… Den Inhalt schreibt auf ein kleines Schild und klebt es auf den Boden des Behälters. Je größer die Sammlung wird, desto mehr Spaß macht es, die einzelnen Düfte voneinander zu unterscheiden.

▶ Düfte 44   ▶ Riechen 54

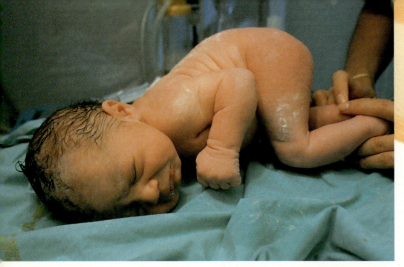

Wärme und Berührung

Von der warmen Fruchtblase in die kalte Wirklichkeit
Den ersten Schock erfährt ein Baby bei der Geburt, wenn es aus der 36 °C warmen Fruchtblase der Mutter in die kalte Wirklichkeit des Kreißsaales eines Krankenhauses kommt. Wie sehr wir alle auch heute noch Wärme als wohltuend und mit dem Gefühl der Geborgenheit verbinden, zeigt dir der nachfolgende Versuch.

1 Du spürst die Wärme
Dieses Spiel führst du mit einem Partner oder einer Partnerin durch. Eine oder einer von beiden reibt die Handflächen aneinander, bis sie sich erwärmen. Der oder die andere schließt die Augen. Nun werden die erwärmten Handflächen beidseitig den Wangen, der Stirn oder den Augen genähert. Was ist zu spüren?
Spielvariation:
Beide reiben sich die Hände, bis sich die Handflächen erwärmen. Nähert mit geschlossenen Augen die Hände langsam aneinander, bis die Wärmeausstrahlung zwischen den beiden Handflächen spürbar wird. So könnt ihr euch langsam durch den Raum führen oder führen lassen.

2 Dem Wärmesinn auf der Spur
In deiner ▶ Haut befinden sich so genannte Wärme- und Kältekörperchen. Um sie aufzuspüren, brauchst du Stricknadeln, die du im 60 °C warmen Wasser erwärmst, und später in einer Kältemischung aus Wasser und Salz stark abkühlst. Markiere auf der Haut deines Partners oder deiner Partnerin mithilfe einer Schablone unterschiedliche Stellen. Nun berührst du mit den erwärmten und später mit den abgekühlten Stricknadelköpfen die markierten Hautstellen. Ist an allen Stellen etwas zu spüren?

▶ Haut 47

Dem Tastsinn auf der Spur

Im Wort „begreifen" steckt das Wort „greifen". Ein Baby braucht 5 bis 6 Monate, bis es nach einem Gegenstand bewusst greifen kann. Alle neuen Gegenstände, die es sieht, werden gegriffen, betastet, gewendet, beschaut, gedreht und schließlich mit dem Mund erkundet und „einverleibt". Dann erst hat es den Gegenstand „begriffen". Die Merkmale werden im Gehirn abgespeichert. Wo liegt unser Tastsinn? Liegt er nur in den Fingerkuppen? Die folgenden Versuche helfen dir, die Welt des Tastens und Fühlens etwas genauer zu entdecken.

1 Wo ist deine Haut am empfindlichsten?

In der ▶ Haut gibt es so genannte Tastkörperchen. Ihre Erregung durch Berührung wird durch Nerven ans Gehirn geleitet. Um diese aufzuspüren, markierst du wieder verschiedene Hautstellen. Schließe die Augen und lasse deinen Partner oder deine Partnerin ca. 50-mal mit der ▶ Tastborste die Stellen berühren. Wie oft spürst du etwas?
Warum sind an den Fingerkuppen wohl so viele Tastkörperchen?

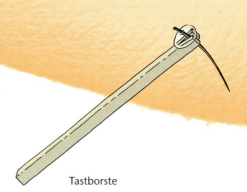

Tastborste

2 Auch Druck wird weitergeleitet

Fülle mehrere Filmdöschen mit 10, 20, 30, 40 Erbsen. Schließe deine Augen und lege deine Hand entspannt auf den Tisch. Dein Partner oder deine Partnerin wird dir nun unterschiedlich schwere Filmdöschen nacheinander auf den Handrücken legen.
Erkennst du die Gewichtsunterschiede?
Bis auf wie viel Gramm genau spürst du die Gewichtsveränderung?

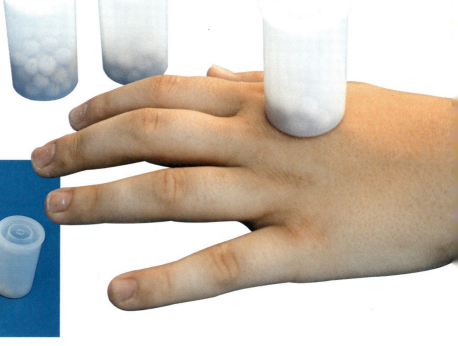

▶ Haut 47   ▶ Tastborste 56

Kino – ein sinnliches

Wie werden Filme gedreht?
Welche Töne erzeugen Schrecken?
Welche Wirkung hat Musik?
Was geschieht im Auge?

Vergnügen

Wie lenkt man die Aufmerksamkeit auf einen Bildausschnitt?

Warum sehen wir bewegte Bilder?

Was geschieht im Ohr?

Warum fühlt man sich im Kino mitten im Geschehen?

Hast du Töne?

Ein schriller Schrei, schleichende Schritte, ohrenbetäubendes Donnern – im Kino werden Geräuscheffekte ganz gezielt eingesetzt. Auf den nächsten Seiten wirst du dazu mehr erfahren. Vorher solltest du aber untersuchen, was ▶ Töne sind, wie sie sich unterscheiden und wie sie auf dich wirken.

1 Bringe eine Schreibstimmgabel zum Klingen. Ziehe die Schreibfeder gleichmäßig durch eine Rußschicht auf einer Glasplatte. Wie ändert sich die Spur, wenn der Ton laut bzw. leise ist?
Betrachte die Spuren der Schwingungen (▶ Schall) mit einem Tageslichtprojektor.

2 Du kannst eine ähnliche Spur auch auf einem Blatt Papier zeichnen. Bewege deine Hand mit einem Stift in einer Linie vor und zurück. Inzwischen zieht ein Partner oder eine Partnerin ein Stück Papier gleichmäßig unter dem Stift durch.

Wenn man eine Glasplatte über eine Kerzenflamme hält, entsteht eine Rußschicht

3 Es gibt Stimmgabeln für unterschiedlich hohe Töne. Halte die Enden verschiedener Stimmgabeln an deine Wange. Berühre mit ihnen die Wasseroberfläche in einem Glas. Vergleiche.

Ein Ton zum Ansehen

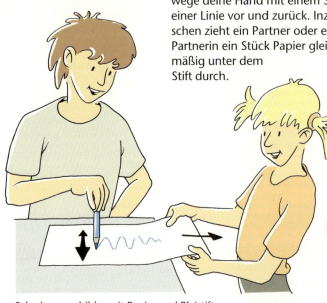

Schwingungsbilder mit Papier und Bleistift

4 Wie würden für eine Stimmgabel mit sehr hohem Ton die Kratzspuren auf der Glasplatte aussehen? Versuche, den Fall mit Papier und Stift nachzustellen.

5 Erzeuge mit einem Tonfrequenzgenerator verschieden hohe Töne. Welche Tonlagen empfindest du als angenehm, welche als besonders unangenehm?
Sehr tiefe Töne (▶ Infraschall) „hörst" du nicht mehr mit den Ohren. Sie verursachen bei dir ein „Grummeln im Bauch". Sie werden manchmal im Kino eingesetzt, um Angst zu erzeugen.

Tonfrequenzgenerator

▶ Töne 57   ▶ Schall 54   ▶ Infraschall 48

Mitten im Geschehen?

Kino ist besser als Fernsehen. Nicht nur die Bilder auf der großen Leinwand, sondern auch die Töne sind eindrucksvoll. Du hörst das Aufheulen eines Motors und in der nächsten Sekunde klingt es, als rase ein Auto von rechts durch den Saal. Schall kommt von allen Seiten, man fühlt sich mitten im Geschehen.

1 Verfolgungsszene in einem unübersichtlichen Lagerraum: Detektiv X wartet auf ein verräterisches Geräusch. Versetze dich in seine Situation. Finde mit geschlossenen Augen heraus, wer in der Klasse sich durch ein leises Klopfen verrät und zeige in die Richtung. Halte dann ein Ohr zu und wiederhole den Versuch. Was stellst du fest?

2 Untersuche wie ▶ Richtungshören funktioniert.
Verbinde zwei Trichter mit einem Schlauch und halte sie an deine Ohren. Jemand tippt auf verschiedene Stellen des Schlauchs. Finde heraus, ob der Schlauch rechts oder links von der Mitte berührt wurde.

Wo hat's geklopft?

3 Bestimme die ▶ Schallgeschwindigkeit.
Miss eine Strecke von mindestens 300 m aus. Starte eine Stoppuhr, wenn du das Startsignal der Starterklappe siehst. Stoppe die Uhr, wenn du den Knall hörst.
Welche Entfernung legt Schall in einer Sekunde zurück?

4 Informiere dich, wie Stereoaufnahmen gemacht werden und was ▶ Stereo bedeutet.
Höre dir z. B. im Musikraum ein Musikstück in Stereo an. Finde heraus, aus welcher Richtung bestimmte Instrumente erklingen. Bei welchen Instrumenten ist das besonders leicht, bei welchen schwer?
Wann hört man die Richtung besser, bei hohen oder bei tiefen Tönen?

Stereoklänge

Wie schnell ist der Schall?

▶ Richtungshören 54   ▶ Schallgeschwindigkeit 55   ▶ Stereo 56

Das Zoetrop wurde im letzten Jahrhundert zum Betrachten bewegter Bilder erfunden.

Kinobilder

Ein Film besteht aus einer langen Reihe von Einzelbildern. Sie werden nacheinander auf der Leinwand abgebildet. Wieso siehst du Bewegung?

1 Lass den „Film" im Daumenkino (rechte Seite oben in der Infothek) „ablaufen". Wie viele Bilder müssen etwa pro Sekunde durchlaufen, um eine geschlossene Bewegung zu sehen? Zeichne auf einem kleinen Block eigene „Trickfilme".

2 Überlege wie das ▶ Zoetrop funktioniert. Die Bauanleitung erklärt dir, wie du ein solches „Kino" selbst herstellen kannst.

3 Informiere dich, wie viele Bilder pro Sekunde ▶ Film und ▶ Fernsehen liefern.

4 Blicke über diese Seite hinweg aus dem Fenster. Kannst du dabei einzelne Wörter im Buch erkennen? Blicke nun auf die Seite und achte darauf, wie sehr weit entfernte Gegenstände erscheinen.

5 Miss nach, bis zu welchem Abstand du einen Finger scharf sehen kannst. Was spürst du dabei in den Augen? Beschreibe, wie deine Augen sich bewegen.

Im Film wird die Aufmerksamkeit durch Scharfstellen auf einen bestimmten Bildausschnitt gelenkt.

6 Schließe ein Auge und bewege die Zeigefinger der rechten und der linken Hand aufeinander zu. Öffne nun das zweite Auge und wiederhole den Versuch.

7 Halte beide Daumen 30 bis 40 cm vor dein Gesicht. Schließe abwechselnd dein linkes und dein rechtes Auge.
Beobachte einen Gegenstand, der etwas weiter entfernt ist. Vergleiche die Größe des Gegenstands mit der Größe der Daumen.

8 Manchmal spielt uns das Auge einen Streich. Wer erscheint besonders groß? Miss nach.

Weit oder nah? Groß oder klein?

▶ Zoetrop 59   ▶ Film 44   ▶ Fernsehen 92

Das Auge – ein faszinierendes Organ

1 Betrachtet gegenseitig eure Augen. Beschreibt was ihr seht.

2 Bewege eine Hand sehr schnell in Richtung Augen deines Gegenübers. Stoppe etwa 10 cm vor dem Gesicht. Achte dabei auf die Augenlider.

3 Bedecke deine geschlossenen Augen eine Weile mit den Händen. Blicke dann ins Licht. Lass dir beschreiben, wie sich die Augen dabei verändern.

4 An Rinder- oder Schweineaugen kannst du den inneren Aufbau des ▶ Auges untersuchen:
a) Betrachte zuerst das Auge von außen. Vergleiche mit dem Aufbau des menschlichen Auges.
b) Trenne das Auge nach der Sezieranleitung auf. Vergleiche die einzelnen Teile mit Bestandteilen des menschlichen Auges.

Sezieranleitung Du benötigst: Eine Präparationsschere, ein Skalpell, eine Pinzette, eine kurze, scharfe Schere, ein Paar Einmalhandschuhe, ein frisches Rinder- oder Schweineauge vom Schlachthof.

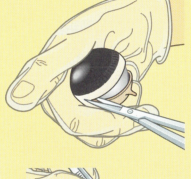

Trenne mit einem Ringschnitt durch die Lederhaut das Auge in eine vordere (mit dem Glaskörper) und eine hintere Hälfte.

Untersuche zunächst den hinteren Teil des Auges. Löse vorsichtig die verschiedenen Schichten ab.

5 Entferne aus einem vollständigen Auge hinten neben dem Sehnerv ein Stückchen der Lederhaut. Achte darauf, dass du den Glaskörper nicht beschädigst. Lege ein Stück Pergamentpapier auf die Lücke. Lass das Licht einer Kerzenflamme durch die Pupille ins Auge fallen. Verschiebe die Kerze, bis du ein scharfes Bild der Flamme auf dem Pergament siehst.

Untersuche dann den vorderen Augenteil. Löse vorsichtig den Glaskörper von der Linse. Suche die feinen, schwarz gefärbten Linsenbänder und zeichne ihre Anordnung. Nimm die Linse heraus und halte sie dicht über Geschriebenes.

Betrachte die Bilder unten. Hast du ähnliches gefunden? Was ist abgebildet?

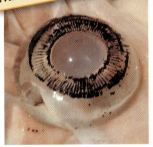 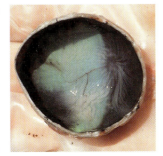 

▶ Auge 42

25

Linsen, Augen und Projektoren

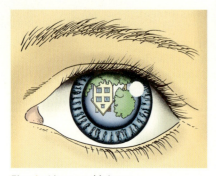
Eine ▶ Linse verkleinert

Eine Linse vergrößert

1 Eine einfache Sammellinse (Konvexlinse) kannst du dir selbst herstellen.

2 Benutze eine möglichst große Sammellinse bei Sonnenlicht als Brennglas. Miss die Entfernung des Brennpunkts.

3 Bemale ein Diagläschen mit feinen Folienstiften. Betrachte das Bild mit Hilfe eines ▶ Projektors.
Stelle ohne Projektor eine scharfe, vergrößerte Abbildung deines Diabildes her.
Wovon hängt die Größe der Abbildung ab?
Sieh dir den Diaprojektor genauer an. Wie erzeugen hier Linsen ein Bild?

4 Bilde mit einer Sammellinse ein Gesicht stark verkleinert ab. Ist eine Verkleinerung des Bildes auf die Größe des Diagläschens möglich?

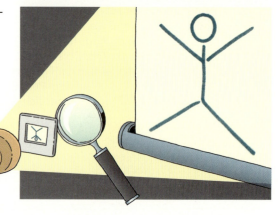

5 Häufig findet man auf Linsenfassungen eine Zahl. Finde heraus, was diese Zahl bedeutet. Dazu zwei Tipps:
Benutze solche Linsen als Brenngläser (siehe Versuch 2).
Bilde eine Kerzenflamme so ab, dass das Bild genau so groß ist wie das Original.
Welche Entfernung haben jetzt Bild und Flamme von der Linse? Erkennst du bei beiden Versuchen einen Zusammenhang mit der Zahl?

▶ Linse 49   ▶ Projektor 52

Ein Regisseur greift in die Trickkiste

1 Sieh dir eine Filmszene genau an. Beschreibe, welche Gefühle die Szene bei dir ausgelöst hat. Betrachte die Szene danach erneut.

Regie-Werkzeugkasten

Beleuchtung: grelles Licht, Kerzenlicht, Halbdunkel, warme Farben, Regenwetter, farblos

Musik: harmonisch, Orchester, rhythmisch, schrill, klassisch, eintönig, Einzelinstrumente

Kamera: scharfer Vordergrund, Standbild, scharfer Hintergrund, Blick von unten, langsamer Schwenk, Person scharf, schnelle Kamerafahrt, Person unscharf, Nahaufnahme

Töne/Geräusche: bekannt, Richtung feststellbar, sehr tief, unbekannt, Echo/Hall, hoch, Stille, schrill

2 Untersuche, welche Mittel aus dem Werkzeugkasten eingesetzt wurden, um diese Gefühle auszulösen. Überlege auch, welche anderen „Werkzeuge" es gibt und welche Wirkung sie haben könnten.

Stelle selbst einen Videofilm oder ein Hörspiel her. Überlege dir zuerst eine gute Geschichte und wähle die passenden Effekte aus dem Werkzeugkasten.

Freude — *Trauer* — *Spannung* — *Liebe*

Suche aus der Werkzeugkiste des Regisseurs für jeden Filmabschnitt die passenden Zutaten heraus.

Den Sinnen auf die Sprünge helfen...

Kannst du dir vorstellen, dass diese blinden Schüler und Schülerinnen in einem Segelkurs das Segeln erlernten? Es ist möglich!

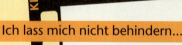
Ich lass mich nicht behindern...

Kennst du das Spiel Torball? Es ist ein rasantes Spiel für Blinde. Die Spielregeln findest du auf den nächsten Seiten.

Ich bin Nana,
12 Jahre alt.

Ich bin Larissa,
12 Jahre alt.

Ich bin Albiona, 12 Jahre alt.

Ich bin Nicolina,
11 Jahre alt.

Alle Kinder dieser Klasse sind gehörlos.

Ich bin Claudia,
11 Jahre alt.

Ich bin Jevithan,
12 Jahre alt.

Es ist wichtig, dass wir im Halbkreis sitzen.
Kannst du dir vorstellen warum?
Welche Rolle spielt die Trommel?

Ich bin Andreas,
11 Jahre alt.

Wir steh'n zu unserer Brille …

… denn wir haben den Durchblick.

Leben im Dunkeln...

Würdest du vermuten, dass diese Kinder blind oder stark sehbehindert sind? Sie orientieren sich scheinbar mühelos.
Außer ihrem Sehsinn sind all ihre anderen Sinne besonders gut ausgeprägt. So können Blinde viel besser tasten und hören. Probiere einmal aus, wie du dich ohne Augenlicht orientieren kannst.

[1] Erkunde das Schulgelände mit verbundenen Augen. Als Hilfe kannst du einen Taststock (z. B. einen langen Ast) benutzen. Ein Mitschüler oder eine Mitschülerin begleitet dich dabei.

[2] Hast du schon einmal mit verbundenen Augen
– Wasser in ein Glas eingeschenkt?
– Gegenstände ertastet und richtig erkannt?
– Münzen und Geldscheine nach ihrem Wert erkannt? (Ein Tipp: Auf den Geldscheinen sind Taststreifen als Hilfe für Blinde eingearbeitet.)

[3] Der Junge lernt hier den Bewegungsablauf zum Werfen. Versuche selbst einmal mit verbundenen Augen den Ball möglichst weit zu werfen. Was bemerkst du?

Die beiden blinden Kinder üben Sprungtechniken. Probiere auch mal mit verbundenen Augen.

Diese Kinder einer Blindenschule lernen lesen mithilfe der ▶ Blindenschrift. Zum Schreiben wird eine spezielle Schreibmaschine verwendet. Mit ihr werden die Blindenschriftpunkte in dickes Papier gestanzt.

4 Mit den Händen lesen
„Schreibe" ein Wort in ▶ Blindenschrift. Nimm einen Schuhkarton (eine andere Kiste oder eine Styroporplatte) und ordne mit Stecknadeln die Buchstaben entsprechend der Blindenpunktschrift an. Dein Nachbar oder deine Nachbarin versucht das Wort zu ertasten.

5 Blinde Kinder lernen, was für dich selbstverständlich ist.
Fertige ein Bild (Collage) an, das man ertasten kann. Verwende dazu verschiedene Materialien wie z. B. Pappe, Sand, Blätter und Stoffreste.

6 Spielregeln für Torball
Nicht blinde Mitspieler oder Mitspielerinnen müssen eine Augenbinde tragen.
Je 3 Spieler pro Mannschaft knien auf Schaumstoffmatten. Ein Ball mit Rassel (damit man ihn hören kann) wird unter einem 40 cm über dem Fußboden gespannten Seil geworfen. Fängt ihn die Gegenmannschaft nicht, gibt es einen Punkt für die werfende Mannschaft.

7 In dieser Klasse arbeiten blinde und sehende Kinder zusammen. Der Lehrer hat spezielles ▶ Unterrichtsmaterial für Blinde erstellt, das auch so manchem Nicht-Blinden zum Verständnis gut helfen kann. Warum gibt es eigentlich nur so wenige Schulen, in denen gemeinsames Lernen möglich ist? Erkundige dich, in wie vielen Schulen deiner Stadt behinderte und nicht behinderte Kinder zusammen lernen können!

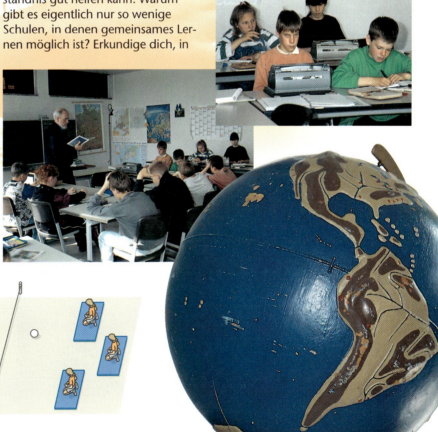

▶ Unterrichtmaterial für Blinde 57   ▶ Blindenschrift 43

Leben in der Stille

[1] Claudia war als kleines Kind krank und ist seitdem gehörlos. Sie kann von den Lippen ablesen und mit den Händen reden, das nennt man ▶ Gebärdensprache.
Was fragt Claudia?

[2] Stell dir vor, du hörst nichts mehr, alle dir vertrauten Geräusche nimmst du nicht mehr wahr.
Nimm zwei leere Pappbecher, Schachteln oder ähnliches und befestige sie mit einem Stirnband oder Schal an deinen Ohren. Damit du noch weniger hörst, solltest du sie mit Papier oder Watte ausstopfen. Zusätzlich kannst du deine Ohrmuschel mit Watte verschließen.
Versuche nun, dich mit deinem Partner oder deiner Partnerin zu unterhalten.
So ungefähr erlebt Claudia die Welt.

[3] Wenn die Lehrerin allen Kindern der Klasse etwas mitteilen will, dann schlägt sie auf die Trommel.
Warum reagieren die gehörlosen Kinder darauf?
Lass eine Musikanlage spielen und fühle am Lautsprecher. Was empfindest du?

[4] Versuche einmal eine Fernsehsendung ohne Ton zu verfolgen.

▶ Gebärdensprache 46

Gehörlose müssen das Sprechen erst erlernen. Anders als Hörende können sie ihre eigene Stimme nicht wahrnehmen. Deshalb klingen die Worte für uns häufig unverständlich, wir müssen uns erst hineinhören und auch auf die Mundbewegungen und Gebärden achten. Der Blickkontakt ist sehr wichtig.

5 Jevithan sagt „Guten Morgen, guten Abend". Kannst du die Bilder zuordnen?
Tipp: Denke an die aufgehende und untergehende Sonne (▶ Gebärdensprache).

6 Unterhalte dich mit deinen Mitschülern und Mitschülerinnen ohne zu sprechen, versuche nur mit den Händen zu reden.

7 Gehörlose Kinder können unsere Lautsprache nicht über das Ohr aufnehmen, aber manche Kinder können noch verschiedene Geräusche wahrnehmen. Eine ▶ Höranlage verstärkt die Töne und Geräusche in der Klasse und die der Lehrerin, so dass die Kinder noch bestimmte Frequenzen über das ▶ Ohr aufnehmen können. Das hilft ihnen, ihre Sprache zu verbessern.
Aus diesem Grund tragen viele Kinder auch ein Hörgerät.

8 Kennt ihr das Spiel Soundtracks? Für die gehörlosen Kinder ist das eine schwierige Übung zum Erkennen verschiedener Geräusche. Sie werden über die Höranlage eingespielt. Selbst für Hörende ist es nicht ganz einfach zu erraten, was sich hinter den Geräuschen verbirgt. Versucht es doch selbst.
Nehmt auf eine Kassette verschiedene Geräusche auf und lasst sie von euren Mitschülern und Mitschülerinnen erraten.

9 Erkundigt euch, wo in eurer Umgebung eine Gehörlosenschule ist. Vielleicht könnt ihr die Kinder dort einmal besuchen.

▶ Gebärdensprache 46   ▶ Höranlage 47   ▶ Ohr 51

Brillen helfen...

Es gibt verschiedene Brillen, mit denen man ▶ Augenfehler ausgleichen kann.

Eva sieht ihre Umgebung unscharf. Sie ist ▶ kurzsichtig.

Frau Mark kann nicht mehr nah sehen. Sie ist ▶ weitsichtig.

1 Welche Brillen vergrößern? Probiere aus. Untersuche genau die Form der Gläser. Gibt es Unterschiede?

2 So kannst du feststellen, wie es zu Kurz- oder Weitsichtigkeit kommt und wie eine Brille dies ausgleicht. Führe die Versuche mit Brillen für Kurzsichtige und Weitsichtige aus. Erzeuge mit Brille und Linse ein scharfes Bild.
Markiere genau den Standort des Schirms.
Entferne nun die Brille.
So wie auf dem Schirm würde die Kerze ohne Brille auf der ▶ Netzhaut eines Fehlsichtigen erscheinen. Verschiebe den Schirm, bis das Bild wieder scharf ist. Wo würde also die Kerze im Auge des Fehlsichtigen scharf abgebildet? Was macht die Brille mit dem Bild?

3 Der Augapfel (▶ Auge) ist zu lang.

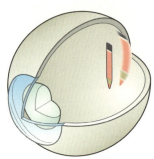

Das Bild auf der ▶ Netzhaut ist unscharf. Brauchst du eine Brille für Kurzsichtige oder Weitsichtige?

4 Der Augapfel (▶ Auge) ist zu kurz.

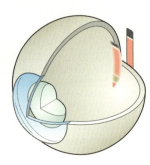

Welche Brille brauchst du hier zum Ausgleich?

▶ Augenfehler 43 ▶ Kurzsichtigkeit 48 **34** ▶ Netzhaut 51 ▶ Auge 42
▶ Weitsichtigkeit 58

Der Lärm machts…

Lärm hat Auswirkungen auf deine Gesundheit. Die Herz- und Magentätigkeit kann gestört werden. Der Blutdruck kann steigen. Manche Menschen werden gereizt, leiden an Schlaflosigkeit und Konzentrationsschwierigkeiten.
Ein Lärmpegel von ▶ 110 Dezibel täglich 15 Minuten lang reicht aus, um nach wenigen Jahren schwerhörig zu werden.

1 Miss deinen Pulsschlag bei Ruhe. Setze dann einen Walkman auf und spiele sehr laute Musik. Wie hoch ist dein Puls jetzt?

2 Stelle mit einem ▶ Schallpegelmessgerät die Lautstärke deines Walkmans fest.

3 Erstellt mit einem ▶ Schallpegelmessgerät eine Lärmkarte eurer Schule. Zeichnet einen Grundriss eures Schulgebäudes und markiert die lautesten Stellen rot.

4 Überprüfe deine Konzentrationsfähigkeit
Eure Klasse wird in zwei Gruppen geteilt, die in zwei verschiedenen Räumen arbeiten. Gruppe A erhält Aufgaben, die sie in 5 Minuten lösen muss. Dabei spielt sehr laute, dröhnende Musik aus einem Kassettenrekorder. Gruppe B löst die Aufgaben in absoluter Ruhe. Anschließend wechseln die Gruppen und bearbeiten diese Aufgaben.
Danach werden die Ergebnisse kontrolliert und die Anzahl der Fehler verglichen.

5 Wie gut kannst du hören?
Mit einem Tonfrequenzgenerator (siehe Seite 22) erzeugt dein Lehrer oder deine Lehrerin unterschiedlich hohe und tiefe Töne.
Du arbeitest mit einem Partner oder einer Partnerin.
Du schließt die Augen und achtest genau auf die Töne.
Hebe den Arm, sobald du den ersten Ton hörst.
Senke den Arm, wenn du keinen Ton mehr hörst.
Dein Partner oder deine Partnerin beobachtet dich und schreibt die Frequenzen (▶ Schall) der Töne auf, die du gerade noch wahrnimmst (untere Grenze; obere Grenze). Anschließend tauscht ihr die Rollen. Vergleiche deine Werte mit den ▶ Hörbereichen in der Tabelle!

▶ Dezibel 43   ▶ Schallpegelmessgerät 55   ▶ Schall 54   ▶ Hörbereich 47

Expedition in die Welt der Sinne

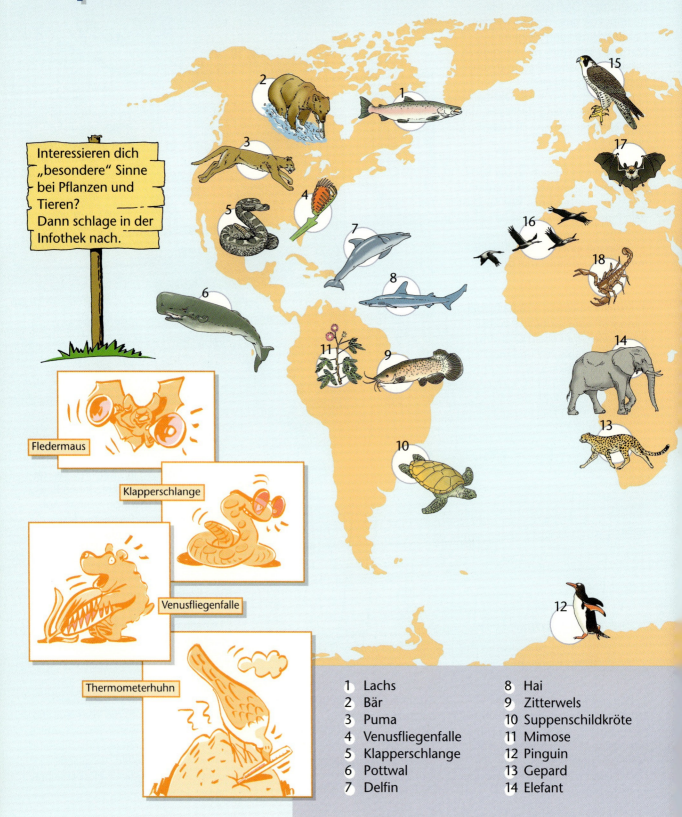

Interessieren dich „besondere" Sinne bei Pflanzen und Tieren? Dann schlage in der Infothek nach.

1 Lachs
2 Bär
3 Puma
4 Venusfliegenfalle
5 Klapperschlange
6 Pottwal
7 Delfin
8 Hai
9 Zitterwels
10 Suppenschildkröte
11 Mimose
12 Pinguin
13 Gepard
14 Elefant

15 Falke
16 Zugvögel
17 Fledermaus
18 Skorpion
19 Eule
20 Eisbär
21 Luchs

22 Wildesel
23 Kamel
24 Tiger
25 Orang-Utan
26 Thermometerhuhn
27 Schnabeltier
28 Albatros

Expedition in die Welt der Sinne

Tagebuch vom 25. Juni 1997
Heute ist es wieder besonders schlimm. Tagsüber sind wir umgeben von Schwärmen von Fliegen, nachts kommen die Mücken. Unser Koch versucht Fliegen mit der Hand zu fangen, aber die Fliegen scheinen die Hand zu sehen und fliegen weg, auch wenn der Koch noch so schnell zuschlägt.

Tagebuch vom 26. Juni 1997
Besonders viele Fliegen sausen um das Küchenzelt, wenn der Koch Fleisch zubereitet. Die Fliegen scheinen von weither dem Geruch zu folgen. Sie tauchen bereits auf, wenn der Koch das Fleisch auspackt.

1 Seht euch in einem ▶ Binokular den Kopf einer Fliege oder eines Insektes an. Das ▶ Fliegenauge besteht aus 3 000 einzelnen Augen. Damit kann die Fliege besonders gut Bewegungen, wie z. B. die der Hand des Kochs sehen. Mit den Fühlern am Kopf riecht die Fliege, mit dem Rüssel und den Vorderbeinen kann die Fliege schmecken.

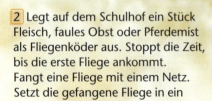

2 Legt auf dem Schulhof ein Stück Fleisch, faules Obst oder Pferdemist als Fliegenköder aus. Stoppt die Zeit, bis die erste Fliege ankommt. Fangt eine Fliege mit einem Netz. Setzt die gefangene Fliege in ein Glas, in das ihr vorher etwas Mehl gegeben habt. Schüttelt, bis die Fliege weiß bepudert ist. Geht 20 Schritte (30, 40, ...) zurück und lasst die Fliege wieder frei. Messt die Zeit, die die „weiße" Fliege braucht, den Köder wiederzufinden.

3 Bestimmt drei „Fliegen" aus eurer Klasse. Sie müssen kurz vor der Tür warten. Versteckt einen Wattebausch mit Parfüm als Köder im Raum. Die „Fliegen" sollen mit verbundenen Augen den „Köder" finden. Beobachtet sie dabei, messt die Zeit. Tipp: Ihr könnt bei diesem Versuch auch mehrere „Köder" verstecken.

▶ Binokular 87   ▶ Fliegenauge 45

Tagebuch vom 5. Juli 1997

Heute haben wir einen Falkner getroffen. Er dressiert Falken und richtet sie für die Jagd auf Krähen ab. Die Falken erkennen ihre Beute auf eine Entfernung von 2000 m. Sie sträuben dann das Gefieder, recken den Hals und starren in die Richtung der Krähe.

Wir sehen die Krähe auf diese Entfernung nur mit einem Fernglas. Ohne Fernglas erkennen wir sie auf 100 m. Falken sehen also 20-mal besser als Menschen.

Nur unser Koch behauptet, er könne jede Fliege in der Suppe schon auf 100 m erkennen. Wir geben dem Koch den Spitznamen „Falkenauge"!

1 Nimm ein Blatt Papier, zeichne darauf zwei Punkte im Abstand von genau 1 mm (das soll der Abstand zwischen Kopf und Schwanz einer Krähe sein)!
Hefte das Papier an eine gut erleuchtete Wand. Gehe so weit zurück, dass du nur noch einen Punkt erkennen kannst.
Miss jetzt die Entfernung zwischen Fußspitze und Wand mit einem Zollstock.
Der Falke könnte mit seinen ▶ Falkenaugen 20-mal weiter entfernt beide Punkte noch getrennt sehen. Rechne die Entfernung aus!
Nimm ein Fernglas (▶ Linsen) und wiederhole das Experiment auf dem Schulhof. Vergleiche!

2 Falkenauge sei wachsam. Wie viele Mäuse findest du?

▶ Falkenauge 44   ▶ Linsen 49

Tagebuch vom 10. Juli 1997
Der Koch hat sich verliebt. Er nennt sie Ida! Es ist eine Bänderschnecke. Er füttert sie täglich in einem Aquarium mit frischem Gras, Brennnesseln und Salat.

Tagebuch vom 11. Juli 1997
Der Koch teilt uns mit, er werde nie wieder Schnecken zubereiten. Dann zeigt er uns, was seine „Ida" alles kann.

1 Kann die ▶ Schnecke sehen?
Lass die Schnecke unter einer Lampe herumkriechen.
Stelle nach drei Minuten einen Karton so über die Schnecke, dass sie mit einer Körperhälfte im Schatten ist.
Beobachte, wie die Schnecke sich verhält. Beantworte die Versuchsfrage.

2 Kann die Schnecke hören?
Schlage eine Stimmgabel an und halte sie über den Kopf der Schnecke, ohne sie zu berühren. Wiederhole den Versuch. Berühre mit der Stimmgabel die Unterlage in der Nähe der Schnecke.
Halte die Stimmgabel jetzt vorsichtig an das Schneckenhaus.
Halte die Stimmgabel jetzt so vor die Schnecke, dass sie die Gabel von selbst berühren kann.

Sei vorsichtig mit mir, dann werden dir meine Reaktionen verraten, welche Sinne ich besitze.

3 Kann die Schnecke Berührungen fühlen?
Untersuche die Schnecke vorsichtig mit einer ▶ Tastborste. Finde heraus, an welchen Körperstellen sie besonders empfindlich ist.
Zeichne die Schnecke und markiere besonders empfindliche Stellen bunt.

4 Kann die Schnecke schmecken und riechen?
Reibe eine Glasscheibe mit einem Stück Salatgurke kräftig ein. Setze eine Schnecke auf die Scheibe und beobachte sie von allen Seiten. Nimm ein Wattestäbchen und ziehe um die Schnecke einen Ring aus Zuckerwasser, Fruchtsaft oder Malzbier. Wiederhole den Ringversuch mit einem Deostift, Parfüm oder Spiritus. Lege einen Wattebausch mit Essig 10 cm vor die Schnecke. Blase mithilfe eines Strohhalmes die Essigdämpfe vorsichtig in Richtung Schnecke.

▶ Schnecke 55   ▶ Tastborste 56

Tagebuch vom 16. November 1997
Das Essen ist angebrannt. Der Koch ist traurig! Ida ist verschwunden. Er hat „Liebeskummer"!

Tagebuch vom 17. November 1997
Heute ist das Essen versalzen. Wir müssen den Koch von seinem Kummer ablenken. Deshalb schenken wir ihm mehrere Mimosen mit dem Auftrag herauszufinden, ob diese Pflanze genauso gut reagiert wie „Ida", seine Schnecke.
„Mimosen laufen wenigstens nicht weg", meint der Koch. Dann macht er sich an die Versuche.

1 Kann die ▶ Mimose Licht wahrnehmen?
Stelle die Mimose an ein helles Fenster. Stülpe vorsichtig einen passenden Pappkarton über die Pflanze.
Warte nun eine halbe Stunde und entferne den Karton. Sieh dir die Mimose nun genau an. Beobachte sie noch einige Zeit. Was stellst du fest?

Sei vorsichtig mit mir, dann werden dir meine Reaktionen verraten, welche Sinne ich besitze.

2 Kann die Mimose hören?
Schlage eine Stimmgabel an und halte sie über die Pflanze, ohne sie zu berühren.
Wiederhole den Versuch. Berühre mit der Stimmgabel den Topf der Mimose.
Halte die Stimmgabel jetzt vorsichtig an ein Fiederblättchen.

4 Kann die Mimose Verletzungen, Hitze oder Kälte spüren?
Nimm eine Schere und schneide die Spitze eines Blättchens ab.
Wiederhole den Versuch. Miss mit einer Stoppuhr den Zeitraum zwischen Schnitt und Abknicken des Blattstiels. Brenne mit einer Flamme die Spitze eines Blättchens an. Vergleiche deine Beobachtungen mit dem Verletzungsversuch.
Nimm einen Eiswürfel und halte ihn in die Nähe eines Blättchens.

3 Kann die Mimose Berührungen fühlen?
Berühre verschiedene Stellen der Mimose vorsichtig mit einer ▶ Tastborste. Finde heraus, an welchen Stellen sie besonders empfindlich ist.
Zeichne eine Mimose und markiere besonders empfindliche Stellen bunt.

▶ Mimose 50   ▶ Tastborste 56

▶ Auge

Wie in einem Fotoapparat wird durch die Linse ein Bild auf die Netzhaut geworfen. Die mehr als 130 Millionen Sehzellen der Netzhaut übertragen Helligkeits- und Farbinformationen über den Sehnerv an das Gehirn. Je nach Helligkeit schließt oder öffnet die Iris die Pupille. Dadurch verhindert sie, dass man durch zu helles Licht geblendet wird. Die Linse kann durch kleine Muskeln dicker oder dünner gemacht werden. Dadurch verändert sich ihre Brennweite. Unterschiedlich weit entfernte Gegenstände können so scharf abgebildet werden. Genau gegenüber der Linse liegt der so genannte **gelbe Fleck**. Hier befinden sich besonders viele Sehzellen. Bilder auf dem gelben Fleck erscheinen besonders deutlich. Am Ansatzpunkt des Sehnervs, am **blinden Fleck**, laufen Adern und Nervenbahnen der Netzhaut zusammen. Hier befinden sich keine Sehzellen. Man ist an dieser Stelle tatsächlich blind.

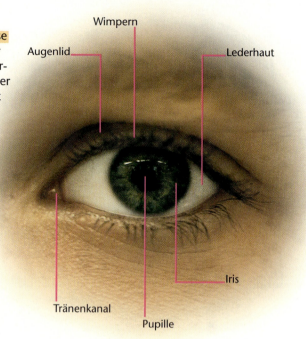

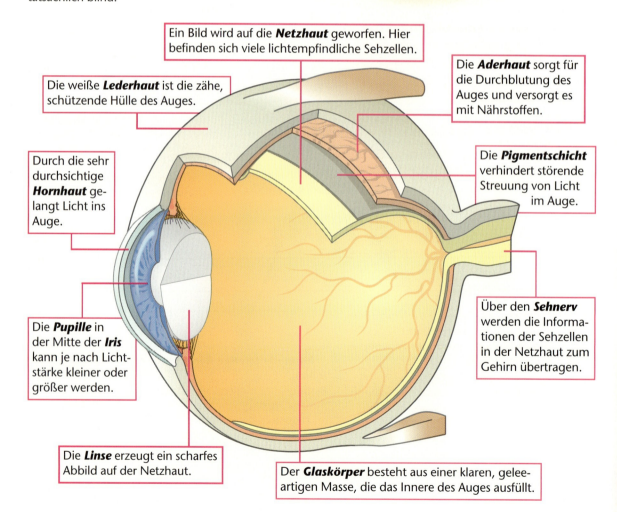

Ein Bild wird auf die **Netzhaut** geworfen. Hier befinden sich viele lichtempfindliche Sehzellen.

Die weiße **Lederhaut** ist die zähe, schützende Hülle des Auges.

Die **Aderhaut** sorgt für die Durchblutung des Auges und versorgt es mit Nährstoffen.

Durch die sehr durchsichtige **Hornhaut** gelangt Licht ins Auge.

Die **Pigmentschicht** verhindert störende Streuung von Licht im Auge.

Die **Pupille** in der Mitte der **Iris** kann je nach Lichtstärke kleiner oder größer werden.

Über den **Sehnerv** werden die Informationen der Sehzellen in der Netzhaut zum Gehirn übertragen.

Die **Linse** erzeugt ein scharfes Abbild auf der Netzhaut.

Der **Glaskörper** besteht aus einer klaren, geleeartigen Masse, die das Innere des Auges ausfüllt.

▶ Augenfehler

Kurzsichtigkeit und Weitsichtigkeit sind die häufigsten Augenfehler. Ohne Hilfe durch eine Brille entstehen unscharfe Bilder auf der Netzhaut des Auges.

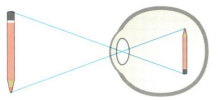

Kurzsichtigkeit

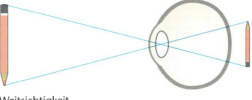

Weitsichtigkeit

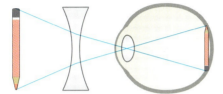

Kurzsichtigkeit mit Brille

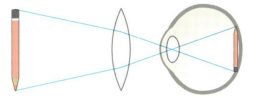

Weitsichtigkeit mit Brille

Wenn das Auge **kurzsichtig** ist, entsteht vor der Netzhaut ein scharfes Bild. Auf der Netzhaut ist es demnach unscharf. Bei Kurzsichtigen verschiebt man durch eine Brille mit Zerstreuungslinsen (Linsen) das Bild etwas nach hinten.

Wenn das Auge **weitsichtig** ist, ist der Augapfel zu kurz, ein scharfes Bild würde demnach erst hinter der Netzhaut entstehen. Bei Weitsichtigkeit holt eine Brille mit Sammellinsen (Linsen) das scharfe Bild etwas nach vorn.

▶ Blindenschrift

Grundlage der erhabenen Blindenschrift ist ein 6-Punkte-System, mit dem Buchstaben, Satzzeichen, Ziffern und auch Noten dargestellt werden. Nach dem Mann, der sie entwickelt hat, heißt sie auch Brailleschrift.

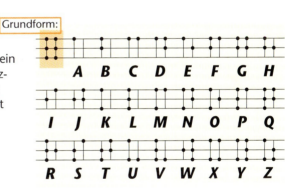

▶ Dezibel

Die Lautstärke von Tönen und Geräuschen wird in Dezibel (dB) gemessen. Sehr laute Geräusche können das Ohr schädigen.
Mit einem Schallpegelmessgerät kann man die Lautstärke bestimmen. Aber Achtung: 10 Dezibel mehr bedeuten eine Verdoppelung der Lautstärke.

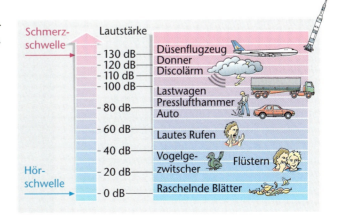

▶ **Düfte**

Manche Stoffe riechen angenehm, andere stinken. Die gasförmigen Parfümteilchen können wir riechen, weil sie von den gasförmigen Sauerstoff- und Stickstoffteilchen in der Luft zu unserer Nase „weitergeschubst" werden.

Nun drängelt doch nicht so!

● Parfümteilchen
○ Luftteilchen

▶ **Falkenauge**

Die Augen der Falken und anderer Taggreifvögel sind den Augen aller anderen Tiere und auch dem Menschenauge in der Sehschärfe überlegen. Eine kleine Maus aus großer Höhe zu erkennen, stellt eine außergewöhnliche Leistung dar. Das schafft das Falkenauge aber nur, wenn genügend Licht vorhanden ist. Falken haben besonders große Augenöffnungen, eine weite Pupille, sodass ausreichend Licht in das Auge fällt. Das ist auch der Grund, warum Falken nur am Tag jagen können. Nachts sind ihnen Greifvögel überlegen, die auch ihr Gehör zur Jagd einsetzen, z. B. die Eulen.

Um besonders scharf sehen zu können, hat das Falkenauge folgende Besonderheiten:
1. Es ist nicht rund, sondern eiförmig nach hinten ausgebuchtet. Dadurch entsteht ein größeres Bild auf der Netzhaut.
2. In der Netzhaut liegen die Sehzellen besonders dicht. Je enger die Sehzellen beieinander liegen, desto feiner lassen sich Einzelheiten erkennen. Das ist genauso wie beim gelben Fleck im Auge des Menschen.

▶ **Film**

An der Herstellung eines großen Films sind neben den Hauptdarstellern viele Menschen beteiligt: Ein **Drehbuchautor** schreibt zunächst ein Drehbuch, das Handlung und Dialoge, manchmal auch Angaben über Handlungsorte und Kameraeinstellungen enthält. Der **Produzent** ist der Geldgeber. Er sorgt dafür, dass der Film finanziert werden kann. Beim **Casting** werden für die einzelnen Rollen die passenden **Schauspieler** ausgesucht. Ein **Team von Spezialisten** ist für die **Ausstattung** zuständig. Sie bauen Kulissen für Studioaufnahmen und richten Drehorte so her, dass sie zur Handlung des Films passen. **Kostüm- und Maskenbildner** helfen Schauspielern bei der Verkörperung ihrer Rolle. Besonders wichtig ist der **Regisseur** als künstlerischer Leiter des Filmprojekts. Er muss dafür sorgen, dass die Schauspieler ihre Rolle glaubwürdig darstellen und dass mit Kameraeinstellung, Beleuchtung und Ton die angestrebte Wirkung des Films erreicht wird. Die eigentlichen Filmaufnahmen macht der **Kameramann**. Er benötigt viel Erfahrung, um jederzeit den richtigen Bildausschnitt scharf darzustellen. Einstellungen und Kameraschwenks müssen die Absichten des Regisseurs genau wiedergeben.

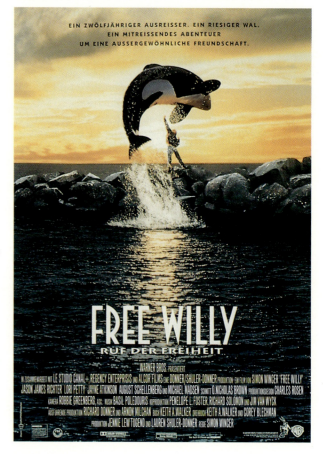

Filmkameras nehmen 24 Bilder pro Sekunde auf. In jeder Sekunde werden etwa 75 cm Film belichtet. Der Kameramann wird unterstützt von **Experten für Beleuchtung**, die mit komplizierten Lichteffekten die Stimmung eines Films wesentlich beeinflussen. Der **Tonmann** ist für Tonaufnahmen am Drehort zuständig. Im Studio werden Filmszenen oft noch durch Geräuscheffekte ergänzt und mit passender Musik unterlegt. Beim Schnitt entsteht die endgültige Fassung des Films. Der **Cutter** sucht, oft zusammen mit dem Regisseur, aus vielen Kilometern Film die besten Szenen aus. Er setzt sie so zusammen, dass eine zusammenhängende Geschichte im richtigen Tempo und Rhythmus entsteht.

▶ Fledermaus

Fledermäuse haben meist große Ohren und eine kompliziert gebaute Nase. Durch die Nase sendet die Fledermaus Töne aus. Die Nasenform hilft den Tieren, den Schallwellen eine genaue Zielrichtung zu geben. Mit den beweglichen, großen Ohren wird das zurückgeworfene Echo wieder aufgefangen. Die Rufe der Fledermäuse sind für den Menschen meist unhörbar. Es sind sehr hohe Töne im Ultraschallbereich. Hohe Töne werden sehr leicht zurückgeworfen und können als Echo wieder aufgefangen werden. Tiefe Töne durchdringen Hindernisse und geben nur ein schlechtes Echo. Fledermäuse gehen in der Dämmerung und nachts auf Jagd nach Insekten. Sie senden Peiltöne in die Nacht und warten auf ein Echo. Fangen die Ohren ein Beuteecho auf, so fliegt die Fledermaus in diese Richtung (Richtungshören). Je näher sie an die Beute herankommt, desto kürzer wird die Zeit zwischen dem Aussenden eines Tones und dem Empfang des Echos. Fallen Ton und Echo zusammen, schnappt die Fledermaus zu.

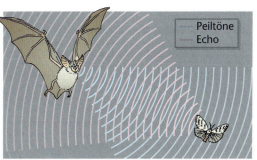

▶ Fliegenauge

Das Auge einer Fliege ist wie bei allen Insekten aus vielen Einzelaugen zusammengesetzt, die beim Sehen zusammenarbeiten. Die Tabelle zeigt, dass alle Insekten, die gut fliegen können, auch viele Einzelaugen haben.
Fliegen können mit ihren vielen Einzelaugen nicht so scharf sehen wie der Mensch oder ein Falke (Falkenauge). Sie sehen aber Bewegungen besser. Fliegen haben viele Feinde und sie müssen schnell reagieren, um ihnen entkommen zu können.
Zeigt man einem Menschen 10 Bilder in der Sekunde, so kann er gerade noch jedes Bild einzeln erkennen. Bei 24 Bildern pro Sekunde sehen wir einen Film, Fliegen aber erst, wenn 240 Bilder in der Sekunde laufen. Einen Kinofilm sieht eine Fliege als Diavortrag. Deshalb ist es auch so schwierig, Fliegen mit der Hand zu fangen. Die Fliege sieht die Hand in „Zeitlupe" auf sich zukommen, sie hat genügend Zeit zu starten. Auf langsame Bewegungen achten Fliegen oft nicht. Das nutzt eine Pflanze aus, wenn sie mit ihren Blättern Fliegen fängt (Venusfliegenfalle).

Zahl der Einzelaugen bei Insekten	
Insektenart	Zahl der Einzelaugen
Ohrwurm	
Rote Waldameise	270
Stubenfliege	600
Honigbiene	3 200
Libelle	3 900
	28 000

▶ Gebärdensprache

Mit Gebärden drücken Gehörlose das aus, was du mit der Lautsprache ausdrückst. Werden Gebärden zusätzlich zur Lautsprache benutzt, spricht man von lautsprachbegleitenden Gebärden (siehe Beispiele).

 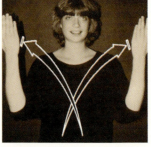 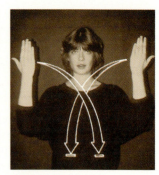

gut   Morgen   Abend

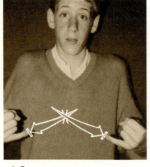  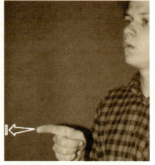

wie?   heißen   du

Zur Unterscheidung mancher Wörter spielt auch das Mundbild eine Rolle. Gehörlose untereinander benutzen meist die Deutsche Gebärdensprache, eine eigenständige Sprache, deren Verstehen Hörenden nicht leicht fällt.

Auch in den Gebärdensprachen gibt es regionale Unterschiede, z. B. zwischen Nord- und Süddeutschen.
Zum Buchstabieren einzelner Wörter wird das Fingeralphabet verwendet.

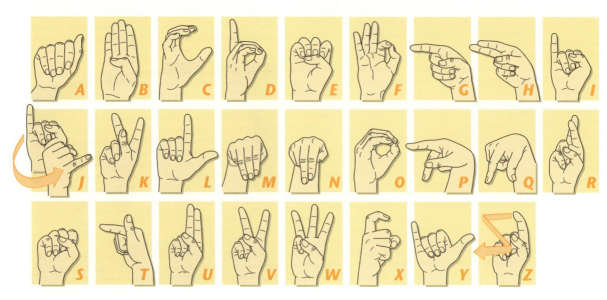

▶ **Geräusche** Siehe Schall, Seite 54

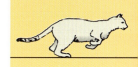

▶ **Haut**

Diese äußere Hülle unseres Körpers besteht aus mehreren Schichten. Die **Oberhaut** schützt den Körper vor Austrocknung, vor eindringenden Bakterien und vor Verletzungen. In ihr liegen freie Nervenendigungen. Die darunter liegende **Lederhaut** enthält viele Blutgefäße. Sie dienen der Versorgung und zusammen mit den Schweißdrüsen der Wärmeregulierung. Hier liegen auch die Tastkörperchen, die Wärmekörperchen und die Kältekörperchen. In dieser Schicht sind die Haare verwurzelt. Die Talgdrüsen am Haarbalg halten durch ihr Fett die Haut geschmeidig. Die **Unterhaut** wirkt durch Fetteinlagerung als Energiespeicher, Isolierschicht und Stoßdämpfer. In ihr liegen Drucklamellen.

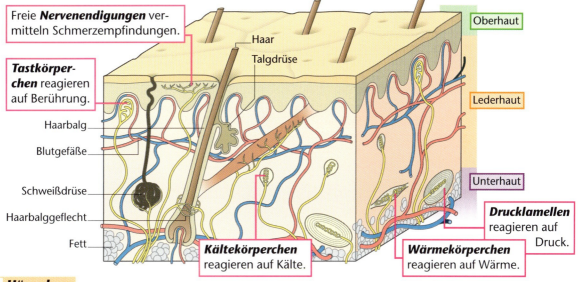

▶ **Höranlage**

Für unsere Sprache sind die Frequenzen von 500 bis 4000 Hz (Schall) wichtig. Für einige dieser Frequenzen kann auch bei Gehörlosen noch Hörfähigkeit vorhanden sein. Hier hilft die Höranlage in speziell eingerichteten Unterrichtsräumen. Sprechen und andere Geräusche in der Klasse werden von Richtmikrofonen an der Decke aufgenommen und verstärkt. Sie gelangen über einen Infrarotsender (ebenfalls an der Decke) in die Empfänger (Hörgeräte mit Ohrpassstücken) der Kinder. Über eine Regieeinheit kann die Lehrkraft alle Teile steuern.

▶ **Hörbereich**

Junge Menschen können Töne im Bereich von 16 bis ca. 20 000 Hz (Schwingungen pro Sekunde, Schall) wahrnehmen. Die Grenzen sind aber nicht bei allen Menschen gleich. Je älter man wird, desto schlechter hört man sehr tiefe und sehr hohe Töne. Manche Tiere können tiefere Töne (Infraschall) bzw. höhere Töne (Ultraschall) als der Mensch wahrnehmen.

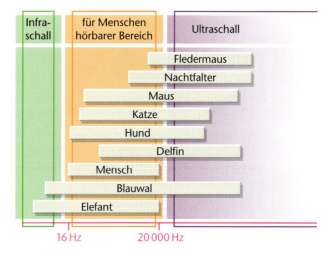

▶ Infraschall

Als Infraschall bezeichnet man sehr tiefe Töne, die vom menschlichen Ohr nicht mehr wahrgenommen werden können.
Das sind alle Schwingungen mit einer Frequenz unter 16 Hz. Dazu gehören etwa Boden- und Gebäudeschwingungen, die tiefen Töne der Meeresbrandung oder auch sehr langsam laufende Motoren.
Manche Tiere können Schwingungen, die einem Erdbeben vorausgehen, spüren. Sie warnen durch ihr verändertes Verhalten. Elefanten finden sich in der weiten Steppe durch Infraschalltöne über große Entfernungen.
Noch weiter reicht Infraschall in Meerwasser, zumal Schall in Wasser viel schneller als in Luft ist (Schallgeschwindigkeit). Wale nutzen dies offensichtlich zur Orientierung und zur Verständigung über mehrere tausend Kilometer. Seit Fertigstellung des neuen Eisenbahntunnels zwischen Frankreich und England meiden Wale diese Meerenge. Manche Wissenschaftler vermuten, dass sie aus Schwingungen von durchdonnernden Zügen auf Brandung vor einer Küstenlinie schließen. Infraschall wirkt bei uns oft auf Haut und Bauchdecke und wird vom Gefühl her als Erschütterung empfunden. Im Kino werden starke Infraschallschwingungen oft zur Verstärkung von Gruseleffekten eingesetzt.

▶ Klapperschlange

Die Klapperschlange kann im Dunkeln nicht besser sehen als du. Trotzdem muss sie nachts auf Jagd gehen, denn ihre Lieblingsbeute, die Wüstenmaus, versteckt sich am Tag vor der Wüstenhitze und kommt erst in der kühlen Nacht heraus um Futter zu suchen.
Versuche mal, nachts eine Maus zu fangen! Die Klapperschlange schafft das, denn sie hat zusätzlich zu ihren Augen ein Sinnesorgan, das sehr empfindlich auf Wärme reagiert. Diese „Wärmeaugen" sind kleine Gruben am Kopf der Schlange zwischen den Nasenlöchern und den richtigen Augen. Die „Wärmeaugen" nehmen alles wahr, das 1 °C wärmer ist als die Umgebung der Schlange.
In einer kalten Wüstennacht (0 °C bis 10 °C) ist eine Maus mit einer Körpertemperatur von 40 °C ein kleiner warmer Fleck. Bewegt sich dieser kleine warme Fleck, dann ist das für die Schlange eine mögliche Beute, die sich durch ihre Körpertemperatur verraten hat. Ein warmer Fleck, der riesengroß ist, ist dagegen keine Beute. Bewegt sich der große Fleck, kann das ein grasender Büffel oder ein Pferd sein. Vor solchen warmen Flecken flieht die Schlange. Ein großer, warmer Fleck, der sich nicht bewegt, kann ein großer Stein sein, der die Hitze des Tages gespeichert hat.
Solche Stellen sucht die Schlange gerne auf, um sich in kalten Nächten zu wärmen. Auch ein Mensch, der ruhig in seinem Schlafsack oder im Zelt liegt, ist für die Schlange eine solche Aufwärmstelle, die sie mithilfe der Wärmeaugen findet.

Auge
„Wärmeauge"

Wärmebild einer Wüstenmaus

▶ Kurzsichtigkeit Siehe Augenfehler, Seite 43

▶ Licht

Wir können Licht nur wahrnehmen, wenn es in unser Auge fällt. Licht breitet sich mit unvorstellbarer Geschwindigkeit aus. Für die Strecke von der Erde bis zum Mond (ca. 300 000 km) benötigt es nur 1 Sekunde.

Lichtausbreitung, sichtbar gemacht mit Lampe, Küchensieb und Kreidestaub

▶ Linsen

In optischen Geräten wie Ferngläsern, Lupen, Fotoapparaten, Projektoren usw. befinden sich Linsen aus Glas oder aus durchsichtigen Kunststoffen. Linsen, die in der Mitte dicker sind als außen, heißen Sammellinsen, da sie Licht auf einen Punkt konzentrieren können. Linsen, die in der Mitte dünner sind, heißen Zerstreuungslinsen, da Licht hinter ihnen auseinander läuft.

Sonnenlicht wird durch Sammellinsen im Brennpunkt gebündelt. Hier wird es so heiß, dass Papier zu brennen anfängt. Die Brennweite ist die Entfernung des Brennpunkts von der Linse. Bei dicken Linsen liegt der Brennpunkt nahe an der Linse, bei dünnen Linsen ist er weiter entfernt.

Sammellinse

Zerstreuungslinse

Abbildungen mit Sammellinsen

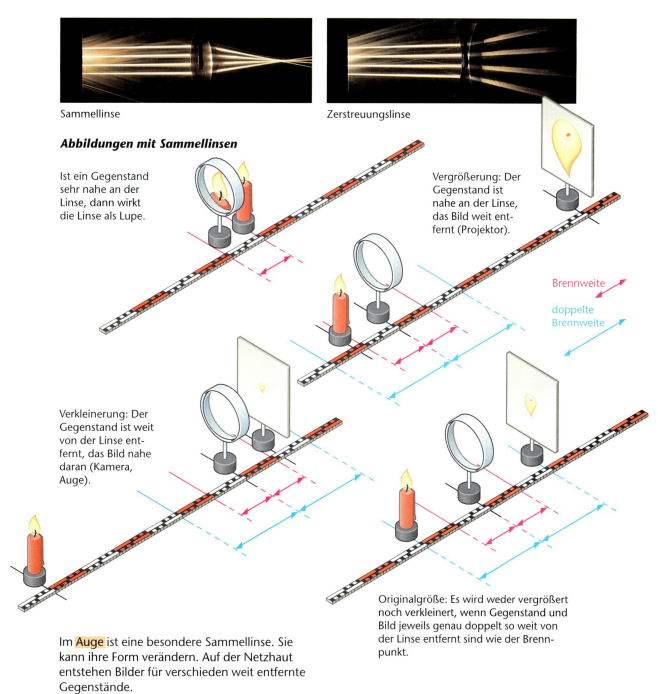

Ist ein Gegenstand sehr nahe an der Linse, dann wirkt die Linse als Lupe.

Vergrößerung: Der Gegenstand ist nahe an der Linse, das Bild weit entfernt (Projektor).

Brennweite

doppelte Brennweite

Verkleinerung: Der Gegenstand ist weit von der Linse entfernt, das Bild nahe daran (Kamera, Auge).

Originalgröße: Es wird weder vergrößert noch verkleinert, wenn Gegenstand und Bild jeweils genau doppelt so weit von der Linse entfernt sind wie der Brennpunkt.

Im Auge ist eine besondere Sammellinse. Sie kann ihre Form verändern. Auf der Netzhaut entstehen Bilder für verschieden weit entfernte Gegenstände.

▶ Lochkamera

Bau einer Lochkamera

Du brauchst:
Einen nicht allzu großen Schuhkarton, Pergamentpapier, Schere, Kleber, Klebeband, eine dicke Nadel.

Steche mit der Nadel ein Loch genau in die Mitte des Kartonbodens.
Schneide aus dem Deckel des Schuhkartons ein postkartengroßes Rechteck heraus. Klebe an seine Stelle Pergamentpapier.

Lege den Deckel auf den Schuhkarton. Sehr helle Gegenstände kannst du nun direkt auf dem Pergamentpapier sehen. Ansonsten musst du unter einer Jacke oder einer Decke das Umgebungslicht abschirmen.

Die Lochkamera oder „Camera obscura" ist schon seit einigen hundert Jahren bekannt. Der Holländer Frisius bildete im Jahre 1544 eine Sonnenfinsternis ab und konnte sie ohne Gefahr für die Augen verfolgen. Auch Künstler nutzten damals die Lochkamera, um Umrisse einer Landschaft auf der Leinwand vorzuzeichnen.

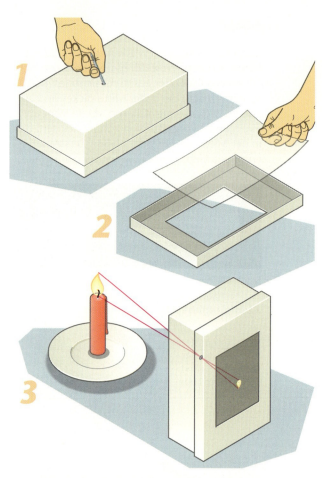

▶ Mimose

„Sei keine Mimose!", ist eine Redewendung, die so viel bedeutet wie: „Sei nicht so empfindlich!" Die Mimose ist eine Pflanze, die sehr empfindlich auf verschiedene Reize reagiert. Auf Berührungen, Erschütterungen, Verletzungen und auf Verbrennungen legt sie zunächst ihre kleinen Fiederblättchen nach oben zusammen, dann klappt das ganze Blatt an seinem Stiel nach unten. Diese Reaktionen sind sehr schnell. Länger dauert es, bis die Blätter sich nach einer Erholungszeit wieder aufrichten. Bewegungen bei Pflanzen kennt man schon lange: Blüten öffnen und schließen sich, die Blätter der Feuerbohne senken sich nachts in eine „Schlafstellung", Kletterpflanzen „suchen" mit langsamen, kreisenden Bewegungen eine Kletterhilfe. Schnelle Bewegungen, wie sie die Mimose, aber auch die Venusfliegenfalle zeigen, sind bei Pflanzen selten.
Mimosensamen bekommt man in Samenhandlungen. Es ist nicht schwer, daraus eine Pflanze zu ziehen.

Mimosa pudica „Rühr' mich nicht an"

einjährig, interessante Topfpflanze, Aussaat ganzjährig
Aussaat: ganzjährig im Zimmer oder Gewächshaus in humusreiche, durchlässige Aussaaterde.
Saattiefe: 0,5 cm, gut feucht halten
Keimdauer: 2 – 4 Wochen bei 20 °C – 25 °C
Pflege: Gleichmäßig warm (20 °C – 25 °C) und feucht halten. Wenn Keimlinge genügend groß, pikieren und nur noch mäßig feucht halten. Später in Töpfe verpflanzen.

▶ Nase

Der Mensch kann ca. 1700 Gerüche, auch sehr feine, wahrnehmen. Wir riechen z. B. von Vanillin ein millionstel Gramm in einem Liter Luft (Düfte). Von allen Sinnen ist der Geruchssinn zwar der am wenigsten exakte, dafür ist er aber am stärksten mit unseren Gefühlen und Stimmungen verbunden. So heißt es: „Den kann ich nicht riechen!" oder „Das stinkt mir!"
Nicht bei allen Lebewesen liegen die Riechzellen im Nasenraum. So riechen die Insekten z. B. mit ihren Fühlern.

Riechnerven leiten die Erregungen der Riechzellen zum Gehirn.

In den **Riechflächen** (5 cm^2) der Nasenschleimhaut liegen 5 bis 6 Millionen Riechzellen.

Die **Nase** ist unser Riechorgan und reinigt, erwärmt und befeuchtet unsere Atemluft.

Vergrößerte Riechzelle

Jede **Riechzelle** hat bis zu 100 Riechhärchen, die in den Nasenschleim hineinragen und eindringende Duftstoffe aufnehmen.

▶ Netzhaut   Siehe Auge, Seite 42

▶ Ohr

Schall trifft auf die Ohrmuschel. Der Gehörgang leitet ihn weiter zum Trommelfell, einem dünnen Hautstückchen, das etwas kleiner als ein Pfennigstück ist. Es wirkt ähnlich wie die Bespannung einer Trommel. Am Trommelfell sind die wenige Millimeter großen Gehörknöchelchen befestigt. Die Gehörknöchelchen im so genannten Mittelohr sind auf der anderen Seite ebenfalls mit einer Haut am Eingang zur Schnecke verwachsen. Die Schallwellen versetzen das Trommelfell in Schwingungen. Diese werden durch die Gehörknöchelchen noch verstärkt und zur Schnecke übertragen. In der Schnecke befinden sich die Hörzellen. Diese nehmen die Schwingungen auf und leiten Informationen darüber an das Gehirn weiter.

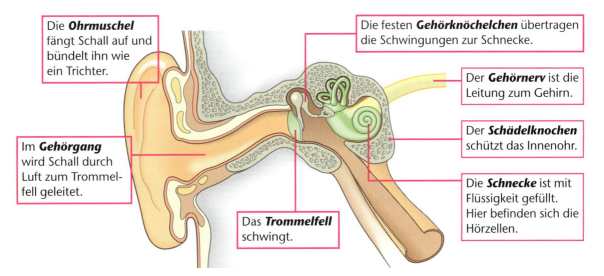

Die **Ohrmuschel** fängt Schall auf und bündelt ihn wie ein Trichter.

Im **Gehörgang** wird Schall durch Luft zum Trommelfell geleitet.

Das **Trommelfell** schwingt.

Die festen **Gehörknöchelchen** übertragen die Schwingungen zur Schnecke.

Der **Gehörnerv** ist die Leitung zum Gehirn.

Der **Schädelknochen** schützt das Innenohr.

Die **Schnecke** ist mit Flüssigkeit gefüllt. Hier befinden sich die Hörzellen.

▶ Projektor

Im **Diaprojektor** wird mit dem Diahalter ein gerahmtes Dia genau an die richtige Stelle geschoben und dort festgehalten. Das Dia muss auf dem Kopf stehend und seitenverkehrt in den Diahalter eingelegt werden.
Das Licht einer sehr starken Lampe beleuchtet das Dia von hinten. Die Projektionslinse bildet das Dia richtig herum auf die Leinwand ab.
Ein **Filmprojektor** muss sozusagen 24 „Dias" pro Sekunde zeigen können. Wenn das Bild wechselt, ist für den Bruchteil einer Sekunde die Leinwand dunkel. Menschen können nicht schnell genug sehen, um einzelne Bilder zu unterscheiden (Fliegenauge).

Diaprojektor

Moderner Kinoprojektor

Die Filmrolle liegt auf einer großen Scheibe. Der Film wird von innen abgespult und gelangt über Umlenkrollen in den Projektor. Auf der zweiten Scheibe wird er von innen nach außen aufgespult.
Entscheidend für den Filmtransport ist das Malteserkreuz. Ein Stift auf einer rotierenden Scheibe greift in die Lücke am Kreuz und bewegt dieses eine viertel Umdrehung weiter. Das nächste Bild wird vor die Linse gezogen. Nun gleitet der Stift aus der Lücke wieder hinaus und das Bild bleibt für eine Weile stehen. Dies geschieht 24-mal pro Sekunde. Das ist so schnell, dass wir den Bildwechsel nicht wahrnehmen, die Bilderfolge erscheint uns als fortlaufender Film.

Moderner Kinoprojektor

Malteserkreuz

▶ Reflexion

Das Licht nimmt immer einen geraden Weg. Stößt es auf glatte, helle Oberflächen, z. B. weißes Papier, dann wird es umgelenkt. Man sagt, es wird reflektiert.

Bei einer rauen Oberfläche werden die Lichtstrahlen nach allen Seiten reflektiert. Du kannst dir eine raue Oberfläche vorstellen wie eine Ansammlung von winzigen Spiegeln in einer Kraterlandschaft. Wir sprechen dann von einer **ungeordneten Reflexion**.

Trifft Licht auf dunkle Flächen, z. B. dunkelgrauen Filz, dann wird es absorbiert, d. h. es wird verschluckt und nicht umgelenkt.

Fällt Licht auf einen Spiegel, wird es im gleichen Winkel zurückgeworfen wie es auftraf. Wir sprechen dann von einer **geordneten Reflexion**. Allgemein lässt sich beim **Spiegel** sagen: Einfallswinkel gleich Ausfallswinkel.

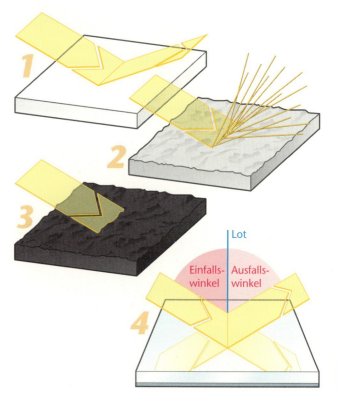

▶ Reporter-Abc

Eine eigene Untersuchung beginnt immer mit der Frage: Was will ich herausfinden?

Sammle Ideen: Wo und bei wem kann ich mich informieren?

Eine eigene Untersuchung endet immer mit der Dokumentation der Ergebnisse.

Fragestellung

Informationsquellen

Ergebnisse, Dokumentation

Hey, Wolf, wie gut kannst du riechen?

Fragestellung

Wie gut kann ein Wolf/Hund riechen?

Informationsquellen

Bücher, Filme, Computer
Bücherei, Filmausleihe

Stöbern, Nachsuchen unter: Wolf, Hund, Jagd, Riechen; Fim ausleihen: „Der Wolf"

Ämter
Polizei, Försterei

Information holen über: Drogen-Spürhunde, wildernde Hunde

Fachleute
Tierarzt, Fachhandel, Hundezüchter, Hundeverein, Hundebesitzer, Jäger

Befragung über: Geruchsleistungen verschiedener Hunde, Windhunde, Jagdhunde, „Bluthunde", Wachhunde, Abrichten zum „Suchhund"

Besondere Informationsmöglichkeiten
Zoo, Hunderennbahn, Hundeausstellung, Naturkundemuseum

Besuchen, Besichtigen, Erkunden: Wolf und Wildhunde, Windhunde, Vergleich von Hunderassen und Wolf

Ergebnisse, Dokumentation

Plakat, Vortrag, Bericht, besprochene Kassette, Fotowand, oder vielleicht sogar ein Videofilm.

Das Riechfeld des Hundes ist mit 120 cm² etwa 20-mal größer als beim Menschen. Der Hund besitzt etwa 225 Millionen Riechzellen und sein Riechvermögen ist ungeheuer viel größer als unseres.

▶ Richtungshören

Um zu hören, aus welcher Richtung ein Ton kommt, benötigst du beide Ohren. Schall gelangt gleichzeitig an das rechte und das linke Ohr, wenn die Schallquelle direkt vor dir ist. Wenn sie etwas seitlich ist, ist der Weg zum Ohr auf einer Seite etwas länger als auf der anderen. Der Schall braucht also etwas mehr Zeit und ist leiser. Deine Ohren hören in Zusammenarbeit mit dem Gehirn diese winzigen Zeitunterschiede von weniger als einer tausendstel Sekunde und können so bestimmen, aus welcher Richtung der Ton kam (Stereo).

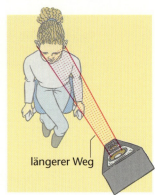
längerer Weg

▶ Riechen   Siehe Nase, Seite 51

▶ Schall

Schallschwingungen entstehen durch schwingende oder schnell bewegte Gegenstände. Die Schwingungen breiten sich aus, indem sie umgebende Stoffe (z. B. Luft oder Wasser) selbst in Schwingungen versetzen (Schallgeschwindigkeit). Im leeren Raum, dem Vakuum, ist eine Schallausbreitung nicht möglich.

Einzelne klare **Töne** hört man, wenn eine Schwingung sehr regelmäßig immer im gleichen Tempo abläuft. Je schneller die Schwingung, desto höher ist der Ton.

Ein Maß für die Tonhöhe ist die **Frequenz**. Frequenz bedeutet eigentlich Häufigkeit. Deine Herzfrequenz etwa ist die Anzahl der Herzschläge pro Minute. Bei Tönen misst man die Häufigkeit der Schwingungen pro Sekunde. Diese Zahl wird in der Einheit Hertz (Abkürzung Hz) angegeben. Schwingt also ein Gegenstand 300-mal pro Sekunde hin und her, so entsteht ein Ton der Frequenz 300 Hz.

Junge Menschen können Frequenzen zwischen etwa 16 Hz und 20 000 Hz hören (Hörbereich). Mit einem elektronischen Schwingungsschreiber (Oszilloskop) lassen sich Töne und Geräusche auf einem Bildschirm sichtbar machen.

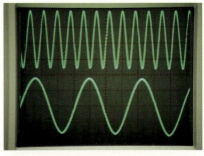
Regelmäßige Schwingungen: oben hoher Ton, unten tiefer Ton

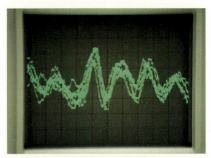
Der gesprochene Ton „a"

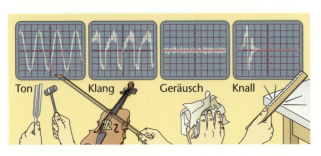

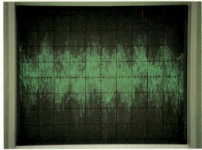
Sprache ist ein Gemisch aus vielen verschiedenen Tönen.

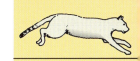

▶ Schallgeschwindigkeit

Stelle dir eine dicht gedrängte Menge von Kindern vor einem Klassenraum vor. Ein kräftiger Schubs von hinten wird als Stoß weitergegeben, bis er das vorderste Kind erreicht. Ähnliches geschieht bei der Schallausbreitung. Ein schwingender Gegenstand stößt in regelmäßigen Abständen gegen Luftteilchen in seiner Umgebung. Dieser Stoß wird an Nachbarteilchen weitergegeben. Schließlich gelangt er zu den Luftteilchen in deinem Ohr, die wiederum das Trommelfell in Schwingungen versetzen. Schall breitet sich in Stoffen besonders schnell aus, wenn die Teilchen des Stoffes nahe beieinander sind und fest zusammenhängen.

In einer Sekunde legt Schall in den folgenden Stoffen die angegebene Entfernung zurück:

in Gummi	40 Meter
in Luft	340 Meter
in Süßwasser	1 460 Meter
in Salzwasser	1 520 Meter
in Holz	4 500 Meter
in Eisen	5 100 Meter

▶ Schallpegelmessgerät

Mit Hilfe dieses Gerätes kann die Lautstärke von Tönen und Geräuschen (Schall) in der Einheit Dezibel gemessen werden.

Schallpegelmessgerät

▶ Schnecke

Die Sinne der Schnecken sind genau auf ihren Lebensraum, ihre Lebensweise und ihren Körperbau abgestimmt. Landschnecken sind langsame Tiere, die nicht auf die Jagd gehen, sondern Pflanzen abweiden. Ihre Sinne arbeiten vor allem im Nahbereich. Die Fähigkeit, Hindernisse zu ertasten und Nahrung durch den Geruch und Geschmack zu prüfen, sind deshalb wichtig für Schnecken. Geruch und Geschmack arbeiten auch bei der Suche nach einem Geschlechtspartner zusammen. Trifft eine paarungsbereite Bänderschnecke auf die Schleimspur einer anderen Schnecke, so erkennt sie durch eine Geschmacks- und Geruchsprüfung, ob diese Spur sie zu einer anderen paarungsbereiten Bänderschnecke führen kann.

Die Augen der Schnecken sind einfach gebaut und sitzen „schwenkbar" auf den oberen Schneckenfühlern. Erkundet die Schnecke mit den Fühlern ein mögliches Versteck, so erkennt sie gleichzeitig, ob dieses Versteck dunkel oder hell ist. Auch Tag und Nacht kann sie so unterscheiden. Die Weinbergschnecke reagiert sogar, wenn man sie fangen will. Fällt dabei plötzlich ein Schatten auf ihre Augen, zieht sie sich in ihr Haus zurück. Der Schatten könnte ein Vogel, ein Igel oder eine Menschenhand auf Schneckenjagd sein.

Lebensbedrohlich ist für Schnecken der Verlust von Wasser. Sie haben deshalb einen Feuchtigkeitssinn, der den Menschen fehlt. Schnecken verlieren bei ihrer Fortbewegung ständig Wasser, weil sie auf einer feuchten Schleimspur kriechen, die sie selbst legen. Bei Trockenheit stellen sie deshalb ihre Fortbewegung ein. Ist es in einem Sommer lange heiß und trocken, so machen die Schnecken eine Art Trockenschlaf. Sie ziehen sich in ihr Haus zurück, das sie vor Wasserverlust schützt, und verschließen den Eingang durch einen Deckel aus getrocknetem Schleim. Nach Regenfällen sind sie dann plötzlich wieder zu sehen. Ihr Feuchtigkeitssinn hat signalisiert: Die Gefahr ist vorbei.

▶ Stereo

Wie Stereoaufnahmen gemacht werden

Für eine Aufnahme benötigt man zwei Mikrophone. Sie nehmen jeweils den Schall für das rechte bzw. das linke Ohr auf (linker Kanal, rechter Kanal). Zur Wiedergabe nimmt man dann ebenfalls zwei Laut-

sprecher. Der Schall vom linken Kanal erreicht das linke Ohr ein wenig früher und mit etwas größerer Lautstärke als das rechte Ohr. Beim rechten Ohr ist es umgekehrt. Aus diesen kleinen Unterschieden ermittelt unser Gehör eine Klangrichtung (Richtungshören).

In modernen Kinos wird der räumliche Klangeindruck noch verbessert. Beim so genannten Dolby-Surround-Verfahren benötigt man insgesamt sechs Lautsprecher. Schall kommt aus allen Richtungen, man fühlt sich mitten im Geschehen.

▶ Tastborste

So kannst du dir eine Tastborste herstellen. Du brauchst: Ein Streichholz, eine Schere, ein kräftiges, dunkles Haar oder ein Haar von einem Borstenpinsel, ein scharfes Messer und Klebstoff.

1. Kerbe ein Streichholz mit dem Messer ein.

2. Verankere ein Haar in der Kerbe. Klebe es mit einem Tropfen Klebstoff fest.

3. Kürze nun das Haar so lange, bis du die Berührung eindeutig spürst. Jetzt hat das Haar die richtige Länge und deine Tastborste ist fertig.

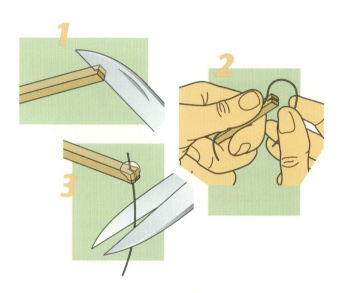

▶ Thermometerhuhn

Im Süden Australiens lebt ein Vogel, der seinen Schnabel wie ein Thermometer benutzt. Er braucht diesen genauen „Temperatursinn", weil er seine Eier auf besondere Weise ausbrütet.

Nestbau: In einer Bodenvertiefung sammelt das Männchen frische Pflanzenteile. Der Hahn baut einen Komposthaufen. In diesen Haufen legt das Weibchen seine Eier, die der Hahn sorgfältig mit weiterem Pflanzenmaterial bedeckt. Zum Schluss schaufelt er mit seinen Füßen darüber eine Schicht Sand. So entsteht ein riesiges, sandbedecktes Kompostnest.

Bebrüten der Eier: Auch das Bebrüten der Eier übernimmt das Männchen. Der Thermometerhahn setzt sich dazu aber nicht auf die Eier und wärmt sie mit seiner Körpertemperatur, wie es unsere Hühner tun. Er nutzt die Wärme, die sich in seinem Kompostnest selbst entwickelt, wenn die Pflanzenteile sich langsam zersetzen.

Regulieren der Nesttemperatur: Für ihre Entwicklung benötigen die Eier eine Nesttemperatur von 33 °C. Mit seinem Schnabel misst der Hahn deshalb ständig die Temperatur im Nest.

Wird der Haufen zu warm, schaufelt er Sand vom Nest herunter, wird der Haufen zu kalt, etwa nachts, schaufelt er den Sand wieder zurück. Messungen haben ergeben, dass es der Hahn auf diese Weise schafft, die Nesttemperatur zwischen 32 °C und 34 °C zu halten. Das kann kein anderes Tier und auch ein Backofen ist viel ungenauer. Acht Monate des Jahres ist der Hahn so beschäftigt.

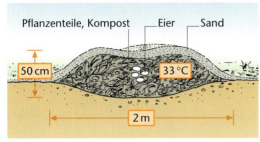

Blick in das Kompostnest eines Thermometerhuhns

Schlüpfen der Küken: Ungefähr 60 Tage dauert die Entwicklung eines Eies. In einer Brutzeit schlüpfen im Inneren des Nestes 35 Küken und wühlen sich aus dem Haufen nach oben. Zwei Stunden später können sie bereits fliegen und verlassen das Nest.

▶ **Töne** Siehe Schall, Seite 54

▶ **Ultraschall**

Viele Tiere können sehr hohe Töne wahrnehmen, die ein Mensch schon nicht mehr hören kann. Den Frequenzbereich oberhalb der menschlichen Hörschwelle (Hörbereich ab etwa 20 000 Hz) bezeichnet man als Ultraschall. Ultraschall wird schon von sehr kleinen Gegenständen gerichtet reflektiert.
Fledermäuse senden Ultraschallschwingungen aus und erkennen am Echo Hindernisse und Insekten als Beutetiere. Auch Delfine setzen Ultraschall bei der Jagd ein.
In Medizin und Technik benutzt man Ultraschallecho um Verborgenes „sichtbar" zu machen. Per Echolot werden Fischschwärme aufgespürt. Materialien werden auf Fehler geprüft.

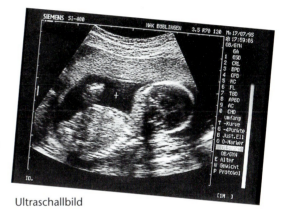

Ultraschallbild

Eine Ultraschallaufnahme zeigt hier ein Baby im Mutterleib. Jeder winzige Körperteil wirft ein unterschiedliches Echo zurück. Ein Computer verarbeitet die Schallmessungen zu einem sichtbaren Bild.

▶ **Unterrichtsmaterial für Blinde**

Das **Tiefziehverfahren:** Jede Abbildung muss für blinde Kinder in ein Tastbild verwandelt werden. Hier wird eine Landschaft zunächst mit unterschiedlichen Materialien (z. B. Schmirgelpapier, kleine Holzstücke) auf einen Karton geklebt. Die Namen der Gegenstände werden in Blindenschrift „geschrieben". Dann wird dieses Tastbild mit einem Spezialgerät unter Wärmezufuhr in dicke Plastikbögen tiefgezogen. Fertig ist das Tastbild. Ein weiteres Verfahren ist

das **Schwellpapierverfahren:**
Hier siehst du ein einfaches Höhenlinienmodell in Holz. Es hilft blinden – aber auch sehenden – Kindern, sich Höhenlinien auf einer Landkarte vorzustellen. Danach wird eine einfache Höhenlinienabbildung auf eine Plastikfolie kopiert. Die Höhenlinien werden durch Wärmezufuhr etwas herausgezogen und lassen sich ertasten.

▶ Vakuum

Du kennst das Wort Vakuum von Vakuumverpackung, z. B. bei Wurst. Bei dem Verpackungsverfahren werden Luftteilchen entzogen. Ein richtiges Vakuum ist ein luftleerer Raum.

luftgefüllter Raum   luftleerer Raum: Vakuum

▶ Venusfliegenfalle

Die Venusfliegenfalle findet man wild in Moorgebieten der USA. Moore enthalten nur wenig Nährstoffe für Pflanzen. Um an zusätzliche Nährstoffe zu kommen, fängt sie Insekten und verdaut sie anschließend.
Das funktioniert so:
1. Insekten werden angelockt
Duftdrüsen auf den Fangblättern geben Duftstoffe (Düfte) ab, die besonders Fliegen, aber auch andere Insekten anlocken. Auf der Suche nach der Duftquelle landen Insekten und krabbeln auf der Pflanze herum.
2. Insekten lösen die Falle selbst aus
Nur auf der Innenseite der Fangblätter befinden sich berührungsempfindliche Haare. Krabbelt eine Fliege in die Falle hinein, so stößt sie irgendwann die Haare an und löst damit die Falle aus.
3. Die Falle klappt in „Zeitlupe" zu
Die Falle schließt sich langsam. Fliegen können schnelle Bewegungen sehr gut sehen (Fliegenauge), so entkommen sie vielen Feinden. Die Blätter der Venusfliegenfalle überlisten die Fliegen durch ihr Zeitlupentempo.
4. Insekten werden lebend eingeschlossen und verdaut
Gefangene Insekten werden nicht wie mit einer Fliegenklatsche zerquetscht, sondern vorsichtig in einen engen „Blattkäfig" eingeschlossen. In diesen Käfig geben die Blätter jetzt einen Verdauungssaft ab, der die Fliege tötet und ihr Inneres auflöst und verflüssigt. Diese Flüssigkeit enthält dann die Nährstoffe, die die Venusfliegenfalle über ihre Fangblätter aufnimmt.
5. Die Falle wird wieder aufgestellt
Nach mehreren Tagen öffnet sich die Falle wieder. Nur noch die äußere Hülle der gefangenen Fliege ist übrig geblieben. Wind und Regen beseitigen die Reste. Die Falle steht bereit für das nächste Insekt.

Venusfliegenfalle   Venusfliegenfalle mit Beute

▶ Weitsichtigkeit   Siehe Augenfehler, Seite 43

▶ Zoetrop

So kannst du dir ein einfaches Zoetrop bauen und damit bewegte Bilder anschauen:

Schneide in einen Kartonstreifen im Abstand von 2,5 cm Schlitze. Diese sollten etwa 3 mm breit und 3 cm hoch sein. Klebe den Streifen um das Unterteil einer Käseschachtel.

Entferne den Boden des Schachteldeckels. Klebe den verbleibenden Ring am oberen Ende des Kartons fest.

Bohre ein Loch durch den Boden der Käseschachtel und durch Verschluss und Boden einer kleinen Kunststoffflasche. Stecke eine Stricknadel durch die Löcher.

Kopiere die Bilderstreifen und klebe sie hintereinander. Lege den Streifen in die Trommel und drehe sie. Betrachte dabei die Bilder durch die Schlitze.

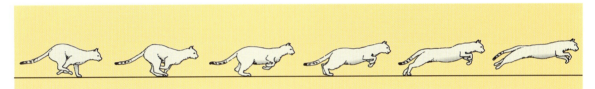

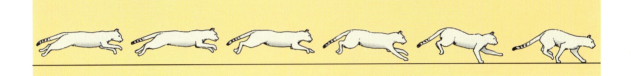

▶ Zunge

Zusammen mit der Nase ist sie das Sinnesorgan für den Geschmack. Mit der Zunge allein können wir nur vier Geschmacksrichtungen unterscheiden: Süß, salzig, sauer und bitter. Verschiedene **Geschmackszonen** sind auf diese Richtungen spezialisiert: Süß spürt man am besten mit der Zungenspitze, bitter am besten hinten. Man sagt deshalb auch: „Ich habe einen bitteren Nachgeschmack."
Die Oberfläche der Zunge ist zerklüftet und zerfurcht. Ganz tief in diesen Furchen sitzen in Gruppen angeordnet die **Schmeckzellen**. Der eingespeichelte Speisebrei umspült sie. Unser Gesamteindruck einer Speise entsteht aus der Kombination der Meldungen der Schmeckzellen der Zunge und der Riechzellen der Nase.

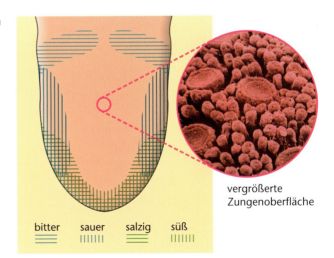

vergrößerte Zungenoberfläche

Entdeckungen im Mikrokosmos

Was ist was?

Ordne!
Immer zwei Bilder gehören zusammen.
Wie heißt das Lösungswort? •••••••••

i

s

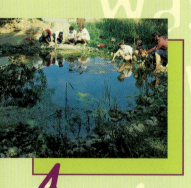
4

5

K

M

Wähle:
- Einbruch bei Oma Schulte 62
- Reise in kleine Welten 66
- Regenwurm Krümel 72
- Immer da und nie beachtet 78

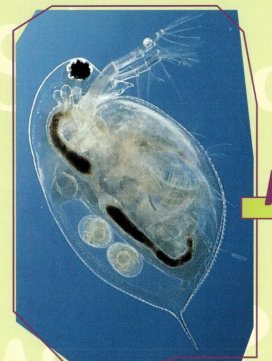

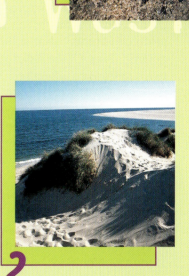

Einbruch bei

„Mein Gott, Sven, du legst aber auch ein Tempo vor." Keuchend hatte Katja auf ihrem Fahrrad endlich ihren Klassenkameraden eingeholt. „Nichts drauf, Mädel, was? Trainieren, trainieren." „Angeber! Denk mal dran, wer eben die beiden entscheidenden Tore gemacht hat."

Die beiden Nachbarkinder kamen von einem Klassenspiel gegen die 6a, das sie 5:4 gewonnen hatten. Und Katja war nicht wenig stolz auf ihre beiden Treffer. Sie wollten gerade um die letzte Ecke biegen, als plötzlich ein junger Mann aus der stillen Seitenstraße gerannt kam. Sven wäre beinahe gestürzt und stieß mit dem Schienbein gegen die Pedale. „Blödmann, pass doch auf!", rief er noch, dann war der Unbekannte auch schon verschwunden. Schimpfend fuhren die Freunde die letzten Meter und sahen sich dann das verletzte Bein an.

„Kinder, ist hier ein junger Bursche vorbeigelaufen?" Katja und Sven blickten auf. Vor ihnen stand Oma Schulte, die gute Seele der Straße. Jetzt sah sie ziemlich verstört aus. „Bei mir ist eingebrochen worden. Ich war doch nur kurz einkaufen. Und als ich zurückkam, stand der Kerl plötzlich vor mir." „Hat er Ihnen was getan?", fragte Katja besorgt. „Er hat mir einen gehörigen Schrecken eingejagt. Und dann ist er weggerannt. Mein ganzes Geld ist weg." „Mensch, der Typ an der Ecke", rief Sven und schwang sich auf sein Fahrrad. „Oma Schulte, rufen Sie die Polizei an. Wir sehen nach, ob wir ihn noch finden."

Im Nu waren die Kinder um die Ecke verschwunden. Sie suchten die Straßen in der Richtung ab, aus der sie gekommen waren, vergeblich. Nach einer halben Stunde wollten sie schon umkehren. Sven warf einen letzten prüfenden Blick über die Schulter. „Mensch Katja", flüsterte er plötzlich, „sieh mal. Dunkle Jacke, Jeans, das könnte er sein." Die Kinder beobachteten einen jungen Mann, der in einem Mietshaus verschwand.

Oma Schulte

„Hey, sofort zurück zu Oma Schulte. Die Polizei ist bestimmt schon da."
Ein uniformierter Beamter stand im Vorgarten. „Halt, ihr könnt noch nicht rein, Spurensicherung." Aufgeregt berichteten die Kinder von ihren Beobachtungen. „Seid ihr ganz sicher, dass das der Einbrecher war?", fragte der Polizist. „Sicher natürlich nicht", antwortete Sven zögernd. „Wir kennen sein Gesicht nicht."
„Hm, Nummer 68, junger Mann, blonde Haare? Komm Karl, wir sehen mal nach", rief der Polizist einem Kollegen zu.
Sven und Katja durften sich nun umsehen. Das Wohnzimmerfenster auf der Rückseite des Hauses war eingeschlagen und stand offen. Im Zimmer sah es wüst aus. Die beiden Freunde konnten einige Schilder erkennen, die wohl Spuren markieren sollten. Ein Kripobeamter begann gerade, Fußabdrücke im Beet vor dem Fenster mit Gips auszugießen.
„Na, ihr Detektive!" Ein Mann mit einer freundlichen, tiefen Stimme kam auf die Kinder zu. „Ich bin Oberkommissar Glaser von der Kripo. Schöne Bescherung, was? Jetzt erzählt mir mal, was ihr gesehen habt."
Interessiert hörte Oberkommissar Glaser den beiden zu. Schließlich sah er auf seine Uhr. „Ich glaube, es wird spät. Kommt morgen nach der Schule wegen eurer Zeugenaussage zum Präsidium. Auch Kleinigkeiten können wichtig sein."
Am nächsten Tag holte Oberkommissar Glaser Sven und Katja am Eingang zum Polizeipräsidium ab. Vergnügt erklärte er: „Ja, ihr beiden, es könnte sein, dass ihr uns bei einer größeren Sache geholfen habt. Wir haben im Haus drei Männer angetroffen, zwei davon übrigens wegen Einbruchs vorbestraft. Natürlich leugnen alle drei die Tat. Wir müssen schon gute Beweise vorlegen, wenn wir den Richter überzeugen wollen. Leider hat ja keiner den Einbrecher eindeutig erkannt. Unser Labor wertet gerade die Spuren aus. Mal sehen, wie weit sie sind. Kommt mal mit."

Unser Kriminallabor

1 Erzeuge in lockerer Erde oder in Sand einen deutlich sichtbaren Schuhabdruck. Stelle einen Gipsabguss davon her.

Untersuche verschiedene Gipsabgüsse nach wichtigen Informationen. Benutze dazu eine ▶ Lupe.
Was verrät der Abguss über den Träger des Schuhs?

Lege einen Rahmen um die Fußspur.

Gieße Gipsbrei sorgfältig in die Spur.

Lege Drahtgewebe oder Stoff als Verstärkung in den Gips.

Gieße den restlichen Gips hinein und warte, bis er hart ist.

Untersuchungsprotokoll

Schuhgröße:

Art des Schuhs und der Sohle:

Gebrauchszustand/Alter:

Besondere Eigenschaften (herausgebrochene Gummileisten usw.):

2 Mache Fingerabdrücke (▶ Kriminallabor) auf Glas sichtbar: Streiche mit einem weichen Pinsel vorsichtig etwas Graphitpulver auf das Glas. Presse anschließend ein Stück durchsichtige Klebefolie darauf. Ziehe die Folie ab und klebe sie auf ein weißes Blatt Papier.
Achtung! Unterlage benutzen, Kleidung und Arbeitsplatz nicht verschmutzen.

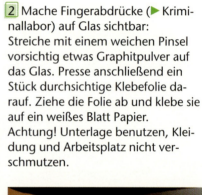

3 Drucke deine eigenen Fingerabdrücke ab. Betrachte die Abdrücke unter einer Lupe mit etwa vierfacher Vergrößerung.

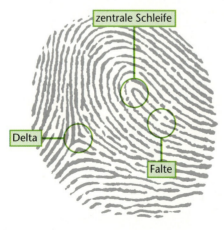

4 Vergleiche Fingerabdrücke: Beginne mit dem Grundmuster (▶ Kriminallabor) in der Mitte. Suche dann Besonderheiten wie Schnitte, Falten oder Deltas. Zähle die Anzahl der Linien zwischen diesen besonderen Merkmalen. Ein Zirkel und ein spitzer Bleistift helfen dabei. Mache dir laufend Notizen.
Dieser Abdruck beispielsweise hat das Grundmuster „Schleife rechts". Links unten im Abstand von 10 Linien befindet sich ein Delta. Rechts unterhalb des Schleifenkopfs ist eine Falte.

▶ Lupe 86   ▶ Kriminallabor 93

[5] Vergleiche unter dem ▶ Mikroskop und dem ▶ Binokular Haare verschiedener Menschen. Überlege, wie du die Dicke eines Haares bestimmen kannst.
Vergleiche Haare von Tieren mit Menschenhaaren. Du solltest dir auch einmal eine Vogelfeder unter dem Binokular ansehen.

Schneide ein Stück Haar ab und lege es in einen Wassertropfen auf dem Objektträger. Decke mit einem Deckgläschen ab.

Menschenhaar

Wollfasern

[6] Zupfe Fasern aus Kleidungsstücken. Untersuche sie mit dem Binokular und dem Mikroskop. Wie unterscheiden sich Naturfasern von Kunstfasern?

Kunstfasern

Baumwolle

Spurenakte

[7] Das ist Oberkommissar Glasers Spurentabelle. Wer hat bei Oma Schulte eingebrochen?

Elsa Schulte

	Schuhabdruck	rechter Daumen	Textilfasern	Haare
Karlo Klaumann				
Benno von Bruch				
Gustav Ganowski				

Lege eine ähnliche Spurentabelle für deine Arbeitsgruppe an. Beweise Oberkommissar Glaser, dass keiner von euch der Täter war.

▶ Mikroskop 88   ▶ Binokular 87

Willkommen im Club der Forscherinnen und Forscher!

Neues aus der Mikrowelt

1. Papier braucht man zu unterschiedlichen Zwecken. Überlege dir, welche besonderen Eigenschaften das Papier haben muss, das du hier abgebildet siehst. Kennst du weitere Papierarten?

2. Untersuche mit einer ▶ Lupe verschiedene ▶ Papiersorten. Reiße jeweils eine Ecke ab und schau dir die Reißkante an. Wie unterscheiden sie sich? Kannst du jetzt die besonderen Eigenschaften der verschiedenen Papierarten erklären?

3. So kannst du selbst ▶ Papier herstellen:
Du brauchst dafür ein Glas, einen Rührstab, ein Sieb, etwas Papier (z.B. Toilettenpapier oder Zeitungspapier), eine dicke Zeitung. Zerreiße etwas Papier in kleine Stückchen und gib sie in ein Glas mit warmem Wasser. Lass das Papier einige Minuten einweichen. Rühre mit dem Stab, damit das Papier zerfällt.
Stelle ein ▶ Präparat aus Papierbrei her, indem du mit dem Rührstab einen Tropfen auf den Objektträger bringst. Untersuche es mit dem ▶ Mikroskop.

Gieße den dünnen Brei in das Sieb und lass das Wasser ablaufen. Dann kippst du die feuchte Masse mit Schwung auf eine dicke Zeitung. Klappe die Zeitung zusammen und presse vorsichtig das überschüssige Wasser aus. Dein Papier ist jetzt noch sehr empfindlich. Lass es einen Tag trocknen.

Schau dir dein Papier mit der ▶ Lupe an und überlege dir, warum es nicht mehr auseinander fällt.
Probiere auch andere Papierarten aus. Welche lassen sich besonders gut zu neuem Papier machen?

4. Untersuche das Bild mit der ▶ Lupe. Wie entstehen die hellen und dunklen Flächen?
Wie entstehen die Farben Grün oder Blau? Mit der Lupe kannst du viele Punkte erkennen. Sie heißen Rasterpunkte. Viele einzelne Farbpunkte bilden eine Farbfläche. Untersuche auch andere Abbildungen dieses Buches.
Alle farbigen Abbildungen werden in einem besonderen ▶ Druckverfahren hergestellt, bei dem für jedes Bild vier Arbeitsgänge notwendig sind, für die Farben Rot, Blau, Gelb und Schwarz.

▶ Papiersorten 96 ▶ Papier herstellen 96 **68** ▶ Präparat 97 ▶ Lupe 86 ▶ Druckverfahren 91
▶ Mikroskop 88

5 Vor fast hundert Jahren malten berühmte Maler in einer besonderen Maltechnik, dem Pointillismus. Sie versuchten, Farbflächen nur durch einzelne Punkte zu erzeugen.
Wie entstehen hier helle und dunkle Flächen? Kannst du Flächen finden, bei denen durch unterschiedliche Farbpunkte eine neue Farbe entstanden ist?
Du kannst es selbst ausprobieren, indem du Flächen mit Filzstiftpunkten ausmalst: Wenn du blaue Punkte dicht aneinander setzt, entsteht eine andere Farbe als wenn du sie locker verteilst. Möchtest du eine ganz dunkelblaue Fläche, setze schwarze Punkte dazwischen. Blaue und rote Punkte zusammen ergeben eine neue Farbe.

6 Auch das ▶ Fernsehbild und das ▶ Bild des Computers sind aus vielen einzelnen Punkten zusammengesetzt, die du normalerweise ohne Vergrößerung nicht erkennst.

7 Sieh dir mit der ▶ Lupe dein Schreibmaterial an.
Ist dein Bleistift wirklich spitz?
Kannst du mit einem ganz spitzen Stift gut schreiben?
Kannst du beim Kugelschreiber sehen, woher er seinen Namen hat?
Sieht die Spitze eines Filzstifts genauso aus wie eine Bleistiftspitze?
Woher kommt beim Füller die Tinte?

8 Benutze die ▶ Lupe und das ▶ Binokular, um dir genauer anzusehen, was beim Schreiben passiert.
Nimm drei unterschiedliche Papierarten, z. B. Schreibpapier, Löschpapier und Küchenpapier. Beschreibe sie mit Bleistift, Kugelschreiber, Füller und Filzstift.
a) Vergleiche die Striche miteinander. Was kannst du mit und ohne Lupe sehen?
b) Beobachte mit der Lupe, was passiert, wenn du mit Tintenkiller oder Radiergummi versuchst, etwas zu entfernen. Ist alles wieder weg oder bleiben Spuren im Papier?
c) Schreibe deinen Namen mit einem spitzen Bleistift möglichst klein auf ein Blatt Papier. Nimm die Lupe oder das Binokular zur Hilfe.

Ich gehe weiter in die Küche, kommst du mit?

▶ Fernsehbild 92   ▶ Computerbild 91   ▶ Lupe 86   ▶ Binokular 87

Und die Reise geht noch weiter

Hallo, hier bin ich wieder. Ich möchte euch auf eine Reise in die zauberhafte Welt der Kristalle mitnehmen. Den hier fand ich zum Beispiel in der Küche.

[1] Untersuche die verschiedenen Stoffe mit ▶ Lupe, ▶ Binokular und ▶ Mikroskop. Findest du heraus, woran man ▶ Kristalle erkennen kann? Was ist beim Betrachten mit dem Mikroskop anders?

[2] Lege 10 Kandiszuckerkristalle nebeneinander. Was fällt dir auf? Was haben sie gemeinsam und wodurch unterscheiden sie sich? Wie viele Außenflächen hat ein Kandiszuckerkristall?
Vergleiche sie mit einer Zuckerprobe unter dem ▶ Binokular.

[3] Gib einige große Kandiszuckerkristalle und einige Mineralienproben (z. B. Bergkristall/Gips/Marmor ...) in ein Glas mit Wasser. Beobachte. Kannst du jeden ▶ Kristall auflösen?

▶ Lupe 86   ▶ Binokular 87   ▶ Mikroskop 88   ▶ Kristalle 95

Simsalabim! Hier sind sie wieder!

4 Mini hat aus der ▶ Lösung wieder ▶ Kristalle hervorgezaubert. Kannst du das auch?
Mini macht das so: Zuerst gibt sie ein wenig Wasser und Kochsalz in ein Glas. Dann rührt sie so lange, bis sich das Salz aufgelöst hat und sich überschüssiges Kochsalz am Glasboden absetzt. Sie gibt zwei Tropfen der Salzlösung auf einen Objektträger, wartet einige Minuten und beobachtet dann unter dem ▶ Binokular was geschieht. Wenn alles Wasser verdunstet ist, bleiben die Salzkristalle auf dem Objektträger zurück.
Versuche es auch mal mit Backpulver, einer Suppe und einer Gewürzmischung aus der Tüte ...

Salatdressing

Tomatensuppe

Backpulver

Nagelfeile

Zucker

Salz

5 Wenn Mini größere Kristalle herstellen will, dann nimmt sie ein größeres Glas, mehr Wasser und mehr Salz. Sie rührt einige Minuten vorsichtig um, bis sich kein Salz mehr löst, gießt die Lösung durch eine Filtertüte ab und fängt sie in einem sauberen Glas auf. Nun lässt sie alles einige Tage ruhig stehen.
Auf dem Boden bilden sich dann die ersten Kristalle. Davon sucht sie sich einen aus, nimmt ihn heraus und hängt ihn an einen dünnen Faden. Die Lösung filtert sie nochmal, um die restlichen Kristalle zu entfernen. Danach hängt sie den Kristall am dünnen Faden in die Lösung. Der Kristall wächst langsam und wenn sie immer wieder Salzlösung nachfüllt, dann wachsen manche Kristalle auch Wochen und Monate weiter.

▶ Lösung 95   ▶ Kristalle 95   ▶ Binokular 87

Regenwurm Krümel erzählt:

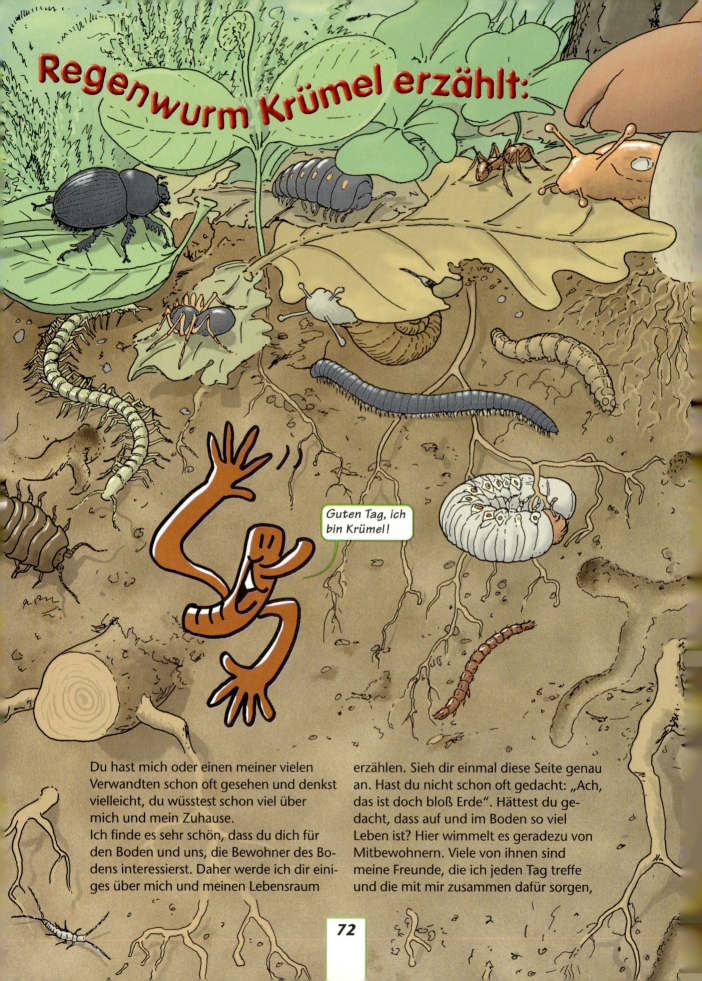

Guten Tag, ich bin Krümel!

Du hast mich oder einen meiner vielen Verwandten schon oft gesehen und denkst vielleicht, du wüsstest schon viel über mich und mein Zuhause.
Ich finde es sehr schön, dass du dich für den Boden und uns, die Bewohner des Bodens interessierst. Daher werde ich dir einiges über mich und meinen Lebensraum erzählen. Sieh dir einmal diese Seite genau an. Hast du nicht schon oft gedacht: „Ach, das ist doch bloß Erde". Hättest du gedacht, dass auf und im Boden so viel Leben ist? Hier wimmelt es geradezu von Mitbewohnern. Viele von ihnen sind meine Freunde, die ich jeden Tag treffe und die mit mir zusammen dafür sorgen,

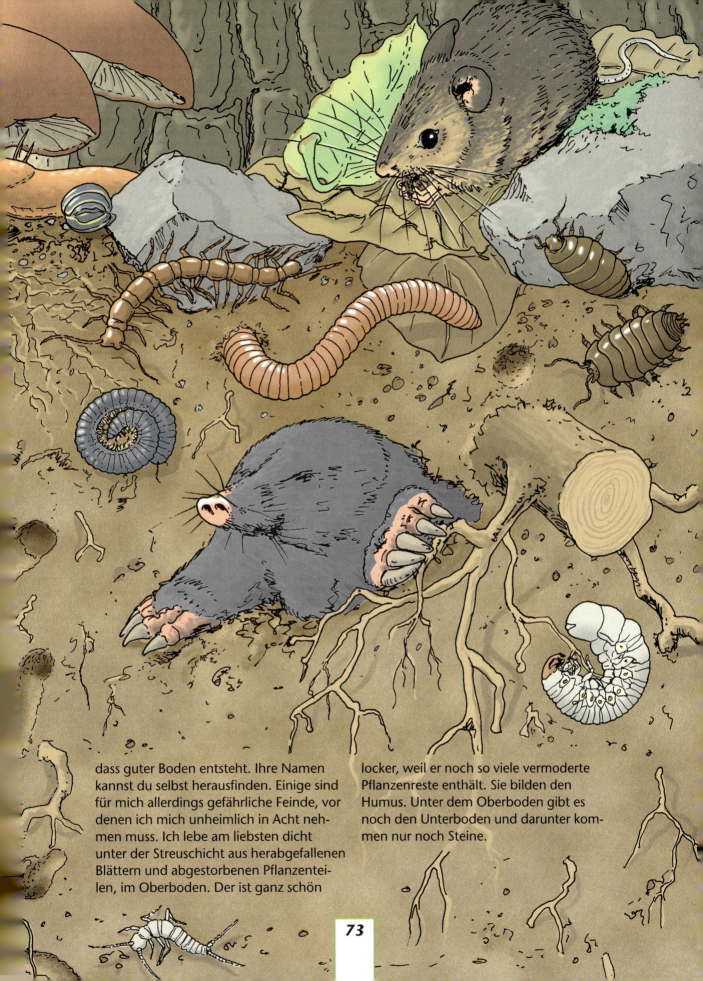

dass guter Boden entsteht. Ihre Namen kannst du selbst herausfinden. Einige sind für mich allerdings gefährliche Feinde, vor denen ich mich unheimlich in Acht nehmen muss. Ich lebe am liebsten dicht unter der Streuschicht aus herabgefallenen Blättern und abgestorbenen Pflanzenteilen, im Oberboden. Der ist ganz schön locker, weil er noch so viele vermoderte Pflanzenreste enthält. Sie bilden den Humus. Unter dem Oberboden gibt es noch den Unterboden und darunter kommen nur noch Steine.

Hallo, da bin ich wieder!

[1] Hole dir zuerst eine Bodenprobe (aus dem Wald, Schulgarten oder dem Stadtpark).
Unterwegs solltest du mal öfter die „Nase in die Bodenproben stecken". Findest du nicht auch, dass guter Waldboden wunderbar duftet?

Wenn du dieses Buch und eine ▶ Lupe mitnimmst, kannst du schon im Wald viele meiner Freunde erkennen.
Am besten legst du eine Hand voll Erde auf ein weißes Papier und guckst dir jedes Blatt und jeden Erdkrümel mit der Lupe genau an.

[2] Mit der hier abgebildeten Versuchsapparatur kannst du in der Schule noch viel mehr ▶ Bodenlebewesen fangen und bestimmen.
Wenn du die Lebewesen in eine kleine Glasschale mit Deckel (dein Lehrer oder deine Lehrerin hat solche Petrischalen) setzt, kannst du sie wunderbar unter dem ▶ Binokular betrachten.
Setze alle Lebewesen aber sofort danach in den Boden zurück.
Genaue Informationen zu den einzelnen Tieren gibt dir dein Lehrer oder deine Lehrerin, oder lies in einem Bestimmungsbuch nach.

Ich habe so viele Freunde im Boden, dass die Seiten des Buches nicht ausreichen würden, um sie dir alle zu zeigen. Hier ist eine kleine Auswahl derjenigen, die du häufig finden wirst.

Asseln, wie die hier abgebildete **Kellerassel**

Ohrwürmer, mit Zangen am Hinterleib

Käfer, wie ein **Mistkäfer** oder ein **Kurzflügler**.
Urinsekten, wie die augenlosen **Doppelschwänze**, oder die am besten unter dem ▶ Mikroskop sichtbaren **Springschwänze**

- Lampe
- feuchte Waldstreu
- schwarzer Karton
- Sieb
- Trichter
- Becherglas
- Schuhkarton

20 cm

Hundertfüßer und **Tausendfüßer**, wie die **Steinkriecher** und **Schnurfüßer**.

Außerdem wirst du sehr viele **Larven** von Mücken, Fliegen, Wespen oder Käfern finden.

▶ Lupe 86   ▶ Bodenlebewesen 90   ▶ Mikroskop 88   ▶ Binokular 87

Ach ja, ich wollte dir ja noch viel mehr von mir erzählen.

Am liebsten fresse ich weitgehend vermoderte Blätter und Nadeln oder andere Pflanzenteile oder Pflanzenabfälle. Damit die Pflanzenreste schneller vermodern, ziehe ich z. B. die Laubblätter in den Boden. Wie diese Laubtüte dann aussieht, siehst du auf dem Bild.

Das Zersetzen der Blätter besorgen zunächst die Bakterien und die Pilze. Die Bakterien sind so klein, dass ich sie auch noch nie gesehen habe. Die Pilze wachsen z. B. in dicken Fäden in der Erde. Im Bild siehst du Pilzfäden, wie ich ihnen begegne. Du hast in deiner Bodenprobe auf jeden Fall auch solche Fäden. Untersuche sie genau, vielleicht auch mit dem ▶ Binokular.

Ringelwürmer, dazu gehört der Regenwurm und die hier abgebildete weißlich-gelbe **Enchyträe**

Schnecken, hier siehst du eine **Schließmundschnecke**. Sie leben überall da, wo es feucht ist.

Viele meiner Freunde, die du jetzt schon kennst, helfen bei der Zersetzung der Blätter mit. Nach Bakterien und Pilzen kommen die Milben und Springschwänze. Sie öffnen die Blatthaut, danach fressen Schnecken, Ohrwürmer, Asseln und Tausendfüßer Löcher in die Blätter. Wenn die Blätter so vorbereitet sind, schmecken sie mir besonders gut. Im perfekten Teamwork sorgen wir dafür, dass guter ▶ Boden entsteht.

Bodenspinnen, hier siehst du eine **Zwergspinne**

Saftkugler, oft sind sie zu einer Kugel zusammengerollt

▶ Binokular 87   ▶ Bodenentstehung 90

Da ich ständig hungrig bin, fresse ich jeden Tag so viel wie ich wiege. Dabei bin ich immer unterwegs und grabe. Manchmal wird es aber echt gefährlich für so einen friedlichen Gesellen wie ich einer bin.

Unterwegs trifft man nicht nur Freunde. Häufiger treffe ich einen dunklen Gesellen mit riesigen Grabekrallen, vor dem ich mich unheimlich vorsehen muss. Er frisst jeden Tag viele Regenwürmer.

Ein anderer hat ganz schrecklich viele Beine und ist eigentlich ein ganzes Stück kleiner als ich, aber ich kann es nicht mit ihm aufnehmen.

Dann ist da noch ein ziemlich schneller Käfer, der es auch auf unsereins abgesehen hat und ein pelziger, ganz flinker Feind mit einem langen dünnen Schwanz.

Da gibt es einen Riesen, der anscheinend nur aus Stacheln besteht. Der frisst auch schrecklich gerne Regenwürmer.

Wenn es stark regnet oder nachts ziemlich feucht ist, komme ich schon mal aus der Erde heraus. Dann wird es allerdings noch viel gefährlicher für mich. Hier kann es sogar passieren, dass plötzlich ein Regenwurm in die Luft entführt wird.
Wahrscheinlich sind das noch viel gefährlichere Feinde, wenn die direkt aus der Luft kommen, oder?

Streuschicht
Oberboden
Unterboden
Untergrund

Von welchen Feinden hat Krümel hier berichtet? Überlege!
Welche sind auf dieser und den vorangegangenen Seiten abgebildet?

In den Unterboden oder sogar in den Untergrund verkrümele ich mich vor allem im Winter. Wenn oben alles festfriert, ist es unten immer noch schön warm und ich kann ruhig meinen Winterschlaf halten. Allerdings ist das Graben dort natürlich viel schwerer, weil der ▶ Boden immer fester wird, je tiefer ich grabe. Boden ist eben nicht gleich Boden.

▶ Boden 90

Boden ist nicht gleich Boden.

[1] Boden besteht aus vielen verschiedenen Stoffen. Einige Begriffe, wie Sand, Lehm oder Ton hast du schon einmal gehört.
Alle Böden werden danach unterschieden, wie viel Sand, Lehm oder Ton sie enthalten.
Nimm einen Löffel deiner Bodenprobe einmal in die Hand. Manche Böden kannst du zu „Würsten" ausrollen, manche nicht.
Mit diesem Wursttest kannst du zwischen sandigen und lehmigen/tonigen Böden unterscheiden.

Lässt sich die Bodenprobe zu einer Wurst ausrollen, dann gehört sie zu den lehmigen oder tonhaltigen Böden.

Zerbröselt die Bodenprobe, lässt sich keine Wurst formen, dann gehört sie zu den sandigen Bodenarten.

[2] Mit der so genannten Schlämmprobe kannst du genau erkennen, welcher Boden mehr Sand, Lehm oder Ton enthält.

Besorge dir Proben aus dem Laub- und Nadelwald, einem Gemüsegarten, von einer Wiese und einem Getreidefeld. Lasse die Proben an der Luft oder in einem Trockenschrank trocknen und sortiere die groben Teile (Pflanzenteile und größere Steine) aus. Siebe danach mit einem Sieb von etwa 2 mm Maschenweite. Fülle jetzt einen Standzylinder zu etwa 1/3 mit der Bodenprobe.

Fülle mit Wasser auf und schüttele den Standzylinder so kräftig, dass Bodenprobe und Wasser gut durchmischt sind. Lass das Gefäß dann solange stehen, bis das Wasser wieder einigermaßen klar geworden ist. Beschreibe für jede Bodenprobe deine Beobachtungen. Versuche die
▶ Größe der Körner einigermaßen zu schätzen.

▶ Größe der Körner 93

Die Tulpe, eine alltägliche Gartenpflanze

Wenn du im Frühjahr durch Gärten oder Parks gehst, kannst du häufig blühende ▶ Tulpen in den verschiedenartigsten Farben bewundern. Die Gartenbesitzer haben die Tulpenzwiebeln im Herbst in die Erde eingepflanzt. Im Frühjahr sprießen mit zunehmender Tageslänge und Wärme zuerst die Blätter. Danach treiben die Blütenknospen auf langen Blütenstielen aus dem Boden.

1 Eine Tulpe kannst du im Frühling in einer Gärtnerei kaufen. Wenn du im Herbst eine Tulpenzwiebel in den Garten pflanzt, kannst du sie auch selbst heranziehen. (Pflanzanleitung beachten!). Im Frühjahr gräbst du dann die Tulpe vorsichtig aus dem Boden und spülst sie mit Wasser sauber.

2 Betrachte genau den Aufbau deiner ▶ Tulpe. Erstelle eine farbige Zeichnung und beschrifte die einzelnen Teile.

▶ Tulpe 97

82

> Um aber weitere Einzelheiten zu erkennen, musst du nun ▶ Lupe und ▶ Binokular als Hilfsmittel benutzen.

3 Untersuche zuerst mit der ▶ Lupe, dann mit dem ▶ Binokular genau den Aufbau der Blüte und ihrer Einzelteile. Du erkennst dann ohne Probleme Einzelheiten des Blütenaufbaus. Neben dem Fruchtknoten mit der Narbe siehst du die sechs Staubblätter. Interessante Untersuchungsobjekte sind außerdem die Oberfläche der Blätter und die Struktur der feinen Wurzeln.

Wurzel

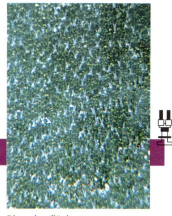
Blattoberfläche

> Um noch kleinere Einzelheiten zu erkennen, benutzt du das ▶ Mikroskop. Dazu musst du von deinen Untersuchungsobjekten ▶ Präparate herstellen.

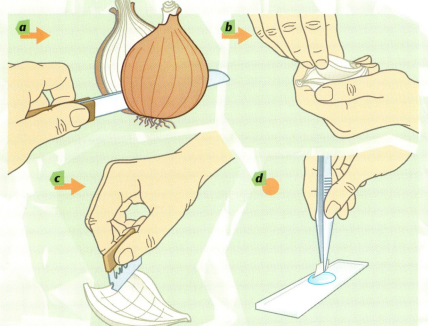

4 Teile mit einem Messer deine Tulpenzwiebel in vier gleiche Teile (a). Du erkennst, dass die Zwiebel aus vielen ineinander gefügten Blättern besteht. Löse eines dieser Blätter heraus (b) und ritze mit einer einschneidigen Rasierklinge ein Gitternetz in die Haut auf der Innenseite des Blattes (c). Nimm mit einer Pinzette eines der hauchdünnen Hautstückchen und lege es in den Wassertropfen eines vorbereiteten Objektträgers (d). Das ist dein ▶ Präparat der Zwiebelhaut.

5 Mikroskopiere das ▶ Präparat nun in den verschiedenen ▶ Vergrößerungen und fertige kleine Zeichnungen der beobachteten Einzelheiten an. Überlege dir, welche Aufgabe diese Bausteine (▶ Zellen) haben.
Um Einzelheiten in den Zellen der Zwiebelhaut zu erkennen, kannst du dein Präparat anfärben (▶ Färben). Nun hast du die Zellen der Zwiebelhaut unter dem ▶ Mikroskop entdeckt. So sehen aber nicht alle Zellen der Tulpe aus. Im Stiel, in den Blättern und im Fruchtknoten gibt es Zellen mit ganz anderem Aussehen und anderen Aufgaben. Wenn du wissen willst, wie diese Zellen aussehen, musst du Vorbereitungen treffen. Dazu blättere eine Seite weiter.

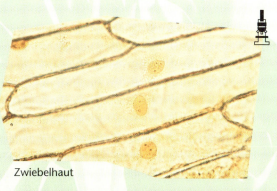
Zwiebelhaut

▶ Lupe 86 ▶ Binokular 87 ▶ Mikroskop 88 ▶ Präparat 97 ▶ Vergrößerung 99 ▶ Zelle 99
▶ Färben 92

Die Tulpe – scheibchenweise

Der Stiel, die Blätter und der Fruchtknoten der Tulpe sind zu dick, sodass das Licht beim Mikroskopieren nicht hindurchscheinen kann! Diese Objekte musst du vorher in dünne Scheibchen schneiden.
Hierzu benötigst du ein so genanntes Mikrotom oder Schneidegerät.

Was du alles brauchst, um ein Schneidegerät zu bauen:

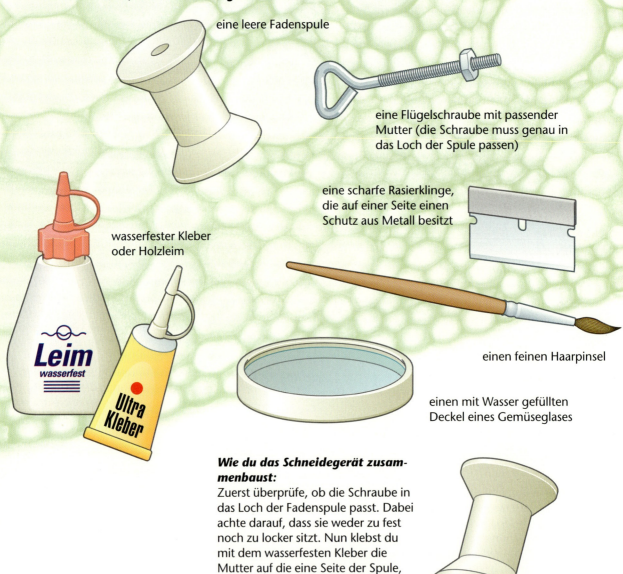

eine leere Fadenspule

eine Flügelschraube mit passender Mutter (die Schraube muss genau in das Loch der Spule passen)

eine scharfe Rasierklinge, die auf einer Seite einen Schutz aus Metall besitzt

wasserfester Kleber oder Holzleim

einen feinen Haarpinsel

einen mit Wasser gefüllten Deckel eines Gemüseglases

Wie du das Schneidegerät zusammenbaust:
Zuerst überprüfe, ob die Schraube in das Loch der Fadenspule passt. Dabei achte darauf, dass sie weder zu fest noch zu locker sitzt. Nun klebst du mit dem wasserfesten Kleber die Mutter auf die eine Seite der Spule, genau über das Spulenloch. Drücke sie gut an und lass die Klebestelle nun mehrere Stunden trocknen, damit die Mutter fest an der Spule haftet. Probiere aus, ob die Schraube gut durch das Loch der Spule gedreht werden kann. Sie muss bis zur anderen Spulenseite reichen!

Wie du dein Objekt schneiden kannst

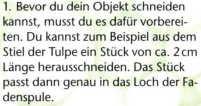

Stiel der Tulpe

1. Bevor du dein Objekt schneiden kannst, musst du es dafür vorbereiten. Du kannst zum Beispiel aus dem Stiel der Tulpe ein Stück von ca. 2 cm Länge herausschneiden. Das Stück passt dann genau in das Loch der Fadenspule.

2. Du drehst so lange an der Flügelschraube, bis der Stiel aus dem Loch der Spule herausschaut. Das erste Stück des Stiels schneidest du nun mit einer einschneidigen Rasierklinge ab, indem du die Klinge ganz flach und gleichmäßig über das obere Ende der Fadenspule ziehst. Vorsicht beim Schneiden, immer vom Körper weg schneiden!

3. Nun drehst du die Flügelschraube vorsichtig ein wenig in die Spule hinein, sodass das Objekt etwas auf der anderen Seite hinausschaut. Fertige einen weiteren Schnitt an. Benetze dabei immer Rasierklinge und Objekt mit etwas Wasser. Wenn du möchtest, kannst du viele verschiedene Schnitte von deinem Objekt anfertigen. Ihre Dicke hängt davon ab, wie weit du die Flügelschraube in die Spule hineindrehst.

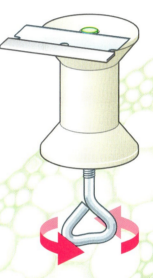

Blattstück

4. Die Schnitte schiebst du dann vorsichtig mit dem Pinsel in den mit Wasser gefüllten Deckel. Dort kannst du dir dann den am besten geeigneten Schnitt (so dünn wie möglich) aussuchen und ein Präparat davon herstellen.

5. Um feinere Objekte (Wurzeln, Blätter usw.) schneiden zu können, musst du sie vorher mit einem in das Spulenloch passenden Material umgeben. Dazu kannst du ein Stück Holundermark oder Möhre benutzen. Dann schneidest du das umgebende Material und gleichzeitig dein Objekt in dünne Scheiben.

Arbeitsgeräte

▶ **Lupe**

Die abgebildeten Lupen haben verschiedene Linsen, die für die Vergrößerung des Objektes verantwortlich sind. Probiere selbst verschiedene Linsen aus.

Achte auf die Dicke der Linsen und den Abstand zum untersuchten Gegenstand!
„Je dicker die Linsen, desto größer das Bild!"

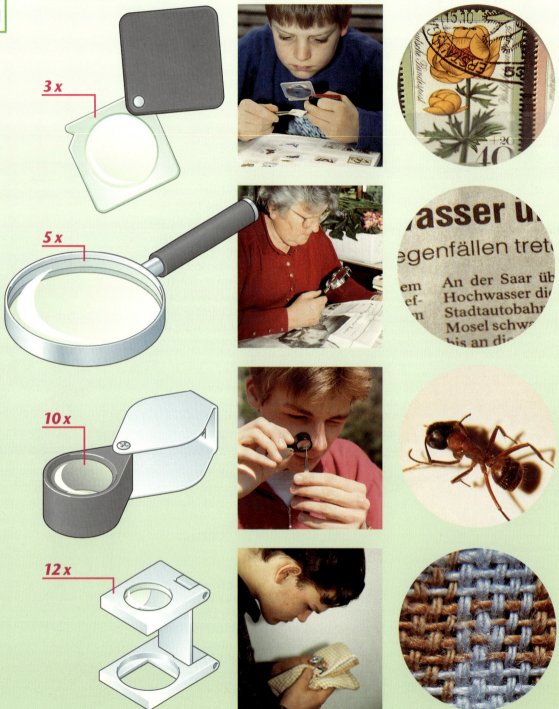

► *Binokular*

Das Binokular ermöglicht euch Einblicke in viele unbekannte Bereiche der Natur und der Technik. Die untersuchten Gegenstände erscheinen in einem räumlichen Bild. Achtet auf eine gute Ausleuchtung des Objektes.

▶ **Mikroskop**

Die **Objektive** (dem Objekt zugewandt) haben unterschiedliche Vergrößerungsstufen (4:1, 10:1, 40:1). Sie sind am drehbaren Objektivrevolver befestigt.

Das **Okular** (dem Auge zugewandt) vergrößert das Bild 10-mal. Aus Okularvergrößerung und Objektivvergrößerung berechnet man die Gesamtvergrößerung: z. B. Okularvergrößerung 10 x multipliziert mit der Objektivvergrößerung 40 (10 x 40) ergibt eine Gesamtvergrößerung von 400 x.

Die **Blende** regelt den Durchtritt des Lichtes durch das Objekt und das Mikroskop.

Mit dem **Grobtrieb** (großes Rad) wird das Objekt mit dem Objekttisch bei der Anfangsvergrößerung an das Objektiv herangeführt.
Mit dem **Feintrieb** (kleines Rad) werden alle weiteren Feineinstellungen durchgeführt.

Die **Lampe** erzeugt das für das Mikroskopieren notwendige Licht.

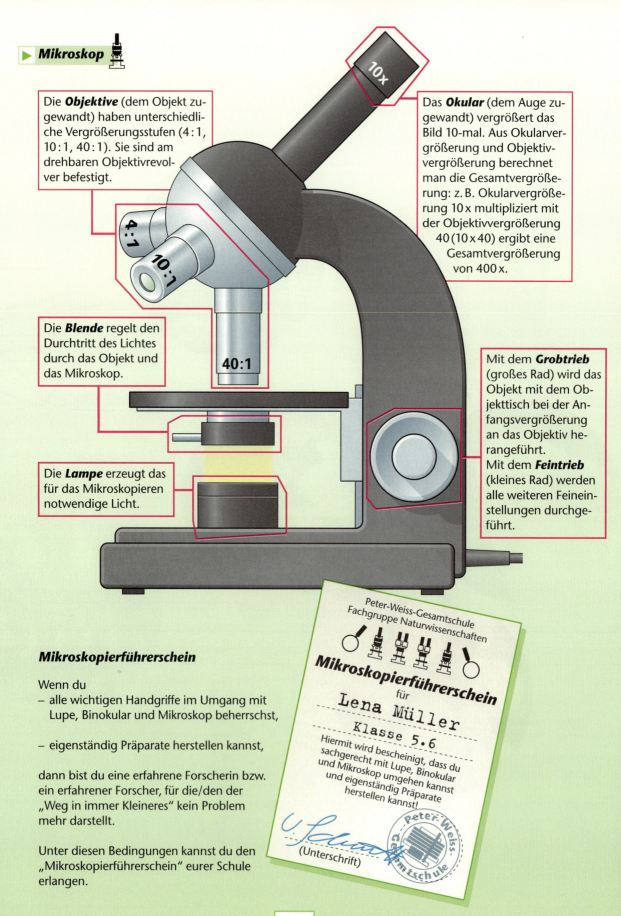

Mikroskopierführerschein

Wenn du
– alle wichtigen Handgriffe im Umgang mit Lupe, Binokular und Mikroskop beherrschst,

– eigenständig Präparate herstellen kannst,

dann bist du eine erfahrene Forscherin bzw. ein erfahrener Forscher, für die/den der „Weg in immer Kleineres" kein Problem mehr darstellt.

Unter diesen Bedingungen kannst du den „Mikroskopierführerschein" eurer Schule erlangen.

Stationen des Mikroskopierens am Beispiel der Wasserpest

Was du tun musst!

Lege mit einer Pinzette ein Blättchen der Wasserpest auf den Objektträger in einen Wassertropfen. Decke es mit einem Deckgläschen luftblasenfrei ab.

Schiebe den Objektträger auf den Objekttisch unter das Objektiv mit der geringsten Vergrößerung (4:1). Achte darauf, dass das Objektiv einen genügend grossen Abstand vom Objektträger hat. Mit dem Grobtrieb stellst du das Objekt im Blickfeld vorsichtig scharf ein.

Diese interessante Stelle muss im Zentrum des Sichtfeldes liegen. Durch Drehen des Objektivrevolvers stellst du die nächst höhere Vergrößerung (10:1) ein. Zum Scharfstellen des Bildes benutzt du nur noch den Feintrieb. Kontrolliere von der Seite, dass das Objektiv nicht das Deckgläschen berührt.

Suche dir wieder eine interessante Stelle und schiebe sie in das Zentrum deines Sichtfeldes. Drehe den Revolver auf die höchste Vergrößerungsstufe (40:1) und stelle das Bild mit dem Feintrieb scharf ein. Beim Verschieben des Objektes musst du sehr vorsichtig sein.

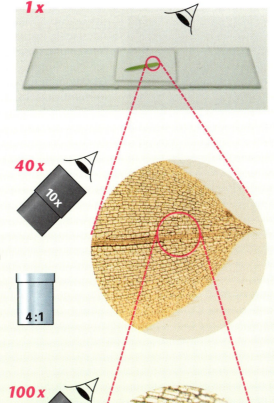

Was du sehen kannst!

Mit dem bloßen Auge erkennst du die Form und die Farbe des Blättchens. Weitere Einzelheiten bleiben aber verborgen.

Mit der 40fachen Vergrößerung erkennst du schon feinere Strukturen des Blättchens. Betrachte genau verschiedene Stellen deines Objektes und suche dir eine Stelle, die du genauer untersuchen möchtest.

Die 100fache Vergrößerung zeigt dir schon Einzelheiten des Blattgewebes. Die einzelnen Zellen sind deutlich zu erkennen. Die kleinen Blattgrünkörperchen werden als grüne Punkte sichtbar. Nach genauem Betrachten kannst du die höchste Vergrößerung wählen.

Die 400fache Vergrößerung zeigt dir im Sichtfeld des Mikroskopes nur noch einige Zellen. Die Blattgrünkörper – nur sie sind grün – kann man nun genauer erkennen. Vielleicht siehst du auch, dass sie sich ganz langsam bewegen. Achte auch auf den Aufbau der Zellwände und auf andere Einzelheiten.

▶ **Binokular** Siehe Seite 87

▶ **Boden**

Bodenprofil

Streuschicht: Blätter, kleine Zweige und Tannennadeln werden hier von Bodentieren angefressen und durchlöchert.

Oberboden:
a) Humusschicht: Die Bodenlebewesen haben die Pflanzenreste völlig zerkleinert und die Nährstoffe aufgeschlossen.
b) Vermischungsschicht: Sie ist ein Gemisch aus Lehm oder Tonteilchen und Humus.

Unterboden: Mit Ton angereicherte Verwitterungsschicht über dem Ausgangsgestein.

▶ **Bodenlebewesen**

Im Waldboden findest du zum Beispiel auf einem Quadratmeter in der oberen Schicht (30 cm) sehr viele verschiedene Bodenlebewesen: Etwa 100 Regenwürmer, 50 Schnecken, 50 Spinnen und 100 000 Milben, 50 Asseln, 300 Vielfüßer (Erdläufer, Steinläufer, Schnurfüßer), 50 000 Springschwänze und viele Millionen von mikroskopisch kleinen Lebewesen.

▶ **Bodenentstehung**

Boden entsteht nicht nur durch den natürlichen Abbau von Pflanzen im Waldboden, sondern auch durch den Zerfall von Felsen und Steinen über lange Zeit hinweg. Dieser Vorgang heißt Verwitterung.

Dabei dringt in Risse und Felsspalten Wasser. Es gefriert, wenn die Temperatur im Winter, aber auch in den Übergangszeiten nachts, unter den Gefrierpunkt sinkt. Dabei dehnt sich das Wasser aus und sprengt kleinere Steine ab. Außerdem entstehen weitere Risse.

Der Wind transportiert Sand, Staub und auch Samenkörner bis in die entlegensten Ritzen. Aus diesen Samenkörnern entwickeln sich kleine Pflänzchen.

Im Laufe der Jahreszeiten wachsen sie und sterben wieder ab. So entsteht Humus. Dieser Vorgang wiederholt sich ständig und aus der Vermischung von Humus und verwittertem Gestein entsteht neuer Boden.

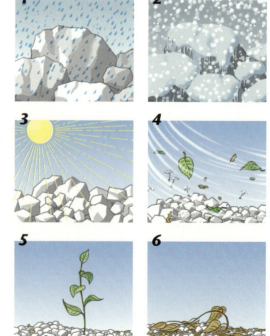

▶ Computerbild

Der Computerbildschirm setzt Farben aus kleinen Farbpunkten zusammen, die man auch mit einer Lupe erkennen kann. Sie heißen Pixel. Die Auflösung eines Monitors gibt die Anzahl der Bildpunkte an, z. B. heißt 1024 x 768 Pixel, dass man auf dem Bildschirm 1024 Punkte in der Breite und 768 Punkte in der Höhe zählen kann. Sie werden wie beim Fernseher von drei Signalen für Rot, Blau und Grün aktiviert. Dadurch, dass die Punkte stärker oder schwächer zum Leuchten gebracht werden, entstehen Millionen unterschiedlicher Farben.

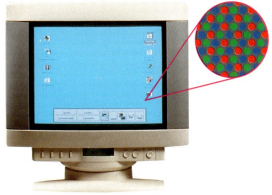

Monitor

▶ Druckverfahren

Große Druckmaschinen stellen farbige Abbildungen in mehreren Arbeitsgängen her. Sie haben vier Druckwalzen für die Farben Gelb, Rot, Blau und Schwarz. Jede Walze ist mit einem eigenen Bild belegt. Die gelbe Walze druckt nur gelbe Farbpunkte. Die blaue Walze druckt die blauen Farbpunkte, die rote Walze alles, was rot werden soll. Das Bild ist fertig, wenn das Papier auch über die schwarze Walze gelaufen ist.

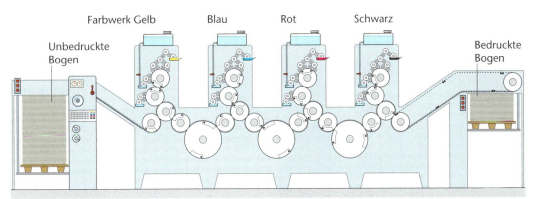

Ablauf des Vierfarbdruckes

Ein Bild entsteht:

Gelb   Gelb+Blau   Gelb+Blau+Rot   Gelb+Blau+Rot+Schwarz

Schau dir mit der Lupe die Stufen 1 bis 4 an, dann kannst du herausfinden, wie die anderen Farben, z. B. Grün oder Orange entstehen.

Vielleicht gibt es ja in eurer Nähe eine Druckerei, die ihr besichtigen könnt.

▶ Färben

Präparate kannst du mit einer Färbelösung, Tinte oder anderen Naturfarben anfärben. Du kannst sie direkt in einen kleinen Farbtropfen auf den Objektträger legen und dann mit einem Deckglas abdecken.
Du kannst sie aber auch nachträglich anfärben, indem du vorsichtig mit einer Pipette einen Farbtropfen an den Rand des Deckgläschens tropfst. Nun saugst du den Farbtropfen unter das Deckgläschen, indem du auf der gegenüberliegenden Seite mit einem Stückchen Filterpapier das Wasser heraussaugst.

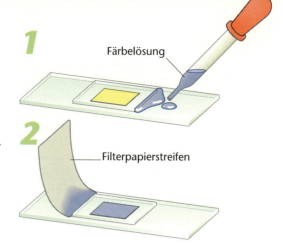

▶ Fernsehbild

Das Fernsehbild setzt sich aus einzelnen Bildpunkten zusammen. Mit der Lupe kann man das Raster erkennen, schmale Farbstreifen in den drei Farben Rot, Grün und Blau. Der Bildschirm des Fernsehers hat 625 Zeilen, in denen ein Farbstreifen dem anderen folgt. Zeile für Zeile liegt immer Rot unter Rot, Blau unter Blau, Grün unter Grün.

Der Fernseher bekommt vom Fernsehsender drei Signale für die Farben Rot, Grün und Blau. Jedes der drei Signale jagt in einer Sekunde 50-mal über die 625 Zeilen. Überall dort, wo eine rote Fläche entstehen soll, bringt das Signal rote Streifen auf dem Bildschirm zum Leuchten. Soll eine blaue Fläche entstehen, bleiben die Rotsignale an dieser Stelle schwach, und das Signal für Blau bringt die Streifen zum Leuchten.

Bei normaler Entfernung vom Bildschirm kann man die einzelnen Streifen nicht mehr erkennen. Unser Auge erkennt nur die vermischten Farben.

Auf diese Weise sehen wir alle Farben auf dem Bildschirm, von Weiß über Gelb, Orange, Braun bis Schwarz. Erst mit der Lupe wird erkennbar, dass jede Farbfläche durch verschieden helle Streifen der drei Signale entsteht.

Fernsehbildschirm

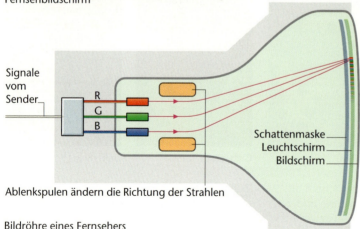

Ablenkspulen ändern die Richtung der Strahlen

Bildröhre eines Fernsehers

625 Zeilen zu etwa 1000 Spalten

▶ Korngrößen

Die Bodenbestandteile werden nach ihrer Größe benannt. Je nach Korngröße unterscheidet man:

Mittel- und Grobsteine über 20 mm, **Feinsteine** 20 bis 6 mm

Kies 6 bis 2 mm

Sand 2 bis 0,1 mm **Schluff** 0,1 bis 0,002 mm

Ton kleiner als 0,002 mm

▶ Kriminallabor

Bei fast jedem Verbrechen werden Spuren hinterlassen. Zeugenaussagen, Spuren und Tatmotive geben dem Kriminalisten wertvolle Hinweise. Damit kann dann die Schuld, oder auch die Unschuld, eines Verdächtigen bewiesen werden. In diesem Koffer befinden sich die notwendigen Instrumente, um selbst kleinste Spuren zu sichern.

Fingerabdrücke

Die Rillen auf der Fingerkuppe sind bei jedem Menschen verschieden und unveränderlich. Selbst bei größeren Hautverletzungen bilden sie sich in der ursprünglichen Form nach. Die Kriminalpolizei benutzt Fingerabdrücke, um Personen eindeutig zu erkennen.

Daten von mehr als drei Millionen Menschen sind in Computern der Kripo gespeichert, darunter auch die von vielen unbekannten Toten. Die Fingerabdrücke werden nach bestimmten Merkmalen sortiert. Mit Hilfe des Computers können sie blitzschnell wiedergefunden und mit anderen Abdrücken verglichen werden.

Untersuchung von Fingerabdrücken

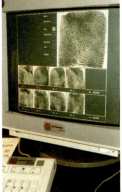

Fingerabdruckuntersuchung mit dem Computer

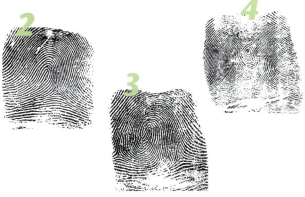

Die vier Grundtypen von Fingerabdrücken: Bogen (1), Schleife (2), Wirbel (3), O-Muster (4)

Schusswaffen

Am Tatort werden Kugeln und Patronenhülsen sorgfältig gesammelt. Die Lage der Hülsen und die Schusskanäle zeigen, aus welcher Richtung geschossen wurde. Auf dieser Patronenhülse sieht man Schlagbolzeneindrücke und Auswurfspuren. Jede Tatwaffe hinterlässt eindeutige Spuren.

Patronenhülse

Geschoss mit Rillen

Unter dem Mikroskop zeigen sich an einer Kugel typische Rillen, die beim Abfeuern im Lauf der Schusswaffe entstanden sind. Diese Rillen sind von Waffe zu Waffe unterschiedlich, auch wenn es sich um gleiche Modelle handelt. So lässt sich feststellen, dass die Waffe für ein ganz bestimmtes Verbrechen benutzt wurde.

Schmauchspuren

Beim Abfeuern einer Schusswaffe entsteht Pulverdampf, der sogenannte Schmauchspuren hinterlässt. Sie sind um dieses Einschussloch als dunkle Flecken zu sehen. So lässt sich feststellen, aus welcher Entfernung der Schuss kam.

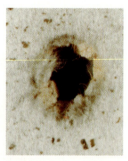
Einschussloch mit Schmauchspuren

Schmauchspuren dringen auch in die Hand des Schützen ein und lassen sich selbst durch kräftiges Waschen nicht entfernen. Man kann sie also noch nach Tagen finden.
Mit modernen Geräten kann man winzige Mengen eines Stoffs, etwa Medikamente, Gift oder Schmauchspuren, untersuchen. Die Verfahren sind so genau, dass man ein Stück Würfelzucker in einem großen Schwimmbecken nachweisen könnte.

Erpresser

Erpresser übermitteln ihre Forderungen oft per Post oder Telefon. Die Kriminalämter besitzen eine große Sammlung von Schriftproben. Damit kann man das Fabrikat eines Druckers oder einer Schreibmaschine feststellen. Einem Verdächtigen kann an winzigen Typenfehlern nachgewiesen werden, dass ein Brief genau auf seiner Maschine gedruckt wurde.
Besonders typisch für einen Menschen ist die Stimme. Kriminalisten erhalten daraus Informationen über Herkunft, Beruf oder Krankheiten einer Person. Mit Computern lässt sich eine Stimme „sichtbar" machen.
Die Worte „Landeskriminalamt Düsseldorf" erzeugen das Bild rechts. Unten sind die Schallschwingungen aufgetragen. Darüber wurde die Stimme nach Lautstärke und Tonhöhe analysiert. Hohe Töne erscheinen weiter oben im Bild, laute Töne werden rot dargestellt. Für jeden Menschen ergibt sich ein ganz besonderes Muster, keine Stimme gleicht einer anderen völlig.

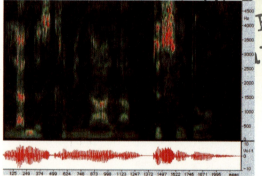
Computerbild einer menschlichen Stimme

Biologische Hinweise

Aus kleinen Blutstropfen oder aus Speichelresten an einem Zigarettenstummel lässt sich die Blutgruppe eines Menschen bestimmen. Neu und als Beweismittel seit 1990 zugelassen ist der so genannte genetische Fingerabdruck. In jeder einzelnen menschlichen Zelle, in den Genen des Erbmaterials, ist der Bauplan eines Menschen enthalten. Informationen darüber lassen sich aus Blut, Speichel, Haaren oder winzigen Hautteilchen, die beim Kampf mit dem Täter unter den Fingernägeln des Opfers hängen geblieben sind, gewinnen.
Es ist unwahrscheinlich, dass zwei Menschen in allen ihren genetischen Merkmalen übereinstimmen.

▶ Kristalle

Kristalle erkennt man an ihrer Form. Sie sind ganz regelmäßig aufgebaut, zum Beispiel sind Kochsalzkristalle würfelförmig. Das Backpulver bildet Kristallnadeln ähnlich denen des Vitamin C. Beim Zerkleinern größerer Kristallbrocken bleibt die jeweilige Grundform weitgehend erhalten.

Die meisten Kristalle, wie zum Beispiel Pyrit oder Bergkristall, sind unlöslich. Aber es gibt auch lösliche Kristalle wie zum Beispiel Kochsalz, Zucker und Vitamin C.

Schneeflockenkristalle

Bergkristall

Kochsalzkristall

Pyritkristall

Amethyst

Vitamin C

▶ Lösung

Man unterscheidet unlösliche, schwer lösliche und leicht lösliche Stoffe.
Manche Kristalle lösen sich nicht in Wasser, weil ihre einzelnen Kristallteilchen sich gegenseitig festhalten. Der Zusammenhalt ist so stark, dass sich die Wasserteilchen und die Kristallteilchen nicht vermischen können. Andere Stoffe, wie zum Beispiel Zucker, lösen sich leicht, besonders in heißem Wasser. Die Kristallteilchen verteilen sich zwischen den Wasserteilchen.
Beim „Kristallisieren" werden die Wasserteilchen durch das Verdunsten weniger und die Kristallteilchen können wieder eng zusammenrücken.

▶ Lupe   Siehe Seite 86

▶ Mikrokosmos

Hierbei handelt es sich um ein zusammengesetztes Wort, das aus zwei griechischen Begriffen besteht: μικρός (mikros) = klein und κόσμος (kosmos) = Welt. Übersetzt heißt es also „kleine Welt".

▶ Mikroskop   Siehe Seite 88

▶ Papierherstellung

Jedes Papier enthält Fasern. Wie dicht die Fasern sind und wie dick ein Blatt Papier ist, hängt davon ab, wofür man das Papier braucht. Papier wird aus Abfallholz und Altpapier hergestellt. Das Holz wird unter Zugabe von heißem Wasser so fein zerteilt, dass ein dünnflüssiger Faserbrei entsteht.
Das Altpapier (z. B. alte Zeitungen) wird in Wasser aufgelöst. Das geschieht in einer Art riesigem Küchenmixer. Anschließend wird der graue Papierbrei gereinigt, die alten Druckfarben werden entfernt. Damit das Papier hell wird, wird der Papierbrei gebleicht.

Übrigens: Wenn du auf deinen Heftumschlag schaust, findest du oft einen Hinweis, dass das Heftpapier chlorfrei gebleicht wurde.

In der Papierfabrik vermischen Maschinen Holzfaserbrei und Altpapierbrei. Die dünne Mischung wird auf ein ständig umlaufendes Sieb gegossen. Die Fasern verfilzen miteinander, das Wasser läuft ab. Zurück bleibt eine dünne, feuchte, noch sehr empfindliche Schicht. Heiße Walzen trocknen und pressen die Bahn. Am Ende wird das fertige Papier auf große Rollen gewickelt.

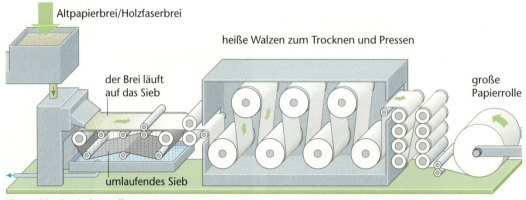

Phasen der Papierherstellung

▶ Papiersorten

Man unterscheidet Papier nach seinen Inhaltsstoffen, also z. B. holzfrei oder holzhaltig, aus Altpapier hergestellt usw. Aber auch das Gewicht wird angegeben: 80 g/m² bedeutet, dass ein Papierbogen von einem Meter Länge und einem Meter Breite 80 Gramm wiegt. Das ist das Gewicht von Schreibpapier, Zeitungspapier ist leichter (55 g/m²), Pappe schwerer (über 200 g/m²). Unter starker Vergrößerung sieht Papier so aus:

Schreibpapier   Löschpapier   Filterpapier

▶ Präparat

Das Mikroskop eröffnet dir weitere Vergrößerungsmöglichkeiten (40x, 100x, 400x). Du musst zum Mikroskopieren einige Vorbereitungen treffen. Da das Licht durch das Objekt hindurchscheinen muss, ist im Objekttisch des Mikroskops ein Loch. Da würden alle Objekte hindurchfallen, wenn man nicht eine kleine Glasscheibe, den Objektträger, darüberlegen würde.
Du wirst vor dem Mikroskopieren dein Objekt auf den Objektträger aufbringen, also ein Präparat herstellen.

Herstellen eines Präparates

1 Tropfe mit einer Pipette einen kleinen Wassertropfen auf die Mitte eines Objektträgers.

2 Lege das Untersuchungsobjekt mit einer Pinzette in den Wassertropfen.

3 Lege ein Deckgläschen so auf den Wassertropfen, dass keine oder kaum Luftblasen eingeschlossen werden. Vorsicht, die Deckgläschen zerbrechen sehr schnell! Wir benutzen das Deckgläschen, damit kein Wasser an das Objektiv des Mikroskops gelangt.

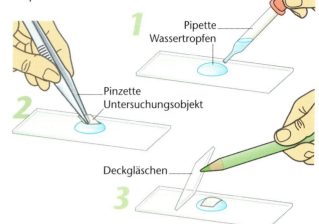

▶ Rasterelektronenmikroskop Siehe Seite 98

▶ Tulpe

Die Form der Tulpenblüte erinnert an einen Turban, deshalb nennt man sie auch „Turbanblume". In Vorderasien kommen wilde Formen der Gartentulpe vor, eine auch in Süddeutschland. Sie steht unter Naturschutz.
Die drei Abbildungen zeigen dir den Aufbau einer Tulpenpflanze, einer Tulpenblüte und den Bauplan einer Blütenpflanze.

Wildtulpe

Gartentulpe

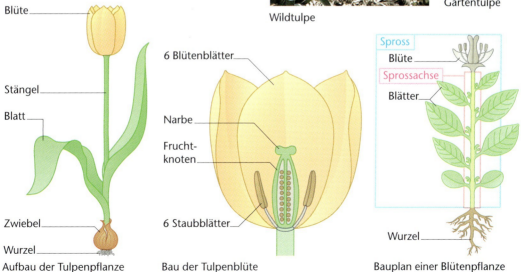

Aufbau der Tulpenpflanze

Bau der Tulpenblüte

Bauplan einer Blütenpflanze

▶ Rasterelektronenmikroskop

Das Rasterelektronenmikroskop (REM) eröffnet eine faszinierende Welt der kleinen Dinge. Durch die räumliche Darstellung der Objekte werden bei dieser Vergrößerung erstaunliche Einzelheiten der Objekte sichtbar.

Rasterelektronenmikroskop

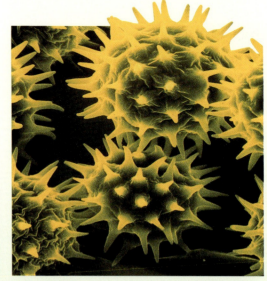

Pollenkörner

Kopf einer Fruchtfliege

Kunstfasergewebe

Blattoberfläche

Spitze eines Faserschreibers

Kochsalzkristall

Mikrochip

▶ Vergrößerung Vergrößerung messen

Willst du verschiedene Größen vergleichen, dann kopiere Millimeterpapier auf Folie. Lege ein Stückchen der Millimeterfolie mit auf den Objektträger. Benutze die Folie als Deckgläschen. Jetzt kannst du die Größen vergleichen. Der Vergrößerungsfaktor gibt an, um wievielmal eine Abbildung größer ist als das Original.

Vergrößerungsleistungen:
Lupe bis 12 x
Binokular bis 160 x
Schülermikroskop bis 400 x
Forschungsmikroskop bis 2 000 x
Rasterelektronenmikroskop über 100 000 x

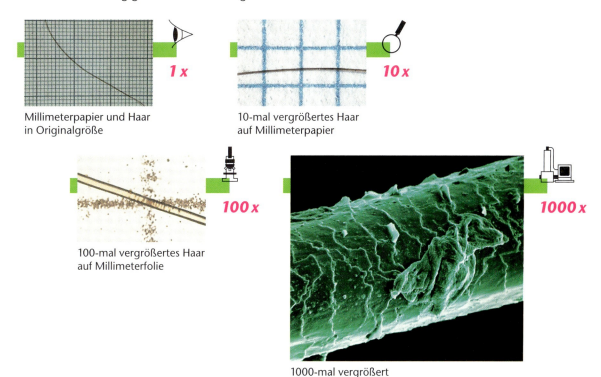

Millimeterpapier und Haar in Originalgröße — **1 x**

10-mal vergrößertes Haar auf Millimeterpapier — **10 x**

100-mal vergrößertes Haar auf Millimeterfolie — **100 x**

1000-mal vergrößert — **1000 x**

▶ Zellen

Zellen sind die Grundbausteine aller Lebewesen. Es gibt Einzeller, die meisten Organismen bestehen aber aus vielen Millionen bis Billiarden Zellen.

Gleichartige Zellen bilden ein Gewebe. In jeder Zelle findet man einen Zellkern, den man im Mikroskop bei starker Vergrößerung erkennen kann. Besser sichtbar wird er durch Färben.

Einzeller: Pantoffeltierchen

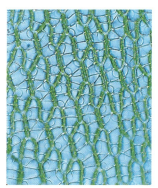
Pflanzenzellen: Moosblättchen

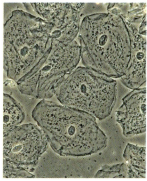
Tierzellen: Mundschleimhaut

Wähle:
- Meine Klasse find' ich klasse! 102
- Auf dem Bauernhof 108
- Das große Waldspiel 114
- Im Zoo: Tiere und Pflanzen aus aller Welt 122

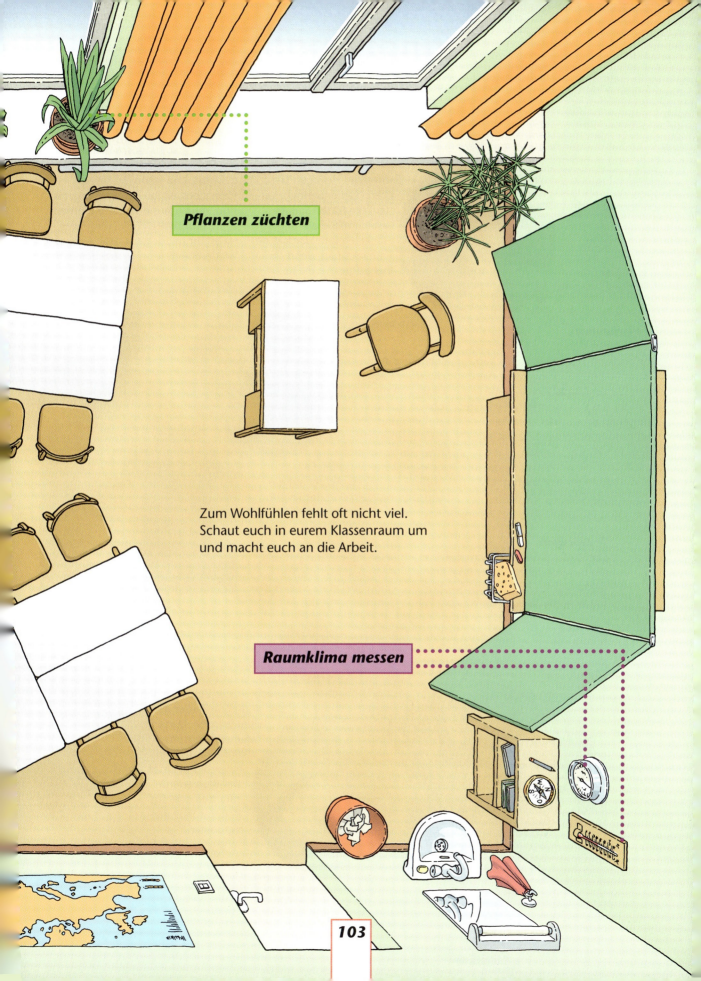

Pflanzen züchten

Zum Wohlfühlen fehlt oft nicht viel. Schaut euch in eurem Klassenraum um und macht euch an die Arbeit.

Raumklima messen

Leben im Klassenzimmer mit Pflanzen

1 Fleißiges Lieschen

„Fleißige Lieschen" sind Pflanzen, die ihr im Frühjahr leicht anziehen könnt. Dazu benötigt ihr Kunststoffschalen mit Blumenerde und Samen des Fleißigen Lieschen (Samenhandel). Verteilt die feinen Samen gleichmäßig auf der lockeren Erde. Drückt sie nur leicht an, denn sie benötigen für die Keimung Licht und dürfen deshalb nicht mit Erde bedeckt werden. Den Boden müsst ihr feucht halten. Die Samen sind nach ca. 3 Wochen gekeimt, und wenn die kleinen Pflänzchen einige Zentimeter groß sind, müsst ihr sie in kleine Blumentöpfe umpflanzen (pikieren). Dies müsst ihr mindestens noch einmal wiederholen.

Samen des Fleißigen Lieschens

2 Feuerbohnen

Feuerbohnen sind große Bohnen, die sehr lange im Trockenen liegen können, ohne ihre Keimfähigkeit zu verlieren (Samenhandel). An ihnen könnt ihr das Wachstum einer Pflanze sehr genau beobachten. Legt die trockenen Bohnen einen Tag in eine Schale mit Wasser. Danach setzt ihr sie seitlich in ein Einmachglas, das ihr mit Watte und etwas Wasser gefüllt habt. Um das Glas legt ihr dann einen Ring aus schwarzer Pappe, sodass sich die Bohnen im Dunkeln befinden. Ihr könnt nun täglich die Entwicklung der Bohnen beobachten und die Ergebnisse festhalten. Achtet auf die Länge der Wurzeln und der Triebe.

Feuerbohnensamen

3 Zypergras

Das Zypergras ist eine Sumpfpflanze, die hauptsächlich auf der Insel Madagaskar wächst. Es gedeiht sowohl in Blumenerde als auch im Wasser. Seine Vermehrung ist sehr einfach. Ihr schneidet einen Stiel etwa 5 cm unter dem Blattquirl ab. Danach kürzt ihr alle Blätter um die Hälfte und legt Blätter und Stiel in ein Gefäß mit Regenwasser. Stellt dies auf die Fensterbank und ihr könnt sehen, dass nach einiger Zeit Wurzeln und neue Blätter gebildet werden. Diese kleinen Pflänzchen könnt ihr dann in einen Blumentopf mit Blumenerde pflanzen oder im Regenwasser weiterzüchten.

Zypergras-Kindel

... und Tieren

4 Rennmäuse

Es gibt viele verschiedene Rennmausarten, die aus den Wüsten- und Steppenzonen Asiens und Afrikas stammen. Sie leben in Familien, die aus mehreren Männchen und Weibchen und deren Jungtieren bestehen. Sie leben in unterirdischen Höhlen, aber auch an der Erdoberfläche.
Sie ernähren sich hauptsächlich von Samen und Wurzeln.

Um sie in der Klasse zu halten, müsst ihr ein großes Glasterrarium mehr als zur Hälfte mit Sägespänen füllen. Genauere Informationen für die Einrichtung eines solchen Terrariums könnt ihr beim Zoohändler erfragen und in Fachbüchern nachlesen.

Wüstenrennmaus

Guppy

5 Fische

Warmwasserfische leben in den tropischen Flüssen Afrikas, Asiens und Südamerikas. Um sie im Klassenzimmer halten zu können, müsst ihr ein Aquarium einrichten. Dazu braucht ihr den Rat eines Fachmanns.
Im Zoofachgeschäft könnt ihr erfahren, wie groß ein Aquarium sein muss, welche Apparaturen ihr benötigt und welche Pflanzen und Fische ihr am besten in das Becken einsetzen könnt. Ihr solltet darauf achten, dass ihr Fischarten wählt, die nicht zu empfindlich sind.

6 Stabheuschrecken

Stabheuschrecken stammen aus Afrika. Ihr könnt sie in einem ▶ Insektenkasten halten, den ihr im Technikunterricht selbst herstellen könnt. Stabheuschreckeneier bekommt ihr in Schulbiologischen Zentren, von eurem NW-Lehrer oder eurer NW-Lehrerin.
Die Eier legt ihr in eine Schale und stellt diese in den Kasten. Besprüht den Kasten regelmäßig mit etwas Wasser. Nach einiger Zeit schlüpfen sehr kleine Stabheuschrecken, die ihr mit frischen Brombeer- oder Efeublättern versorgen müsst. Die anfangs winzigen ▶ Insekten wachsen schnell heran; dabei häuten sie sich mehrfach. Erwachsene Tiere legen erneut Eier.

Eier der Stabheuschrecke

▶ Insekten 132   ▶ Insektenkasten 132

Beim richtigen Klima gedeiht alles prima!

Dies gilt nicht nur für Pflanzen und Tiere, sondern auch für euch selber. Euer Lebensraum ist kein Terrarium und auch kein Aquarium, es ist jeden Tag für mehrere Stunden euer Klassenraum. Eine wichtige Voraussetzung, um sich hier wohlzufühlen, ist das richtige Raumklima.

1 Wie stark bescheint die Sonne euren Klassenraum?

Als Erstes müsst ihr feststellen, in welche Himmelsrichtung die Fenster eures Klassenraumes zeigen. Dazu braucht ihr einen ▶ Kompass. Ist die Richtung eher nördlich oder westlich, so hat das für euch die Bedeutung, dass die Sonne nicht direkt in euren Klassenraum scheint. Zeigen die Fenster aber nach Osten oder Süden, so habt ihr direkte Sonneneinstrahlung. Im Frühjahr oder Herbst ist das sehr schön, im Sommer kann es aber stören, weil es zu heiß werden kann.
Welche Möglichkeiten habt ihr, den Klassenraum zu beschatten?

2 Wie sind die Temperaturen in eurem Klassenraum?

Die optimale Raumtemperatur für euch liegt zwischen 19 °C (▶ Grad Celsius) und 22 °C!
Messt die Temperaturen im Klassenzimmer über einen längeren Zeitraum mehrmals täglich zu festgelegten Zeiten, z. B. vor Unterrichtsbeginn und in den Pausen.
Legt ein Temperaturprotokoll an.

Temperaturprotokoll der Klasse 5.1 (Raumtemperatur)

Datum	Temperatur vor Unterrichtsbeginn	Temperatur in der ersten großen Pause	Temperatur in der Mittagspause	Temperatur am Nachmittag	Luftfeuchte
25. 5. 1998	14 °C	15 °C	20 °C	21 °C	55 %
26. 5. 1998	13 °C	17 °C	21 °C	22 °C	60 %
27. 5. 1998	14 °C	16 °C	21 °C	23 °C	62 %
28. 5. 1998	12 °C	15 °C	19 °C	21 °C	55 %

Wichtig:
Messt die Temperaturen zu allen vier Jahreszeiten, denn es ergeben sich große Unterschiede.

▶ Kompass 133   ▶ Grad Celsius (°C) 131

3 Wie hoch ist die Luftfeuchtigkeit in eurem Klassenraum?

Damit ihr euch richtig wohl fühlt, darf die Luftfeuchtigkeit im Klassenraum nicht zu niedrig sein. Sie sollte immer zwischen 40 % und 60 % (Prozent) betragen. Sie wird mit einem speziellen Gerät, dem ▶ Hygrometer gemessen. Messt täglich die Luftfeuchtigkeit und tragt sie in die Tabelle ein. Erkundet Möglichkeiten, mit welchen Hilfsmitteln ihr die Luftfeuchtigkeit im Klassenraum regulieren könnt.

Tipp: Pflanzen geben über ihre Blätter ständig Wasserteilchen an die Luft ab. Bei Sumpfpflanzen und Pflanzen mit großen Blättern ist die Abgabe besonders groß.

Hygrometer

4 Mief raus – Luft rein!

Alle Organismen – Menschen, Tiere und Pflanzen – benötigen zum Leben Sauerstoff. Nach einer Schulstunde ist eine Menge des Sauerstoffs verbraucht und ihr werdet müde. Deshalb müsst ihr den Klassenraum in jeder Pause lüften. Hierzu werden alle Fenster und am besten auch die Tür geöffnet. Im Herbst und Winter müsst ihr in dieser Zeit auf jeden Fall die Heizkörper abstellen, sonst wird zu viel Wärme vergeudet.

5 Arbeitsorganisation:

So viele unterschiedliche Aufgaben kann ein Einzelner in eurer Klasse nicht allein bewältigen. Jeder von euch sollte eine Aufgabe übernehmen, sei es das Messen von Temperatur und Luftfeuchtigkeit, das Versorgen von Pflanzen und Tieren oder das Lüften des Klassenraumes. Mithilfe eines genauen Wochenarbeitsplanes könnt ihr all diese Aufgaben sehr gut bewältigen. Nach einer Woche könnt ihr dann die Aufgaben wechseln.
Viel Spaß dabei!

Wichtig:
Tiere und Pflanzen brauchen das ganze Jahr eine ständige Pflege, auch in den Ferien!

▶ Hygrometer 132

Auf dem Bauernhof

Früher lebten auf dem Bauernhof viel mehr Tierarten als heute! Informiere dich!

Wusstest du eigentlich, dass die Kartoffelpflanze aus Amerika stammt? Lies nach.

Korn ist nicht gleich Korn. Welche Getreidesorten kennst du?

Was wird sonst noch aus Milch hergestellt?

Rund um die „Kuh"

1 Im Abstand von etwas mehr als einem Jahr wird von einer erwachsenen ▶ Milchkuh ein Kälbchen geboren. Hierzu muss im Körper der Kuh eine Eizelle befruchtet werden. Die dazu notwendige Besamung erfolgt meist künstlich. Die Tragezeit dauert ungefähr 280 Tage.

Ein Kälbchen wird geboren. Die Kuh wartet geduldig bis zum Beginn der Geburt. Dann legt sie sich nieder und presst das Kälbchen aus ihrem Körper.

Die Geburt erfolgt fast immer mit Kopf und Vorderbeinen voran.

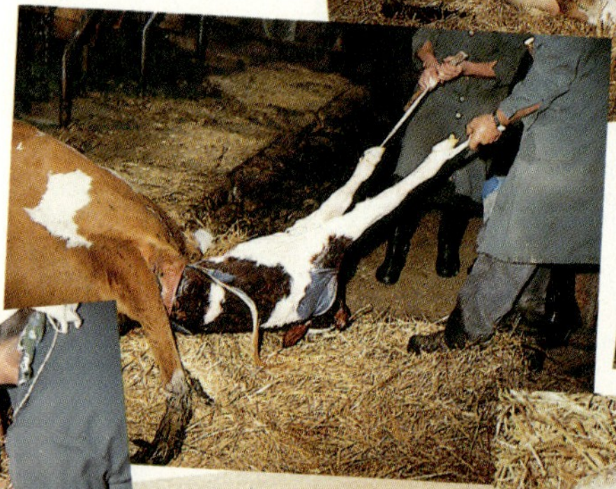

Der Bauer hilft, indem er mit weichen Bändern an den Vorderbeinen des Kälbchens zieht.

Das neugeborene Kälbchen wird mit Stroh gerubbelt und trockengerieben.

2 Begründe, weshalb die Rinder zu den ▶ Säugetieren gehören!
Was bedeutet der Begriff Säugetier? Welche Tiere gehören sonst noch zu der Klasse der Säugetiere?
Nach der Geburt wird das Kalb in der Regel von der Mutter getrennt. In den ersten Tagen bekommt das Kälbchen noch Milch vom Mutterrind, aber dann wird es mit anderem Kälberfutter ernährt und groß gezogen, denn der Landwirt will die Milch verkaufen.

3 Die weiblichen Kälber kommen für längere Zeit auf die Weide. Dort wachsen sie langsam heran.
Die männlichen Kälber werden so gefüttert, dass sie schnell wachsen. Dieses nennt man mästen. Wenn sie ein bestimmtes Gewicht erreicht haben, werden sie im Schlachthof geschlachtet.
Finde heraus, welche Nahrungsmittel aus Rindfleisch hergestellt werden. Wozu werden die restlichen Teile des Rindes verwertet?

Jungrinder auf der Weide

Mastrinder im Maststall

▶ Milchkuh 133   ▶ Säugetiere 134

[4] Die Kuh, die gekalbt hat, gibt nun ungefähr 300 Tage lang Milch. Das tut sie aber nur, wenn sie während dieser Zeit morgens und abends gemolken und gut mit Futter versorgt wird.
Erkunde bei einem Landwirt oder anhand eines Buches, was die Milchkühe fressen.

Eine Kuh kann an einem Tag 15 l (Liter) Milch und mehr produzieren. Sie wird vom Landwirt im Melkstand mit einer Melkmaschine gemolken.

Anschließend wird die Milch in einem Kühlbehälter bei 4 °C gelagert. In der Nacht wird sie mit einem Kühllastwagen in die Molkerei gefahren, wo sie zu verschiedenen Produkten verarbeitet wird.

[5] Einige Milchprodukte könnt ihr auch selbst herstellen!

Um Butter herzustellen benötigst du 1 l Sahne, ein Thermometer und einen Mixer.
Die Sahne darf für die Butterherstellung nicht zu kalt sein, sie soll mindestens eine Temperatur von 12 °C haben.
Sie wird mit einem Mixer geschlagen, so als wolltest du Schlagsahne zubereiten. Wenn die Sahne steif ist, musst du sie weiter schlagen, so lange, bis sich in der Rührschüssel eine wässrige Flüssigkeit von einer festeren Masse trennt. Die Flüssigkeit ist Buttermilch, die abgegossen werden muss.
Die verbleibende Masse wird in kaltem Wasser so lange durchgeknetet, bis das Wasser klar bleibt. Das Wasser muss dabei mehrfach gewechselt werden. Anschließend knetest du das Restwasser heraus und die Butter ist fertig.

Zur Jogurtherstellung benötigst du 1 l frische Milch oder H-Milch, ein Thermometer, einen Topf, eine Heizplatte, frischen Naturjogurt und ein Wärmegerät mit Thermostat (Backofen, Jogurtbereiter).
Die frische Milch wird in einem Topf auf der Wärmeplatte vorsichtig auf 90 °C erhitzt. Dabei wird die Temperatur ständig mit dem Thermometer kontrolliert. Sie darf nicht zu heiß werden. Nach Erreichen der 90 °C lässt du die Milch wieder auf 42 °C abkühlen.
H-Milch muss nur auf 42 °C erwärmt werden, denn sie wurde vor dem Verpacken schon einmal erhitzt.
Zu der warmen Milch gibst du nun pro Liter 2 Esslöffel ▶ Naturjogurt. Die oberste Schicht solltest du dabei nicht benutzen. Nachdem du den Jogurt gut eingerührt hast, stellst du die Milch in das auf 42 °C vorgewärmte Wärmegerät.
Nach 3 1/2 Stunden ist der Jogurt fertig.

▶ Naturjogurt 133

Pflanzen, die nützen

Der Bauer pflanzt auf seinen Feldern verschiedene Getreidesorten an. Sie haben unterschiedlichen Nutzen. Teilweise werden die ausgedroschenen Körner zur Weiterverarbeitung verkauft, teilweise nutzt der Landwirt sie für die Fütterung und Mast der Tiere.

Weizen

Roggen

Gerste

Hafer

Mais

1 Besorge dir die oben abgebildeten Getreidesorten. Finde heraus, ob es noch andere Getreidesorten gibt. Teste in einer ▶ Fühlbox, ob du die verschiedenen Getreidesorten ertasten kannst.

2 Finde heraus, zu welchen Produkten die verschiedenen Getreidesorten verarbeitet werden. Notiere dein Ergebnis in einer Tabelle.

3 Unter welchen Bedingungen wächst Getreide am besten?
Versuchsmaterial:
Verschiedene Getreidesamen, Blumenerde, Sand, Blumentöpfe gleicher Größe, Untersetzer, Karton zum Abdunkeln.
Versuchsdurchführung:
Füllt für jede Getreidesorte je zwei Blumentöpfe mit Blumenerde und Sand bis 2 cm unter den Rand. Nun legt ihr 30 Samen in jeden Topf und überdeckt sie leicht mit Erde oder Sand.
Die Töpfe werden auf die Fensterbank gestellt. Eine Hälfte wird mit Schuhkartons abgedunkelt. Zur Versuchsauswertung ist es wichtig, dass ihr alle beschriftet. Schreibt Schilder, z. B. so:

Gerste	Topf 1 Sand hell	Topf 2 Sand dunkel	Topf 3 Erde hell	Topf 4 Erde dunkel
Datum				
Anzahl der Pflänzchen				
Größe				
Farbe				

Alle Samen werden nun regelmäßig mit Wasser versorgt. Es darf nicht zu viel sein.
Die täglichen Beobachtungen müsst ihr in einem ▶ Protokoll festhalten. Tabellen können dabei helfen.

4 Aus Roggen und Weizen kann man Brot backen! Dazu muss das Getreide vorher in einer Mühle gemahlen werden. Das Mehl wird nach verschiedenen ▶ Brotrezepten verarbeitet. Versucht es doch auch einmal und backt selber ein Brot.

▶ Protokoll 134   ▶ Brotrezept 131   ▶ Fühlbox 131

Die ▶ Kartoffeln zählen zu unseren wichtigen Nahrungspflanzen. Sie werden im Frühjahr auf den Acker gepflanzt, wo sie den Sommer über wachsen und gedeihen. Im Herbst werden die Kartoffelknollen geerntet, damit wir während des ganzen Jahres Kartoffeln kaufen können. Der andere Teil geht in Fabriken, in denen viele verschiedene Kartoffelprodukte hergestellt werden.

5 Erkunde, was alles aus den Kartoffeln hergestellt wird. Präsentiere das Ergebnis in Form eines Plakates.

6 **Kartoffeln sind ein wichtiges Nahrungsmittel**
Alle grünen Teile der Kartoffelpflanze sind giftig, doch die im Boden wachsenden Knollen sind sehr nahrhaft und enthalten viele ▶ Vitamine.
Wie werden Kartoffeln zubereitet? Sammle Rezepte bei Eltern und Großeltern!
Wie isst du sie am liebsten?
Probiert eines der Rezepte selbst aus!

7 **Licht und Dunkel**
Normalerweise keimen die Kartoffeln im Dunkeln des Bodens.
Fülle zwei Kunststoffschalen mit feuchter Komposterde. Lege jeweils zwei Kartoffeln auf die Erde. Überdecke Gefäß 1 mit einer durchsichtigen Abdeckung und Gefäß 2 mit einem schwarzen Blumentopf aus Kunststoff. Stelle die beiden Gefäße auf die Fensterbank. Beobachte mehrere Tage. Notiere die Ergebnisse (▶ Protokoll). Suche eine Erklärung.

8 **Der Kartoffeleimer**
Fülle im Frühjahr einen Eimer (5 oder 10 Liter) mit Kompost oder Blumenerde. Pflanze dann etwa 5 bis 10 cm tief eine Kartoffelknolle. Stelle den Eimer auf die Fensterbank und versorge ihn regelmäßig mit Wasser. Die Erde darf nicht zu nass sein! Nun musst du Geduld aufbringen und genau beobachten, was passiert.

a) Bestimme zu Beginn des Versuches das Gewicht der eingefüllten Erde und das Gewicht der Kartoffel. Notiere beides auf einem Zettel, den du auf den Eimer klebst.
b) Notiere während dieses langen Versuches deine Beobachtungen mit Datum.
c) Sobald das Laub der Kartoffelpflanze welk wird, kannst du den Inhalt des Kartoffeleimers ausschütten. Was kannst du beobachten?
d) Wiege nun getrennt zum einen die Erde und zum anderen alle Teile der Kartoffelpflanze! Vergleiche mit deinen Anfangsmessungen (*a*).

Tipp:
Bepflanzt Ende April ein Beet im Schulgarten mit Kartoffeln. Beobachtet wöchentlich die Veränderungen.

▶ Vitamine 135   ▶ Protokoll 134   ▶ Kartoffel 132

Pflanzen und Tiere des Waldes

Der ▶ Wald ist mehr als eine Ansammlung von Bäumen. Er ist eine Lebensgemeinschaft von Bäumen, Sträuchern, Kräutern, Farnen, Moosen, Pilzen und den dort lebenden Tieren.

Wenn du einen Waldspaziergang machst, fällt dir sicher auf, dass der ▶ Wald aus Stockwerken aufgebaut ist – wie ein großes Haus.

1. Sammelt in Moos-, Kraut- und Strauchschicht Pflanzen, Blüten und Früchte.

2. Presst die Blätter und Blüten in alten Zeitungen oder Telefonbüchern und bestimmt sie mit entsprechenden Bestimmungsbüchern.
Beschriftet eure Funde:

Name der Pflanze: *Buche*
Stockwerk: *Baumschicht*
Datum des Fundes: *30.9.98*

3. Jeder Baum hat eine andere Rinde. Auch daran kannst du ihn erkennen. Mit einem Kohlestift kannst du die Rindenstruktur auf ein Blatt Papier abpausen.

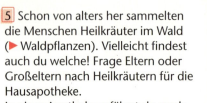

Rotbuchenzweig mit Blüten

Kiefernzweig mit Zapfen und Blüten

4. Wenn ihr Laubwald und Nadelwald (▶ Wald) in der Nähe eurer Schule habt, besucht sie und entdeckt die Unterschiede.
In welchem Wald ist es heller? Warum?

Haben Helligkeit und Pflanzenwuchs etwas miteinander zu tun? Weshalb wird heute ein Mischwald bevorzugt?

5. Schon von alters her sammelten die Menschen Heilkräuter im Wald (▶ Waldpflanzen). Vielleicht findest auch du welche! Frage Eltern oder Großeltern nach Heilkräutern für die Hausapotheke.
In einer Apotheke erfährst du noch mehr über Anwendungen und Zubereitungen.

▶ Wald 135   ▶ Waldpflanzen 136

6 Die Tiere des Waldes hinterlassen ihre Spuren. Löcher in der Rinde verraten den Buntspecht, abgenagte Fichtenzapfen das Eichhörnchen. Und manchmal findet man auch Gewölle von Waldohreulen und Waldkäuzen (▶ Waldtiere).
Kannst du ▶ Tierspuren im Wald finden?

Von welchen Tieren stammen die Spuren (*a–e*)?

7 Wenn ihr einen Ameisenhaufen der Waldameisen (▶ Waldtiere) findet, dann notiert doch einmal, was sie so alles transportieren, woher sie es holen und wohin sie es bringen!

Jetzt wisst ihr schon ein wenig mehr über die Pflanzen und Tiere des Waldes und könnt die ersten Fragen und Antworten unseres Waldspieles auf Karteikarten notieren. Hier einige Anregungen:

8 Es gibt noch viel mehr interessante Waldtiere. Informiert euch über ihre Gewohnheiten und erstellt ihre ▶ Steckbriefe!

Welcher Nadelbaum wirft im Winter seine Nadeln ab?

Welche Wirkung hat das Johanniskraut?

Was ist ein Gewölle?

Nenne 4 Laubbäume

Wie viele Ameisen leben in einem Ameisenstaat?

▶ Tierspuren 135 ▶ Waldtiere 137 ▶ Steckbrief 134

Geschichten, die der Baum erzählt ...

Bäume sind die größten ▶ Waldpflanzen. 700 Jahre alt kann eine Eiche werden und 40 m hoch. Die Rotbuche bringt es in 250 Jahren auf 45 m. Fichten, Kiefern und Lärchen schaffen 50 m bei einem Höchstalter von bis zu 300 Jahren.

1️⃣ Die Höhe eines Baumes kannst du selbst bestimmen. Peile über die Spitze deines Geodreiecks eine Baumspitze an. Achtung! Unbedingt eine Schutzbrille aufsetzen, um die Augen vor spitzen Ecken zu schützen. Miss dann auf dem Boden die Entfernung von dir bis zum Baum. Deine Größe dazu addiert ergibt die Baumhöhe.

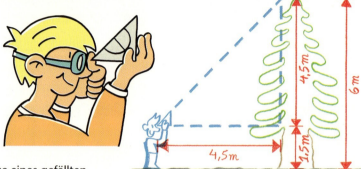

2️⃣ Bei gefällten Bäumen lässt sich die Lebensgeschichte anhand der Jahresringe ablesen, wenn man sie zu deuten versteht. Jedes Jahr bildet ein Baum einen Jahresring. Nutze die Jahresringe eines gefällten Baumes oder einer Baumscheibe, um die Lebensgeschichte dieses Baumes zu erzählen.

Lebensgeschichte eines Baumes

1934
Mein Geburtstag: 14. April. Geburtsort: Der Arnsberger Wald. Endlich fing der Samen an zu keimen.

1939
Ich bin jetzt 5 Jahre alt. Sie haben eine neue Straße gebaut. Bin fast umgefallen und stehe jetzt ganz schief unterhalb der Straße. Der Zweite Weltkrieg ist ausgebrochen. Bekomme Gott sei Dank nichts davon mit.

1940
Wachstum hervorragend. Viel Regen und Sonne in Frühjahr und Sommer.

1950
Meine Nachbarn nehmen mir Licht und Bodensalze weg.

1958
Schwächere Bäume um mich herum werden entfernt. Habe mehr Licht!

1960
Durch eine weggeworfene Zigarette ist ein kleiner Teil des Waldes verbrannt. Habe Glück gehabt und wurde nur leicht verletzt. Die Wunden werden durch neues Holz überdeckt.

1962
Endlich wieder reichlich Sonne und Regen.

1975
Jetzt haben wir schon seit Jahren eine lange Trockenheit. Kaum Möglichkeiten zum Wachsen.

1978
Na bitte! Die Dürreperiode ist vorbei und ich entwickle mich prächtig.

1986
Verflixte Viecher! Die Insektenlarven fressen die ganzen Nadeln und Knospen. Mir geht es nicht gut.

1998
Na, kannst du mich sehen? Nein? Ich liege doch vor dir! 1996 wurde der Wald durchforstet und ich gehörte zur „Ernte" und kam in die Papierfabrik nach Hagen. Die machen auch Papier für Schulbücher und deshalb kannst du mich jetzt in bedruckter Form bestaunen!

▶ Waldpflanzen 136

3 Das Alter eines Baumes kannst du über seinen Stammumfang bestimmen, indem du den Umfang in 1,5 m Höhe misst. Da der Umfang eines freistehenden Baumes mit vollentwickelter Krone pro Jahr um ca. 2,5 cm zunimmt, lässt sich das Alter des Baumes berechnen. Während ein freistehender Baum mit einem Umfang von 2,5 m also ca. 100 Jahre alt ist, ist ein Baum im dichten Wald mit dem gleichen Umfang jedoch doppelt so alt. Wie alt ist ein Baum von 1,5 m, 2 m, 3 m Umfang im Wald?

Was du brauchst: Metermaß, Bleistift und Block, Taschenrechner

```
2,5 m = 250 cm
250 cm : 2,5 cm = 100
100 x 2 = 200 Jahre
1,5 m = 150 cm
150 cm : 2,5 cm =
```

4 Sammle frische Zweige und Ruten von verschiedenen Bäumen (z. B. Eiche, Ahorn, Weide, Buche). Vergleiche ihre Biegsamkeit. Dazu brauchst du etwa gleich lange und gleich dicke Zweige. Lege diese alle in Wasser, sodass sie gleich nass sind. Jetzt kannst du vergleichen.
Wie könnte eine Messskala aussehen?

5 Dies ist ein Spiel für jeweils zwei. Verbinde dem Partner oder der Partnerin die Augen und führe ihn oder sie vorsichtig zu einem Baum. Lass den Baum genau abtasten. Hat er Einkerbungen in der Rinde? Sind Seitenäste ertastbar? Nach der Untersuchung des Baumstammes führst du den Partner oder die Partnerin auf einem anderen Weg zum Ausgangspunkt zurück. Entferne dort die Augenbinde und lass den untersuchten Baum wiederfinden.

Vergesst nicht, neue Frage- und Antwortkärtchen zu schreiben!
Unser Spiel ist noch nicht fertig!

Wer frisst wen?

Im Wald leben die unterschiedlichsten Tierarten.

1 Ordne die ▶ Waldtiere in einer Tabelle. Welche gehören zu den ▶ Säugetieren, welche zu den Vögeln? Welche gehören zu den Reptilien, Amphibien und Insekten?

2 Unter den ▶ Waldtieren gibt es Pflanzenfresser und Fleischfresser. Suche alle Pflanzenfresser und Fleischfresser heraus und notiere sie getrennt in deinem Heft.

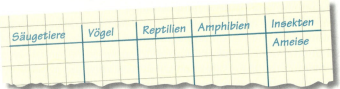

Säugetiere	Vögel	Reptilien	Amphibien	Insekten
				Ameise

3 Du siehst: Die Pflanzen und Tiere des Waldes sind voneinander abhängig. So bietet eine Eiche die Lebensgrundlage für viele Tiere. Die Tiere sind Glieder einer ▶ Nahrungskette mit Beutetieren und Fressfeinden. Am Anfang einer Nahrungskette steht immer eine grüne Pflanze. Allerdings ernähren sich von den Eichenblättern auch Rehe und Hirsche und die Kohlmeise kann auch dem Baummarder zum Opfer fallen: So werden Nahrungsketten zu einem ▶ Nahrungsnetz verknüpft.

4 Im Spiel könnt ihr solche ▶ Nahrungsketten selbst darstellen. Vier Kinder schreiben auf jeweils ein Pappkärtchen den Namen eines Waldtieres. Ein Kind notiert den Namen einer Waldpflanze auf einem Kärtchen. Das Kind mit dem Pflanzenkärtchen wirft dann ein Wollknäuel zu dem Waldtier, von dem es glaubt, dass dieses die Pflanze frisst. Dieses wirft das Knäuel dann zu seinem Fressfeind usw. Schließlich ist eine Nahrungskette entstanden. Die Mitschüler und Mitschülerinnen beurteilen anschließend, ob diese Nahrungskette im Wald vorkommt. Dann stellen fünf neue Kinder eine Nahrungskette dar.

5 Wer frisst wen? Stelle aus den Tieren und Pflanzen in deinem Heft ▶ Nahrungsketten zusammen.

▶ Waldtiere 137   ▶ Säugetiere 134   **120**   ▶ Nahrungskette 133   ▶ Nahrungsnetz 133

Der Wald in Gefahr

Aus waldreichen Gebieten wie Schwarzwald, Bayrischer Wald, Harz und Alpen werden große ▶ Waldschäden gemeldet. Einige Laubbäume, aber vor allem Fichten und Tannen sind besonders stark betroffen. Die Schadstoffe aus der verschmutzten Luft schädigen nicht nur die Blätter und Nadeln. Sie dringen auch mit dem Regen ins Erdreich. Dort werden die Wurzeln geschädigt, dadurch wird der Baum mit zu wenigen Mineralstoffen versorgt. Er kränkelt.
Ein solch kranker Baum wird schnell zum Opfer von Waldschädlingen wie dem Borkenkäfer (▶ Waldtiere). Tausende seiner Nachkommen (Larven) zerstören die Wachstumsschicht unter der Baumrinde. Der Baum stirbt.

1 Spüre im Wald geschädigte Bäume auf und überlege, wer oder was den Schaden verursacht haben könnte.

2 Schreibe dir genau auf, in welchem Teil des Waldes Schäden vorkommen.

Borkenkäfer (Fraßbilder)

Gesunde Tanne

Geschädigte Tanne

3 Nimm mit deiner Klasse Kontakt zum örtlichen Förster auf. Er kann dir viel über den Zustand des Waldes erzählen und weitere Schäden zeigen.

Gesunder Fichtenzweig

Geschädigter Fichtenzweig

Welche Ursachen haben die Waldschäden?

Welchen Schaden richtet der Borkenkäfer an?

Gib eine Nahrungskette an!

Das Spiel mit den Kärtchen beginnt ...

Der erste Spieler oder die erste Spielerin liest eine Frage vor und fordert jemanden zur Antwort auf. Für eine richtige Antwort erhält der Mitspieler oder die Mitspielerin einen Punkt und darf die nächste Frage vorlesen. Wer die meisten Punkte gesammelt hat, hat gewonnen. Vielleicht schafft ihr es auch, eigene Regeln aufzustellen.

▶ Waldschäden 137 ▶ Waldtiere 137

Im Zoo: Tiere und Pflanzen aus aller Welt

122

Im Zoo – Ganz nah dran!

1 *Ein Zooplan hilft:*
Besorgt euch den Plan des Zoos, den ihr besuchen wollt. Sammelt Ideen, was ihr dort erkunden wollt!

Dann gehn wir eben in den Zoo!

Tierpark Dortmund

1 Großer Teich
2 Greifvögel, Geier
3 Raben- und Waldvögel
4 Kamele und Wildesel
5 Ibisse und Wattvögel
6 Orang-Utan und andere Affen
7 Wildpferde und Wisente
8 Eulen
9 Rotfuchs, Polarfuchs, Luchs und Dachs
10 Groß- und Kleinbären
11 Seelöwen und Seebären
12 Biber und Otter
13 Leopard und Ozelot
14 Pinguine, Riesenotter
15 Guanako und Vikunja – Kleinkamele Südamerikas
16 Tiere aus Südamerika
17 Ameisenbären, Faultiere und Gürteltiere

18 Tiere aus Afrika
19 Geparden und Afrikanische Wildhunde
20 Löwen, Tiger, Pumas und Jaguare
21 Exotische Vögel
22 Tiere aus Asien
23 Affen-Insel
24 Hirsche
25 Giraffen-Haus
26 Tiere aus Australien
27 Amazonas-Tropenhaus
28 Streichelzoo und Bauernhof
29 Kinderspielplatz und Zoogaststätte

„Sommereingang" Zillestraße

beschilderter Rundweg
Restaurant
Haupteingang
Verwaltung
Parkplatz Mergelteichstraße

2 *Ideensammlung:* Das will ich im Zoo herausfinden, erkunden und machen!

– Ich will alles über Tiger wissen!
– Die Fütterung sehe ich mir an!
– Was der Tiger alles in 15 Minuten macht, notiere ich, dann will ich alle anderen Raubkatzen besuchen!

– Ich gehe in den Streichelzoo, andere Tiere darf man ja nicht anfassen oder füttern!
– Alle Tierbabys im Zoo will ich mir ansehen, beim Robbenbaby messe ich, wie lange es beim Tauchen die Luft anhält!

– Tarzan hat im Dschungel gelebt. Im Amazonashaus erkunde ich den Dschungel.
– Vom giftigsten und gefährlichsten Tier mache ich einen ▶ Steckbrief

– Ich will Tierpflegerin werden. Ich frage eine Pflegerin, wie man das werden kann.

– Ich gestalte ein „Zoobuch der Rekorde"! Da kommt z.B. das längste, das schnellste, das stärkste Tier rein.

– Ich will erkunden, ob man im Zoo auch Tiere aus der „Kälte" und der „Wüste" halten kann.
– Bedrohte Tiere schreibe ich auf und versuche herauszubekommen, warum und wodurch sie bedroht sind.

▶ Steckbrief 134

3 Von Angebern, Betrügern und anderen Typen: Farben und Botschaften

Welche Bedeutung hat die besondere Färbung der hier abgebildeten Tiere?
Sucht beim Zoobesuch nach Tieren, die durch ihre Färbung Botschaften aussenden!

Gorilla-Männchen

Chamäleon

Tarnen, Warnen, Imponieren, Täuschen, Zusammenhalten!

Rote Neonfische

Pfeilgiftfrösche ☠

Welche Tiere tarnen sich besonders gut? Welche Farben, Muster und Tarnungstricks wenden sie an?

Korallenschlange, giftig ☠

Königsnatter, ungiftig

„Angeber" machen auch durch Töne und Bewegungen auf sich aufmerksam. Findet solche „Angeber". Spielt vor, wie sie auf sich aufmerksam machen!

Pfauenhahn und Henne

Beim Zoorundgang fallen Tiere mit einer weißen Farbe schnell auf. Sucht solche Tiere. Wo leben diese Tiere in der Freiheit? Welche Vorteile haben sie von der weißen Färbung?

Eisbär

4 Mein Lieblingstier

Suche dir ein Zootier aus, das du genauer kennen lernen willst. Sammle Informationen über dein Lieblingstier (▶ Reporter Abc)! Erstelle einen ▶ Steckbrief!
Teste in einem Fragespiel, wie gut du dein Lieblingstier kennst und wie gut deine Klasse fragen kann!
Besuche dein Lieblingstier im Zoo!

Regeln:
Fragen werden nur mit Ja oder Nein beantwortet!
Wer eine Ja-Antwort geschafft hat, darf bis zu einer Nein-Antwort weiterfragen!
„Dumme Fragen" dürfen immer mit Nein beantwortet werden!
Die Fragegruppe hat gewonnen, wenn sie das Tier mit weniger als 10 Nein-Antworten herausfindet!

▶ Säugetiere 134   ▶ Steckbrief 134   ▶ Wirbeltiere 138   ▶ Reporter-Abc 53

Ein Vortrag in der Zooschule – Leben in der Arktis

1 Wenn du nur wenige Seiten zurückblätterst, kannst du die Temperaturwerte der ▶ Arktis in der Zeichnung ablesen. Vergleiche mit ▶ Klimadaten bei uns.

Arktisches Klima		Sommer	Winter
Lufttemperaturen im Inland			
Lufttemperaturen an der Eiskante			
Meerestemperaturen			
Tageslicht in Std.		24	0

Robert E. Peary erreichte als erster Mensch zusammen mit vier Eskimo-Begleitern 1909 den Nordpol. Er startete im Februar von einer Insel im Norden Grönlands und war im April am Ziel.

Ein Polarforscher erzählt:
„Ein Jahr lang haben wir im Polarmeer einen Film über arktische Tiere gedreht. Seit zwei Wochen bin ich zurück und genieße die Wärme. Der Mann auf dem Bild ist übrigens Robert Peary, mein großes Vorbild in Kindertagen. Er trägt Eskimo-Kleidung. Sieh dir an, wie dick er angezogen ist. Schätze mal, wie kalt es in der Arktis wird."

„Ein Eisbär auf der Jagd nach seiner Lieblingsspeise, einer Ringelrobbe. Sie ruht sich nur kurz aus und ahnt nicht, in welcher Gefahr sie schwebt."

„In den gelb schattierten Gebieten haben wir Eisbären gefilmt. Die meisten fanden wir im Sommer mitten im Polarmeer in der Nähe der Eiskante. Wir haben fast nur vom Schiff aus gedreht. Das Eis bricht unvorhersehbar immer wieder neu auf. Es kann passieren, dass man plötzlich auf Eisschollen gefangen ist."

2 Informiere dich über die Lebensweise von Robben und Eisbären (▶ Arktische Tiere).
Suche in einem Atlas die Länder, in denen man Eisbären im Sommer bzw. im Winter antrifft. Welche Gründe könnten die Tiere für ihre Wanderungen haben?

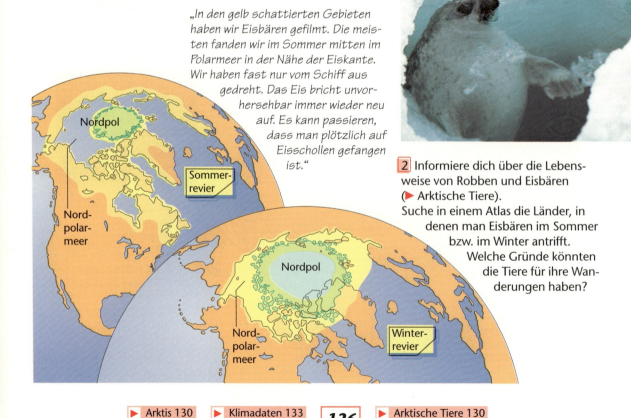

▶ Arktis 130   ▶ Klimadaten 133   ▶ Arktische Tiere 130

„Alle Vögel und Säugetiere in der Arktis sind richtig warm eingepackt. Der Polarfuchs ist eigentlich ziemlich mager, sieht aber mit seinem wunderschönen dichten Fell recht pummelig aus, findet ihr nicht? Schneegänse haben unter den Federn ein feines Daunenkleid. Sie können sich bei Kälte ordentlich aufplustern.
Robben haben zwar ein kurzes Fell, aber eine mächtige Speckschicht unter der Haut.
Eisbären haben übrigens beides: ein dichtes Fell und eine dicke Speckschicht. Ich frage mich, was am besten wärmt."

3 Prüfe, wie gut verschiedene Stoffe gegen Kälte isolieren:
Stelle die Gläser in einen Topf mit kaltem Wasser. Miss die Zeit, in der sich das heiße Wasser in jedem Reagenzglas um 20° abgekühlt hat.

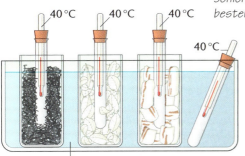

Wasser 5 °C (▶ Grad Celsius)

4 Prüfe auch, ob die Stoffe ebenso gut isolieren, wenn sie nass geworden sind.
Welchen Einfluss könnte die Luft zwischen Fellhaaren oder Federn haben?

„Wenn wir auf unseren Expeditionen nass werden, so ist das lebensgefährlich. Robben und Eisbären fühlen sich dagegen im Wasser pudelwohl. Brrr, wo es draußen doch schon so kalt ist. Und wieso können eigentlich Fische und Pflanzen im Polarmeer überleben?"

5 Stelle mit Eiswürfeln aus dem Gefrierschrank (–18 °C) Eiswasser her. Miss in regelmäßigen Abständen nach, wie kalt es geworden ist.

Heringsschwarm

Tierisches Plankton

Pflanzliches Plankton (▶ Arktische Pflanzen)

6 Viele Tiere fetten ihr Fell oder ihr Gefieder leicht ein. Penatencreme ist so ein Fett aus der Wolle von frisch geschorenen Schafen.
Zerreibe etwas Penatencreme zwischen den Fingern. Versuche, die Creme mit Wasser abzuwaschen. Tauche eine Entenfeder kurz in Wasser und schüttele das Wasser ab. Ist die Feder nass?

7 Wenn du die Bilder von rechts unten nach links oben verfolgst, erhältst du eine ▶ Nahrungskette für den arktischen Lebensraum. Erkläre diese Kette. Überlege, was geschehen würde, wenn ein Glied der Kette fehlte, wenn es z. B. keine Heringe mehr gäbe.

Mit Hanane im Zoo

Wüstenklima	Tag	Nacht		
Lufttemperaturen				
Temperaturen im Boden				
Temperaturen an der Bodenoberfläche				
			Sommer	Winter
Niederschläge			3 mm	39 mm

Hanane besucht mit ihrer Klasse einen Zoo. Von weitem schon sehen sie eine Dromedarfamilie (▶ Wüstentiere) in der Außenanlage.
„Guck mal, die habe ich letzten Sommer in Marokko gesehen, als wir unsere Verwandten in Sidi Ifni besucht haben", sagt Hanane. „Es war tagsüber unglaublich heiß, besonders als wir einen Ausflug in die ▶ Wüste machten."
Sie betreten das Tropenhaus.
„Ziemlich heiß hier", sagt Jakob und zieht seine Jacke aus. Hanane bleibt vor einem kleinen Terrarium stehen. „Kommt mal her, habt ihr schon mal einen Sahara-Skorpion gesehen? Mein Opa hat erzählt, dass sich die Skorpione (▶ Wüstentiere) im Sand vergraben und auf ihre Beute warten. Es ist ziemlich gefährlich, wenn man aus Versehen drauftritt. Er sagt, dass sie Hunde sogar mit einem Stich töten können." Neben vielen kleineren Terrarien gibt es hier auch eine große Anlage für Wüstentiere. Man sieht viel Sand, aber kaum etwas von den Tieren.
„Da, der Fuchs mit den großen Ohren! So sieht also ein Fennek (▶ Wüstentiere) aus", ruft Hanane. „Leider haben wir in unserem Urlaub keinen gesehen. Ist ja auch kein Wunder. Hier steht, dass er sich tagsüber in Höhlen versteckt und nur nachts aktiv ist. Warum der wohl so große Ohren hat." „Zum Hören natürlich", meint Anna.

Seitenwinder-Viper

Skorpion

Fennek

[1] Wenn du wissen willst, welche Temperaturen in der Heimat dieser Wüstentiere herrschen, blättere nur wenige Seiten zurück und entnehme die Werte den Zeichnungen. Übertrage die abgebildete Tabelle in dein Heft und fülle sie aus. Vergleiche die Werte mit ▶ Klimadaten bei uns.

[2] Dieser Versuch zeigt dir, warum Wüstentiere sich tagsüber lieber einige Zentimeter unter der Oberfläche aufhalten.
Erwärme trockenen, feinen Sand und feuchte Erde mit einem Strahler von oben. Miss nach 5 Minuten die Temperaturen an der Oberfläche und in verschiedenen Tiefen. Warte 5 Minuten und miss noch einmal.

warmes Wasser

Wo kühlt das Wasser schneller ab? Warum ist das so und was hat das mit den großen Ohren zu tun? Kennst du noch andere Tiere, die sehr große Ohren haben?

[3] Wenn du wissen willst, welche Vorteile große Ohren für Wüstentiere außerdem noch haben, mache diesen Versuch.

▶ Wüstentiere 141   ▶ Wüste 140   ▶ Klimadaten 133

Viele ▶ Wüstentiere trinken selten oder kommen lange Zeit ohne Wasser aus. Informiere dich, wie Tiere sich dem trockenen Klima angepasst haben.

Wüstenspringmaus

Schwarzkäfer

4 Einige Wüstenlebewesen holen in der kühlen Nacht Wasser aus der Luft. Stell dir vor, dein Atem wäre der Nachtwind in der Wüste. Hauche gegen eine gekühlte Mineralwasserflasche. Was stellst du fest?

Plötzlich entdeckt Jakob Springmäuse (▶ Wüstentiere) in einer Ecke. „Guckt mal wie schnell die sind."
„Komisch, die haben zwar Futter, aber ich sehe gar kein Wasser zum Trinken."
„Ist doch klar, in der Wüste gibt's doch auch monatelang kaum Wasser", meint Hanane. „Das glaube ich nicht. Ganz ohne Wasser könnte in der Hitze nichts überleben", sagt Anna. „Es regnet auch manchmal in der Wüste", antwortet Hanane, „sogar ziemlich stark. Plötzlich gibt es Flüsse, Seen, Pfützen. Alle freuen sich, weil Gras wächst und alles zu blühen anfängt."
„Lass uns gehen, Hanane." „Anna warte, guck dir doch diese riesigen Kakteen (▶ Wüstenpflanzen) an!" „Kakteen haben wir auch zu Hause auf der Fensterbank. Unsere sind nur viel kleiner." „Auf unserem Ausflug in die Wüste haben wir keine Kakteen gesehen", wundert sich Hanane. Sie liest den ▶ Steckbrief, „die kommen ja alle aus Amerika."

5 ▶ Wüstenpflanzen haben besondere Fähigkeiten entwickelt, in der Trockenheit zu überleben. Wie lösen diese Pflanzen das Problem?

normaler Kaktus — Kaktus kurz nach dem Regen

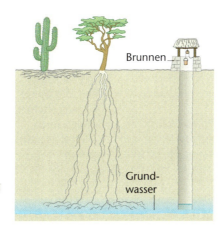

Viele Wüsten haben salzige Böden. Wenn es einen kurzen, kräftigen Regenschauer gibt, bilden sich Pfützen mit Salzwasser, in denen nach kurzer Zeit kleine Krebse aus ihren Eiern schlüpfen.

„Was ist das denn, ein Aquarium im Wüstenhaus?", wundert sich Hanane. „Das können nur Salinenkrebse sein", meint Jakob. „Ich habe einen Freund, der sie manchmal als Futter für seine Aquarienfische züchtet." „Lass uns gucken, wo die anderen sind." „Also, – wer Erster am Affenhaus ist!"

6 ▶ Salinenkrebse (Artemia) züchten: Besorge dir aus der Tierhandlung Artemia-Eier. Schneide eine Plastikflasche halb durch und fülle sie mit Salzwasser. Für 0,5 l brauchst du 16 g Salz. Eine Spatelspitze Eier genügt. Schon am nächsten Tag schlüpfen die ersten Krebse. Wenn du sie mit einer Lampe beleuchtest, kommen sie zum Licht und du kannst sie mit einer Lupe beobachten. Lege Eier und Tiere auch unter das Binokular. Nach 3 Wochen können sie 2 bis 3 cm groß werden, wenn man sie mit Spezialfutter füttert.

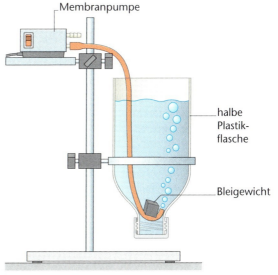

▶ Wüstentiere 141   ▶ Wüstenpflanzen 140   ▶ Steckbrief 134

INFOTHEK

▶ **Arktis**

Die Arktis liegt im äußersten Norden unserer Erde. Dazu gehören das Polarmeer um den Nordpol herum und die nördlichen Gebiete von Asien, Skandinavien, der Insel Grönland sowie Nordkanada und Alaska.
Auf dem Festland sind im Winter Temperaturen bis −80 °C möglich. Wärmer wird es zum Wasser hin: An der Eiskante sinkt die Temperatur meist nicht unter −15 °C. Im Sommer steigt die Durchschnittstemperatur im wärmsten Monat auf dem Festland bis zu +10 °C. Dabei taut nur die oberste Bodenschicht auf. Darunter bleibt der Boden manchmal bis zu einer Tiefe von 600 m gefroren.

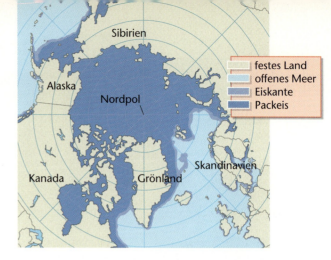

Im Sommer wird es in der Arktis nachts nicht dunkel, im Winter tagsüber nicht hell.

▶ **Arktische Pflanzen**

Im rauhen Klima der Arktis können nur wenige Landpflanzen überleben. Dazu gehören vor allem einige Gräser, Moose und Flechten (Gemeinschaften aus Pilzen und Algen). Im Winter verhindern einige Pflanzen durch Frostschutzmittel, dass spitze Eiskristalle ihre Zellwände zerstören.
Ein wichtiger Lebensraum für Pflanzen liegt im Meer. In Küstennähe gibt es Seegraswiesen und viele Arten von Algen und Seetang. Die Unterseite von Eisflächen ist von riesigen Mengen winziger Pflanzen, hauptsächlich Kieselalgen, besetzt. Sie bieten reichlich Nahrung für kleine Tiere, die wiederum von Fischen, Robben und Walen gefressen werden.

▶ **Arktische Tiere**

Kein Tier kann überleben, wenn das körpereigene Wasser in den Zellen gefriert. Zum Überwintern gibt es für die Tiere verschiedene Möglichkeiten:
Die meisten Vögel, einige Landsäugetiere, aber auch Wale und Robben ziehen im Winter nach Süden in wärmere Gebiete. Andere Tiere verfallen an einem nicht zu kalten Ort in eine Kältestarre und „verschlafen" so die kalte Jahreszeit. Die meisten Landtiere sind jedoch auch im Winter aktiv. Sie müssen ihre Wärme selbst erzeugen. Viel fettreiche Nahrung hilft ihnen dabei. Durch ein dichtes Fell schützen sie sich vor Wärmeverlusten.

Eisbär
Eisbären können weit über 500 kg schwer werden und aufgerichtet eine Größe von über 3 m erreichen. Ihre Hauptnahrung besteht aus Robben und jungen Walrossen, die sie an der Grenze des Meereises erbeuten. Im Sommer fressen sich die Bären eine dicke Speckschicht an. So können sie auch im Winter überleben, wenn sie weniger Nahrung finden.
Die meisten Eisbären ziehen mit dem zurückweichenden Eis im Sommer nach Norden. Zwischen Eisflächen können sie problemlos Entfernungen von über 100 km schwimmend zurücklegen.
Vor allem Eisbärweibchen bleiben im Winter auf dem Festland. Sie verschlafen die kalte Jahreszeit in Schneehöhlen. Dort bringen die Weibchen auch ihre Jungen zur Welt. Drei Jahre lang kümmern sich Eisbärmütter liebevoll um ihre Jungen und bringen ihnen bei, im Eis zu überleben.

Polarfuchs
Der Polar- oder Eisfuchs besitzt ein sehr dichtes, langhaariges Fell, das ihn auch bei Temperaturen von weniger als −40 °C bestens wärmt. Über seine kurzen Beine und kleinen Ohren wird nur wenig Wärme nach außen abgegeben. Der Polarfuchs hält keinen Winterschlaf,

ist also das ganze Jahr über aktiv. Er ernährt sich von kleinen Nagetieren und Lemmingen, plündert auch gelegentlich die Nester von bodenbrütenden Vögeln. Im Winter folgt er oft Eisbären, um sich von den Überresten ihrer Mahlzeiten zu ernähren. Anders als Eisbären können Polarfüchse jedoch nicht ins Wasser gehen und schwimmen. Sie besitzen keine sehr dicke Fettschicht. Wenn ihr Fell nass ist, schützt es nicht mehr gegen Kälte.

Robben

In arktischen Gewässern leben Walrosse und verschiedene Arten von Hundsrobben, wie z. B. die Ringelrobbe. Walrosse erkennt man leicht an ihren großen Stoßzähnen. Hundsrobben haben – anders als Seelöwen oder Seebären – keine Ohrmuscheln. Sie schwimmen durch Schläge der Schwanzflosse, während Seelöwen die Vorderflossen benutzen. Seelöwen können an Land auf ihren Flossen laufen, Hundsrobben bewegen sich raupenartig auf dem Bauch fort.

Robben des Polarmeeres sind Säugetiere, die sich dem Leben im kalten Wasser angepasst haben. Sie ernähren sich hauptsächlich von Heringen, Dorschen und Tintenfischen. Ihre größten Feinde sind Eisbären und Schwertwale.

▶ *Brotrezept*

Baguette

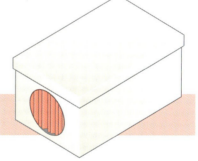

500 g Weizenmehl in eine Rührschüssel sieben und mit 1 Päckchen Trockenhefe vermischen. Dann werden 1 Teelöffel Salz, 1 Esslöffel Speiseöl, 125 ml lauwarme Milch und 200 ml lauwarmes Wasser hinzugefügt. Alle Zutaten werden nun mit einem Knetrührer zu einem glatten Teig verarbeitet (5 Minuten). Der Teig muss an einem warmen Ort so lange gehen, bis er sich sichtbar vergrößert hat. Anschließend wird er auf einer bemehlten Arbeitsfläche gut durchgeknetet und zu zwei etwa 40 cm langen Rollen geformt. Diese werden dann auf ein mit Backpapier belegtes Backblech gelegt. Sie müssen jetzt noch einmal gehen, bis sie sich wieder sichtbar vergrößert haben. Die Teigoberfläche wird nun mehrmals schräg eingeschnitten und mit Wasser bestrichen. Das Backblech mit den Broten kommt für 25 bis 30 Minuten in den vorgeheizten Ofen (Ober-/Unterhitze 225 °C, Heißluft 200 °C). Kurz vor Ende der Backzeit werden die beiden Brote noch einmal mit Wasser bestrichen (Vorsicht – sehr heiß!).

▶ *Fühlbox*

Eine Fühl- oder Tastbox kannst du einfach aus einem Schuhkarton und etwas Stoff herstellen. Mit ihr kannst du austesten, wie fein dein Fingerspitzentastsinn ist. Gegenstände, die sich in der Box befinden, kannst du zwar nicht sehen, aber mit deinen Fingerspitzen ertasten.

▶ *Grad Celsius (°C)*

Temperaturen werden mit einem Thermometer gemessen. Dabei wird die Einteilung der Temperatur in Grad Celsius angegeben. Diese Einteilung wurde 1742 von einem schwedischen Forscher mit dem Namen Anders Celsius eingeführt. Grundlage seiner Einteilung waren der Schmelzpunkt (0 Grad Celsius) und der Siedepunkt (100 Grad Celsius) des Wassers.

▶ Hygrometer

Mit einem Hygrometer wird die Luftfeuchtigkeit gemessen. In diesem Messgerät befinden sich Menschen- oder Pferdehaare, die bei hoher Luftfeuchtigkeit (80 bis 100%) länger werden: Der Zeiger geht nach rechts. Bei niedriger Luftfeuchtigkeit (0 bis 50%) werden die Haare kürzer: Der Zeiger geht nach links. Die Luftfeuchtigkeit von Wohnräumen sollte um 70% liegen.

▶ Insekten

Die Insekten sind die artenreichste Tiergruppe auf unserer Erde. Sie haben fast alle Bereiche der Erde besiedelt. Bisher sind mehr als 1 000 000 Arten bekannt. Bei Untersuchungen z. B. in den tropischen Regenwäldern werden noch immer neue Arten entdeckt. Insekten haben im Gegensatz zu Wirbeltieren kein inneres Skelett, sondern einen Chitinpanzer, der den Körper stützt. Ihr Körper ist in Kopf, Brust und Hinterleib gegliedert, sie besitzen drei Beinpaare und häufig ein bis zwei Paar Flügel.

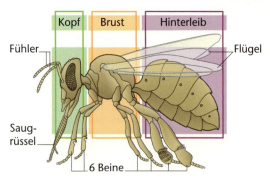

▶ Insektenkasten

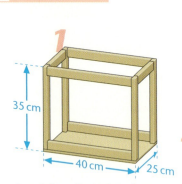

1 Grundplatte (Spanplatte 1 cm dick, Größe 40 x 25 cm) mit aufgeschraubten gehobelten Leisten (1,7 x 3,4 cm)

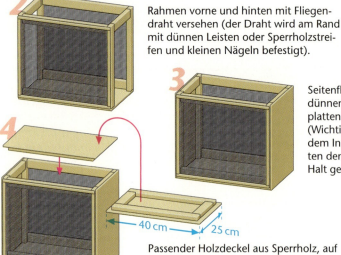

2 Rahmen vorne und hinten mit Fliegendraht versehen (der Draht wird am Rand mit dünnen Leisten oder Sperrholzstreifen und kleinen Nägeln befestigt).

3 Seitenflächen mit dünnen Sperrholzplatten abdecken (Wichtig, da sie dem Insektenkasten den nötigen Halt geben).

4 Passender Holzdeckel aus Sperrholz, auf den auf der Unterseite ein Rahmen so aufgeleimt wird, dass er ohne zu verrutschen in die Öffnung des Kastens passt.

▶ Kartoffel

Die Kartoffel ist für viele Menschen eines der wichtigsten Nahrungsmittel. Ursprünglich war sie in Südamerika beheimatet, wo sie von den Indios schon vor mehr als 2000 Jahren angebaut wurde. Ungefähr 1550 gelangte sie durch spanische Seeleute nach Spanien und von dort aus nach ganz Europa. Erst im 18. Jahrhundert wurde ihre Bedeutung in Europa richtig bekannt, als die Menschen von Hungersnöten geplagt wurden. Besondere Verdienste um den Anbau der Kartoffel in Deutschland erwarb sich Friedrich der Große von Preußen. Er verteilte Saatkartoffeln an seine Bauern und verpflichtete sie, diese Kartoffeln anzubauen. Da die Kartoffelknolle gut über den Winter gelagert werden kann, hatten die Menschen nun auch zu dieser Jahreszeit genügend zu essen.

▶ Klimadaten

Sonneneinstrahlung, Temperatur, Feuchte, Wind, Bewölkung und Niederschlag bestimmen das so genannte Klima in verschiedenen Bereichen unserer Erde. Am Äquator gibt es zum Beispiel ein tropisches Klima, an den Polen ein Eisklima. In Zentraleuropa leben wir in einem warmgemäßigten Klima.

Diese Daten wurden in Düsseldorf gemessen:

Jahresniederschläge	722 mm
Durchschnittstemperatur Juli	23,6 °C
Durchschnittstemperatur Januar	+ 4,4 °C
Tageslänge Sommer	19 Stunden
Tageslänge Winter	9 Stunden

▶ Kompass

Der Kompass ist ein Instrument zur Bestimmung der Himmelsrichtung. Beim Magnetkompass zeigt die Kompassnadel immer in Richtung auf den magnetischen Nordpol, sodass die Himmelsrichtung zum Beispiel der Klassenraumfenster genau bestimmt werden kann.

Kompass

Windrose

▶ Milchkuh

Als Milchkühe werden weibliche Rinder bezeichnet, die nach der Geburt eines Kälbchens Milch erzeugen. Gute Milchkühe geben pro Jahr bis zu 7000 l, in besonderen Fällen sogar bis zu 10 000 l Milch. Durch Zucht werden diese Leistungen immer weiter gesteigert.

▶ Nahrungskette

Nahrungsketten im Wald sind zum Beispiel:
- Gras → Reh → Fuchs
- Haselnuss → Eichhörnchen → Sperber
- Gras → Maus → Schlange → Sperber
- Fichtenzapfen → Eichelhäher → Fuchs
- Eichel → Eichelhäher → Sperber
- Grasfrosch → Schlange → Sperber
- Fichte → Borkenkäfer → Ameise → Buntspecht → Sperber

Eine Nahrungskette im arktischen Lebensraum ist zum Beispiel:
- Pflanzliches Plankton → tierisches Plankton → Hering → Robbe → Eisbär

Der Pfeil bedeutet immer: „...wird/werden gefressen von...". Der Pfeil zwischen Eichhörnchen und Sperber bedeutet also:
Das Eichhörnchen wird gefressen vom Sperber.

Grüne Pflanzen stehen mit Blättern, Holz, Samen und Früchten am Anfang jeder Nahrungskette, sie sind die **Erzeuger** der Nahrung. Die Pflanzenfresser verbrauchen diese Nahrung und werden selbst zur Nahrung für die Fleischfresser. Alle Tiere sind **Verbraucher.**

▶ Nahrungsnetz

Die Lebensgemeinschaft der Tiere und Pflanzen des Waldes bildet ein **Nahrungsnetz** aus vielen miteinander verknüpften Nahrungsketten.

```
Fichtenzapfen → Eichelhäher → Sperber
                                ↑
                            Buntspecht
                           ↑         ↑
Fichtenzweig → Borkenkäfer → Ameise
```

▶ Naturjogurt

Jogurt ist ein Sauermilchprodukt, das durch Einwirkung bestimmter Bakterien aus Vollmilch entsteht. Naturjogurt wird bei der Produktion nicht verändert oder erhitzt, sodass die Bakterien nicht abgetötet werden. Naturjogurt könnt ihr deshalb gut für eure eigene Jogurtproduktion benutzen. Mit anderen Jogurts funktioniert es nicht.

▶ Protokoll

In einem Protokoll werden wichtige Beobachtungen oder Ergebnisse eines Versuches festgehalten. Neben dem Datum sollten die verwendeten Materialien oder benutzten Gegenstände genannt werden. Des Weiteren müssen Angaben über den Versuchsaufbau enthalten sein. Dies kann durch eine Beschreibung oder eine Skizze erfolgen. Wichtig sind die gefundenen Ergebnisse, die zum Beispiel in Form einer Tabelle zusammengestellt sein können.

▶ Säugetiere

Die Säugetiere oder Säuger sind eine Klasse der Wirbeltiere, zu der über 4000 Arten zählen. Da sie wie die Vögel gleichwarme Tiere sind – sie haben immer eine feste Körpertemperatur – haben sie fast alle Gebiete der Erde besiedelt. Diese gleich bleibende Körpertemperatur wird durch das isolierende Fell oder die Fettschicht erreicht. Der Name „Säugetier" ist darauf zurückzuführen, dass sie ihre neugeborenen Jungen mit Milch ernähren, die diese aus der Brust, den Zitzen oder dem Euter der Muttertiere saugen.

▶ Steckbrief

Früher bekamen Polizisten, die eine unbekannte Person suchen sollten, einen „Brief" mit einer kurzen Beschreibung „zugesteckt". Ein solcher „Steckbrief" muss möglichst genau sein, aber auch kurz und knapp, sodass man schnell das Wichtigste erfährt. Steckbriefe eignen sich auch, um das Wichtigste über Tiere und Pflanzen mitzuteilen.

Steckbrief Königstiger

Körpermerkmale
Schulterhöhe: 95 cm
Länge: bis 3 m (vom Kopf bis Schwanzspitze)
Gewicht: Männchen bis 260 kg

Verhaltensmerkmale
Einzelgänger, Nachtjäger, große Jagdreviere bis 50 Quadratkilometer
Nahrung: Büffel, Hirsche, Wildschweine, Affen
Laute: Brüllen, Knurren, Schnurren

Fortpflanzung
Paarungszeit: im Frühling
Trächtigkeit: 15 Wochen
Jungtiere: meist 2 bis 4, blind in den ersten 10 Tagen

Verwandtschaft
Säugetier, Raubkatze, es gibt 7 Tigerarten, die größte Katze der Welt ist der Sibirische Tiger, der Säbelzahntiger ist ausgestorben

Besondere Merkmale
Tiger können Beutetiere töten, die mehr als doppelt so schwer sind wie sie selbst (bis 700 kg)! Solche großen Beutetiere werden mit einem Biss in die Kehle erstickt.

Tiger greifen meist von hinten an. Menschen, die in Tigergebieten leben, versuchen sich dagegen zu schützen, indem sie auf dem Hinterkopf eine Gesichtsmaske tragen.

Verbreitungsgebiet
Vorkommen: Der Königstiger ist nur noch in den Sümpfen des Gangesdelta in Indien und in Bangladesh häufig (Tigerschutzgebiet).
Artenschutz: Tiger beanspruchen riesige Reviere, in denen sie keinen anderen Tiger dulden. Nur in der Paarungszeit „besuchen" die Männchen die Weibchen. Tigerschutzgebiete müssen deshalb besonders groß sein.

▶ Tierspuren

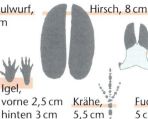

Seite 117 zeigt Spuren vom:
a = Waldkauz (Gewölle)
b = Buntspecht
c = Eichhörnchen
d = Kaninchen (Kot)
e = Wildschwein

▶ Vitamine

Vitamine sind Stoffe, die für das Überleben des Menschen von größter Bedeutung sind. Sie müssen täglich mit der Nahrung aufgenommen werden. Dabei genügen zum Teil geringe Mengen.

Vitamin	Wo kommt es vor?	Was passiert, wenn es fehlt?
A	Karotten, Tomaten, Milchprodukte, Leber, Eidotter	Nachtblindheit, Schädigungen an den Augen
B_1	Erbsen, Bohnen, Linsen, Schweinefleisch, Erdnüsse	Entzündungen des Nervensystems, Herzmuskelschwäche
B_2	Milchprodukte, Fleisch, Leber, Gemüse	Gesichtsekzeme
B_{12}	Fleisch, Eier, Milchprodukte, Leber	Anämie (Blutarmut)
C	frische Früchte und Gemüse, insbesondere Citrusfrüchte	Skorbut (Müdigkeit, Muskelschwäche, Zahnausfall), Infektionsanfälligkeit
D	Milchprodukte, Eidotter, Lebertran	Rachitis (Knochenerweichung)

▶ Wald

Wälder als Lebensgemeinschaften von Pflanzen und Tieren sind von großer Bedeutung für den Menschen. Er nutzt den Wald nicht nur als Holzlieferant. Die Pflanzen der Wälder geben Sauerstoff für die Atmung von Mensch und Tier ab, sie gleichen tägliche Temperaturschwankungen aus, filtern und befeuchten die Luft. Der Wald wird deshalb gern zur Erholung aufgesucht. Wälder sind wichtige Wasserspeicher. Die Wurzeln der Bäume und anderer Waldpflanzen halten den Boden fest. Ohne Waldbewuchs würden unsere Berge durch Wind und Wasser bis aufs nackte Gestein abgetragen werden.

In einem natürlichen **Mischwald**, in dem Laub- und Nadelbäume unterschiedlichen Alters wachsen, kann man wie an einem großen Haus mehrere **Stockwerke** über der Erde und ein Kellerstockwerk unterscheiden. In einem **Laubmischwald** stehen die Bäume meist noch licht beieinander. Die Blattkronen der Eichen, Buchen, des Ahorns, der Birken und Eschen lassen genügend Licht auf den Boden fallen. Sträucher und Kräuter können sich gut entfalten. Da ist es in einem **Nadelmischwald** mit Fichten, Kiefern, Lärchen und Eiben schon dunkler, die Strauch- und Krautschicht ist kaum ausgebil-

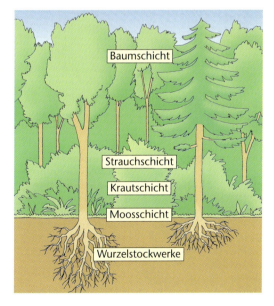

det. Nur manche Moose und die Pilze können mit dem Lichtmangel zurechtkommen. Ganz dunkel wird es, wenn z. B. nur Fichten angepflanzt wurden. Man nennt das eine **Monokultur**. Fichtenmonokulturen sind sehr sturmanfällig, da der Wind ungebremst hindurchstürmen kann, sie sind auch brandgefährdet.

▶ Waldpflanzen

Die **Lärche** wirft als einziger einheimischer Nadelbaum im Winter ihre hellgrünen, weichen Nadeln ab, die in Büscheln an den älteren Trieben sitzen. Die Zapfen sind auffällig klein.

Die **Fichte** ist ein verhältnismäßig schnellwüchsiger Nadelbaum mit rötlich brauner Borke, der im Alter zwischen 70 und 100 Jahren Ertrag bringt. Die spitzen, vierkantigen Nadeln stehen gleichmäßig um den Zweig. Die reifen hängenden Zapfen mit den Samen fallen als Ganzes ab.

Die flachen, vorne stumpfen Nadeln der **Weißtanne** stehen in zwei Zeilen am Zweig angeordnet. Die reifen aufrecht stehenden Zapfen geben die Samen frei, die Zapfenschuppen fallen ab, zurück bleibt die leere Spindel.

Die Blüten und Eicheln der **Stieleiche** sitzen an langen Stielen, die Blätter mit gebuchteten Rändern dagegen sind ganz kurz gestielt. Im Alter hat die schwarzgraue Borke tiefe Furchen.

Der **Schwarze Holunder** wird bis zu 7 m hoch. Die Blätter sind unpaarig gefiedert. Die weißlich gelben, duftenden Blüten stehen in schirmförmigen Blütenständen. Die anfangs grünen, giftigen Früchte werden vollreif blauschwarz und können dann zu Saft und Gelee verarbeitet werden. Hilft bei Erkältungen.
🟢 **Blüten, Früchte**

Die Blätter der **Sommerlinde** sind herzförmig und zugespitzt. Wenige kugelige Früchte hängen an einem Flugblatt. Die Rinde ist dunkelgrau mit feinen, senkrechten Furchen. Aus den Blüten wird ein schweißtreibender Tee hergestellt.
🟢 **Blüten**

An der weißen Borke kann man die **Weißbirke** gut erkennen. Die gezähnten Blätter sind fast dreieckig. Die Samen aus den walzigen Fruchtständen haben kleine Flügel und können so gut durch den Wind verbreitet werden. Die Zweige hängen häufig nach unten.

Der **Spitzahorn** hat einen auffallend geraden Stamm. Seine graubraune Rinde hat flache, netzartige Furchen. Die Früchte haben zwei propellerförmige Flügel, die fast in einer Linie stehen.

Das **Johanniskraut** bildet in seinen Blättern Tröpfchen eines schnell verdunstenden Öles. Es fördert die Wundheilung und die Verdauung und wirkt bei Unruhe und Niedergeschlagenheit.
🟢 **Ganzes Kraut**

Der **Weißdorn** steht als bis zu 5 m hoher Strauch am Waldrand. Die Blätter sind tief 3-5-geteilt. Die Blüten stehen dicht beisammen, sodass der im Mai/Juni blühende Strauch weiß aussieht. Die Früchte sind rot. Hilft bei Herz- und Kreislaufbeschwerden.
🟢 **Blüten, Früchte**

Die **Brombeere** bildet ein dichtes Gestrüpp. Will man die Früchte ernten, darf man sich nicht durch die Stacheln abschrecken lassen. Hilft bei Heiserkeit (Früchte) und Durchfall (Blätter).
🟢 **Blätter, Früchte**

Das **Große Springkraut** hat auch den Beinamen „Rühr-mich-nicht-an". Berührt man dennoch die reife Fruchtkapsel, rollen sich deren Wände blitzartig auf und schleudern die Samen bis zu 2 m weit.

Der **Rote Fingerhut** wächst in hellen Wäldern und an Waldrändern. Alle Teile sind stark giftig. Dennoch werden aus der Pflanze Herzmittel hergestellt.
☠ **Giftpflanze**

Alle Farne bilden keine Blüten und Samen, sondern verbreiten sich durch Sporen (Sporenpflanzen). Der **Wurmfarn** bildet die Sporen an der Unterseite der Wedel. Die jungen Wedel sind zunächst spiralig aufgerollt wie eine Uhrfeder und entrollen sich beim Wachstum. Aus dem Wurzelstock stellt man Mittel gegen Bandwürmer her.
🟢 **Wurzel**

Moose sind ebenfalls Sporenpflanzen. Beim **Frauenhaarmoos** werden die Sporen in gestielten Kapseln gebildet. Die Moospolster sind sehr wichtig für die Wasserspeicherung des Waldes.

🟢 = **Heilpflanze**
☠ = **giftig**

Der **Steinpilz** ist einer der besten Speisepilze. Sein bis zu 20 cm großer Hut besitzt an der Unterseite ganz feine Röhren (Röhrenpilz) mit jung weißen, später gelblichen Mündungen. Der Stiel ist hell bräunlich.
Achtung: Nie Pilze ohne fachkundige Führung sammeln!

Die **Goldgelbe Koralle** findet man meistens in höher gelegenen Nadelwäldern. Der Pilzkörper ist gabelartig verzweigt und hat dadurch ein ganz anderes Aussehen als die bekannteren Hutpilze. Nur jung essbar!

Der **Pfifferling** hat an der Hutunterseite Leisten, die weit am Stiel herablaufen. Dieser beliebte Speisepilz riecht angenehm und schmeckt pfefferartig (Name!). Er ist selten geworden, da er oft gesammelt wird.

Der sehr giftige **Satansröhrling** kann leicht mit dem Steinpilz verwechselt werden. Unterscheidungsmerkmale sind seine im Alter rötlichen Röhrenmündungen und der Stiel mit einem roten feinmaschigen Adernetz ☠

▶ Waldschäden

Luftverschmutzung ist die Hauptursache des Waldsterbens. Schwefeldioxid und Stickoxide kommen in großen Mengen aus den Schornsteinen von Kraftwerken und Industriebetrieben, aus den Auspüffen der Autos und aus den Kaminen unserer Wohnhäuser. Der Wind trägt diese Schadstoffe in die Wälder, dort schädigen sie die Blätter und Nadeln der Bäume. Mit dem Regenwasser verbinden sich die Schadstoffe zum „sauren Regen". Sie gelangen ins Bodenwasser, vernichten nützliche Bodenlebewesen und lassen die feinen Baumwurzeln verkümmern. Die Bäume werden krank.

▶ Waldtiere

Fuchs. Beute: vor allem Mäuse und andere Kleintiere der Krautschicht, auch kranke und tote Tiere. Daneben saftige Waldfrüchte. Bewohner Fuchsbau an Gestank erkennbar: Beutereste verfaulen. Tollwutüberträger.

Baummarder. Beute: Eichhörnchen, Vögel, kleine Säugetiere. Sprungweite bis zu 3 m. Frisst im Herbst auch Beeren und andere Früchte.

Eichhörnchen. Nahrung: Baumsamen, Früchte, Pilze, Insekten. Auch Vogeleier oder Vogelbrut. Legt im Herbst Vorräte in Baumnest an. Benagt im Winter junge Nadelbaumtriebe. Reste unter den Bäumen. Fressfeinde: Baummarder, Sperber.

Reh. Nahrung: Gras, Kräuter, Blätter, junge Zweige, bei Futtermangel im Winter auch Rinde. Schädigt bei Übervölkerung Bäume (Wildverbiss). Braucht dichte Strauchschicht als Schutz vor Feinden.

Waldmaus. Nahrung: Insekten, Schnecken, Früchte, Samen. Langer Schwanz zum Balancieren auf Ästen und Zweigen. Baut Erdhöhlen mit Wintervorräten (Eicheln, Bucheckern u. a.).

Dachs. Nahrung: Eicheln, Wurzeln, Vogeleier, Frösche, kleine Säugetiere, Insekten und ihre Larven. Lebt sehr versteckt. Gänge des Baus 5 bis 10 m lang, bis zu 5 m tief. Erst in der Abenddämmerung aktiv.

Wildschwein. Allesfresser: Sucht in der Abenddämmerung nach Waldfrüchten, Wurzeln, Insektenlarven, Jungvögeln und Kleinsäugern. Lebt in weiten Wäldern mit dichter Strauchschicht.

Kohlmeise. Nest aus Moos wird mit Haaren und Federn ausgepolstert. Gelege mit bis zu 12 Eiern. Meiseneltern tragen zur Jungenaufzucht viele Insekteneier, Spinnen, Raupen und Schmetterlinge herbei. Fressfeinde: Habicht, Sperber.

Buntspecht. Kann mit Kletterfüßen und Stützschwanz senkrecht an Baumstämmen hinaufklettern. Spürt mit Meißelschnabel und langer Zunge Insekten unter der Rinde auf. Nahrung im Herbst und Winter: vor allem Samen der Waldbäume.

Waldkauz. Sucht erst in der Dämmerung und nachts seine Beute: kleine Säugetiere, Vögel, Frösche, Insekten. Unverdaute Reste der Nahrung werden als Gewölle ausgewürgt.

Sperber. Beute: Im Sommer hauptsächlich Vögel bis Rebhuhngröße, im Herbst und Winter überwiegend Mäuse. Wenn diese in Massen auftreten, sorgt er für eine natürliche Regulierung. Fliegt Beute meist dicht über dem Boden an.

Blindschleiche. Eidechsenart ohne Gliedmaßen, bis zu 50 cm lang. Nahrung: Nacktschnecken, Würmer, Tausendfüßer und Insektenlarven. Bevorzugt Laubwälder mit feuchtem Erdreich.

Feuersalamander. Sucht nachts nach Regenwürmern, Schnecken, Insekten und Spinnen. In Laubwäldern mit klaren Bächen, tagsüber versteckt in Erdlöchern.

Schlupfwespe. Spürt mit Legestachel Borkenkäferlarven unter der Rinde auf, legt je ein Ei hinein. Ausschlüpfende Larve ernährt sich von Borkenkäferlarve, die dadurch zugrunde geht.

Ei
Larve
Puppe
Käfer natürliche Größe: 5 mm
Eier

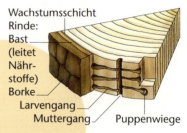

Wachstumsschicht
Rinde:
Bast: (leitet Nährstoffe)
Borke
Larvengang
Muttergang
Puppenwiege

Borkenkäfer (Buchdrucker). Größe 5 mm. Bohrt sich durch die Baumrinde in die Bastschicht. Weibchen frisst Gänge, legt in kleine Nischen je ein Ei, insgesamt 50 bis 100. Jede ausschlüpfende Larve frisst einen seitlichen Gang in den Bast. Nährstofftransport des Baumes wird unterbrochen. Vollständige Verwandlung: Larve-Puppe-Käfer.

Waldameisen. Allesfresser: Larven (Raupen) von Schadinsekten, tote Tiere, süße Ausscheidungen von Blattläusen, Saft beschädigter Bäume oder reifer Früchte. Leben als Volk zusammen. Bis zu 600 000 Tiere in einem Ameisenhaufen.

Ameisenhaufen

Nestkern mit Königinnen
Larven
Puppen
Eier

Schematischer Schnitt

▶ Wirbeltiere

Stell dir vor, du könntest alle Tiere dieser Erde in einer großen Kiste sammeln und ansehen. Auf dieser Kiste klebt das Schild: „Tiere". Wenn du genau hinsiehst, findest du in dieser Kiste Tiere, die sich ähnlich sehen und gemeinsame Merkmale haben. Da gibt es zum Beispiel Tiere, die haben eine Wirbelsäule, meist Knochen und einen Schädel, in dem das Gehirn geschützt untergebracht ist. Diese Tiere kommen in eine Schachtel mit dem Schild „Wirbeltiere". Alle anderen Tiere haben keine Wirbelsäule und kommen in die Schachtel mit dem Schild „Wirbellose Tiere". Betrachtest du jetzt nur die Tiere in der Schachtel „Wirbeltiere", so fällt auf, dass es wieder Tiere gibt, die sich besonders ähnlich sind. Unter dem Stichwort „Wirbeltiere bestimmen" kannst du wichtige gemeinsame Merkmale herausfinden und die Wirbeltiere in 5 noch kleinere Schächtelchen einsortieren. Und wie das Bild auf der nächsten Seite oben zeigt, ist auch darin noch Platz für weitere noch kleinere Schächtelchen, zum Beispiel in der Schachtel Säugetiere.

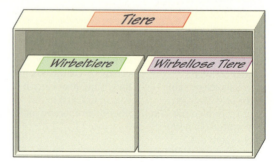

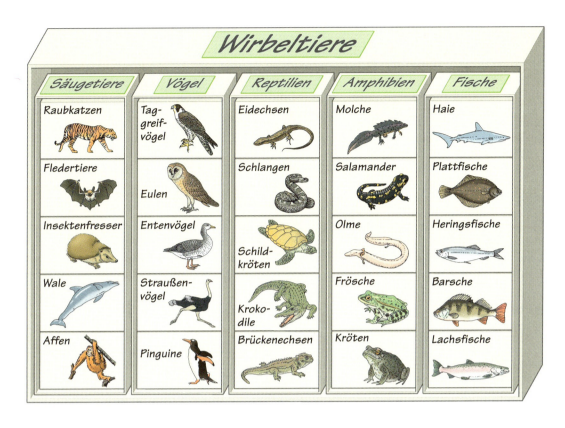

Wirbeltiere bestimmen

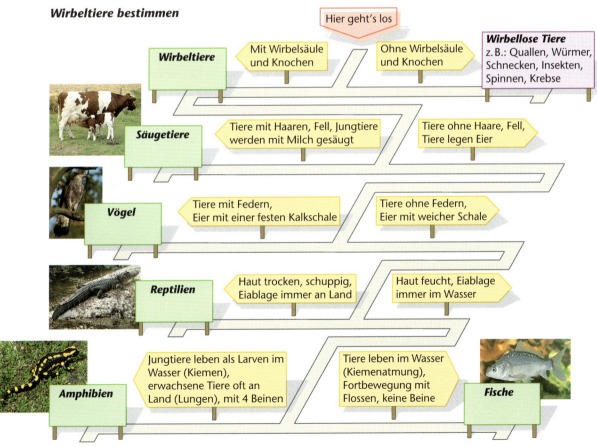

▶ Wüste

Als Wüste bezeichnet man ein Gebiet, in dem nur wenige Pflanzen wachsen und nur wenige Tiere leben können, weil es weniger als 250 mm Niederschläge im Jahr gibt. Mehr als ein Fünftel der Landoberfläche der Erde haben viele Monate genug Wärme, um Pflanzen wachsen zu lassen, aber nur selten Regen. In manchen Wüsten gibt es eine kurze Regenzeit, aber es gibt auch Wüsten, in denen es jahrelang nicht regnet.
Die größte Wüste der Erde ist die Sahara. Sie ist 25-mal so groß wie Deutschland.

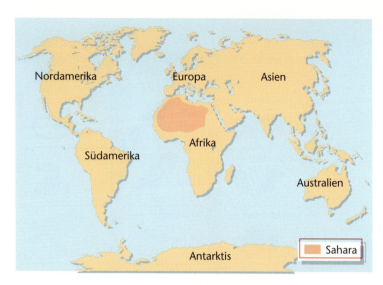

▶ Wüstenpflanzen

Alle Wüstenpflanzen müssen lange Trockenzeiten überstehen. Es gibt Dauerpflanzen und jahreszeitliche Pflanzen. Die jahreszeitlichen Pflanzen leben nur kurze Zeit, um dann als Samen jahrelang auf den nächsten Regen zu warten. Die ausdauernden Pflanzen verschaffen sich das nötige Wasser auf verschiedene Weise. Manche können in ihrem fleischigen Gewebe viel Wasser speichern, andere bilden ein riesiges Wurzelgeflecht aus, wieder andere reichen mit ihren Wurzeln tief in die Erde, um an Grundwasser zu kommen.

Akazie
Sie hat kleine, ledrige Blätter, die gut vor dem Austrocknen geschützt sind. Sie schmecken bitter, sodass Tiere nicht zu viele ihrer Blätter fressen können. Die Wurzeln der Akazie können 30 m tief reichen.

Kakteen
Kakteen wachsen in den Wüsten und Steppen Amerikas. Ihr fleischiges Gewebe enthält große Mengen Flüssigkeit. Damit können sie lange Zeit ohne Regen auskommen. Ihre äußere Schicht ist ledrig und schützt vor Verdunstung. Viele Kakteen haben Dornen. So werden sie nicht von größeren Tieren gefressen. Die Blüten werden von Insekten, Vögeln oder Fledermäusen bestäubt. Viele Arten sind als Zierpflanzen beliebt, zum Beispiel Schlangenkaktus, Säulenkaktus oder Gliederkaktus.

Opuntien

Der Kandelaberkaktus kann 20 m hoch werden. Die Reichweite seiner Wurzeln entspricht der Fläche eines halben Fußballfeldes.
Die stacheligen Opuntien Südeuropas und Afrikas wachsen dort erst seit der Entdeckung Amerikas. (Andere kakteenähnliche Pflanzenarten Afrikas oder der Kanarischen Inseln gehören zu den Wolfsmilchgewächsen.)

Akazie

▶ Wüstentiere

Tiere, die in der Wüste überleben können, müssen sich äußerst gut vor Feuchtigkeitsverlust schützen. Bei der Hitze am Tag ist das kaum möglich. Deshalb sind die meisten Tiere nachtaktiv. Ihre Augen sind sehr groß, so können sie auch nachts sehen. Wasserverlust durch Atmen und durch die Ausscheidungen von Kot und Urin sind bei allen Wüstentieren so gering wie möglich.

Dromedar

Zur Familie der Kamele gehören das Dromedar mit einem Höcker und das Trampeltier mit zwei Höckern. Als Lasttiere waren sie für Wüstenreisen unentbehrlich. Das Dromedar wird in Nordafrika und Arabien als Reit- und Tragetier für Karawanen genutzt, das Trampeltier in den Wüsten Asiens.

Kamele können viele Tage ohne Wasser auskommen. Sie schwitzen erst, wenn ihre Körpertemperatur über 40 °C steigt. Sie scheiden nur wenig Wasser aus, ihr Urin ist hochkonzentriert. Nach einer langen Reise durch die Wüste können sie 120 l Wasser in kürzester Zeit trinken. Ihr Körper ist gut für das Leben in der Wüste geeignet: gegen Flugsand verschließbare zusätzliche Augenlider, verschließbare Nasenlöcher, breite Füße mit dicken Sohlen.

Fennek

Der Fennek, auch Wüstenfuchs genannt, hat eine Körperlänge von etwa 35 cm, eine Schwanzlänge von 20 bis 30 cm, die Ohren sind mehr als 15 cm lang. Damit ist er kleiner als der bei uns lebende Rotfuchs, der 60 bis 90 cm lang ist und einen über 35 cm langen Schwanz hat.

Der Fennek kann in der Wüste existieren, weil er ein Allesfresser ist. Seine Nahrung besteht nicht nur aus Nagetieren, sondern auch aus Insekten, Eidechsen und Datteln. Er lebt in den Wüstengebieten Nordafrikas. Sein nordamerikanischer Verwandter ist der Kitfuchs.

Klapperschlangen

Klapperschlangen leben vor allem in den trockenen Gebieten Nordamerikas. Es gibt kleinere wie den Seitenwinder, der bis 75 cm lang wird, aber auch bis zu 2 m lange Prärieklapperschlangen. Das Klappern der Giftschlangen ist eine Warnung für Feinde und entsteht durch lose Hautringe am Schwanzende. Klapperschlangen ernähren sich überwiegend von Säugetieren.

Salinenkrebse

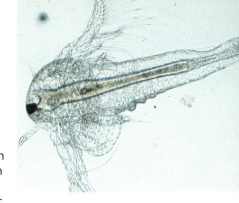

Sie sind nahezu weltweit verbreitetet. Die bei uns in Zoohandlungen angebotenen Eier kommen von den Salzseen in den USA. Die Eier können jahrelange Trockenheit überstehen. Aus den Eiern schlüpfen die Larven des Krebses, Nauplien genannt. Sie können zwar hohe Salzkonzentrationen aushalten, sind aber empfindlich gegen Bakterien.

Schwarzkäfer

In der Namibwüste leben Schwarzkäfer, die ihr Trinkwasser aus der Luft gewinnen. Ein Schwarzkäfer muss nachts stundenlang ruhig warten, bis feuchter Nebel einen dicken Tropfen auf ihm gebildet hat, den er dann morgens trinken kann.

Skorpione

Skorpione gehören zu den Spinnentieren und kommen in heißen Ländern vor. Sie sind nachtaktiv und fressen Insekten, die sie mit einem Stich ihres Giftstachels am Ende ihres Schwanzes töten. Sehen können sie nicht gut, aber sie greifen nach allem, was sich bewegt und ihnen zu nahe kommt. Menschen greifen sie nur an, wenn sie sich bedroht fühlen. Das Gift der meisten Arten ist nicht gefährlicher als das einer Wespe. Eine Ausnahme ist allerdings der Sahara-Skorpion. Er ist sehr giftig und kann sogar Menschen gefährlich werden.

Wüstenspringmäuse

Die Wüstenspringmäuse gehören nicht zu den Rennmäusen. Sie sind 10 bis 15 cm lang, der Schwanz ist um einiges länger. Mit ihren langen Hinterbeinen können sie sich sehr schnell bewegen und dabei den heißen Sand möglichst wenig berühren. Mit den kurzen Vorderbeinen graben sie sich Löcher oder Höhlen, um tagsüber Schutz vor der Hitze zu finden. Sie sind nachtaktiv und ernähren sich von Pflanzen und Insekten. Erstaunlich ist, dass Wüstenspringmäuse nicht zu trinken brauchen, weil sie aus völlig trockenen Samen durch den Verdauungsprozess chemisch Wasser gewinnen können.

Wüstenspringmäuse leben in Nordafrika.

Körper und Leistung

Wer leistet was?

Finde Gemeinsamkeiten und Zusammenhänge!

Wähle:
- ▶ Erst 'mal toben 144
- ▶ Mein Laufabzeichen 150
- ▶ Wer frühstückt was? 156
- ▶ Von großen und kleinen Kräften 162

Erst 'mal

Diese NW-Stunde sollt ihr mit einer Pause beginnen. Ihr sollt 15 Minuten so richtig toben. Beobachtet während des Tobens, was sich in eurem Körper verändert.

Im Fit-Mess-Studio könnt ihr dann diese Veränderungen genauer untersuchen.

Im Fit-Mess-Studio

An den Stationen 1 bis 4 kannst du herausfinden, wie fit du schon bist. Dazu brauchst du eine Stoppuhr oder eine Uhr mit Sekundenzeiger.

Die Stationen 5 bis 7 zeigen dir, was sonst noch im Körper passiert und worauf du achten solltest, um fit zu bleiben.

1 Station 1
„Rasendes Herz"

Setze dich ruhig auf einen Stuhl (oder lege dich hin, falls das möglich ist). Dein Mitschüler oder deine Mitschülerin misst nun deinen
▶ Puls 10 Sekunden lang. Multipliziere das Ergebnis mit 6 (z. B. 14 x 6 = 84). Jetzt weißt du die ▶ Pulsfrequenz pro Minute. Das ist dein „Ruhepuls". Wichtig ist, dass du absolut ruhig und entspannt bist. Entspannungsmusik kann hilfreich sein.

Nun musst du dein Herz zum Rasen bringen: Gehe 3 Minuten lang auf der Stelle. Am besten geht es mit Musik.

Miss direkt anschließend wieder deinen Puls. Das ist dein „Belastungspuls".
Miss nach 3 Minuten Ausruhen erneut. Das ist dein „Nachbelastungspuls".
Trage die Ergebnisse in eine Tabelle ein und vergleiche sie.

▶ Herzfrequenz (in Ruhe):	
Alter	Herzschläge pro Minute
Neugeborene	140
3 Jahre	110
4 Jahre	100
10 Jahre	90
Mann	70 bis 72
Frau	76

Pulstabelle

Datum			
Ruhepuls			
Belastungspuls			
Nachbelastungspuls			

Ruhepuls: 84

Datum	Minuten
10.4.	||||| ||
12.4.	||||| ||
15.4.	|||||	

Durch Training kannst du deine Fitness steigern

Führe die Übung mindestens 3 Wochen lang täglich durch.

Trainingserfolg ist messbar

Miss nach dem Training jeweils immer deinen Belastungspuls und deinen Nachbelastungspuls. Notiere die jeweiligen Werte in der Pulstabelle. Steigere dabei die Dauer der Übung, zuerst auf 4 Minuten, dann auf 5 Minuten usw. ...
Sinkt dein Nachbelastungspuls, so hast du deinen Körper trainiert.

Du kannst auch die Zeit messen, die dein Körper benötigt, um den Ruhepuls wieder zu erreichen. Dazu musst du als Erstes deinen Ruhepuls ermitteln, falls du den Wert noch nicht kennst. Miss nach dem Training jede Minute deinen Puls. Notiere für jede Minute einen Strich in die Tabelle, so lange, bis deine Pulsfrequenz deinen Ruhepuls wieder erreicht hat.
Je schneller deine Pulsfrequenz sinkt (je weniger Striche du also notieren musstest), desto besser ist deine Ausdauer.

▶ Puls 176   ▶ Pulsfrequenz 176   ▶ Herzfrequenz 171

2 Station 2 „Ohne Puste"

Setze dich ganz ruhig auf einen Stuhl und zähle deine Atemzüge eine Minute lang. (Einatmen und Ausatmen ist 1 Atemzug).

Atemzüge pro Minute	
Neugeborenes	40 bis 50
Fünfjährige	20 bis 30
Zehnjährige	bis 25
Fünfzehnjährige	bis 20
Erwachsene	16 bis 18

Führe nun folgende Übung 3 Minuten durch:

Zähle direkt anschließend deine Atemzüge 1 Minute lang.
Ruhe dich 3 Minuten aus und zähle erneut.

Lege eine Tabelle an und trage deine Werte ein. Vergleiche diese Werte mit denen aus deiner Pulstabelle.

3 Station 3 „Luft aus vollen Zügen"

Wie viel Luft enthält dein Atemzug?

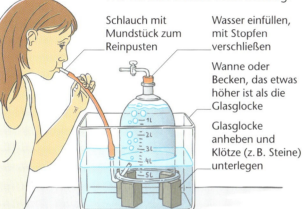

- Schlauch mit Mundstück zum Reinpusten
- Wasser einfüllen, mit Stopfen verschließen
- Wanne oder Becken, das etwas höher ist als die Glasglocke
- Glasglocke anheben und Klötze (z.B. Steine) unterlegen

Atme normal ein und ruhig durch den Schlauch aus. Deine ausgeatmete Luft verdrängt das Wasser im Gefäß. Lies ab, wie viel Liter Luft du ausgeatmet hast. Das ist die Luftmenge, die du mit einem normalen Atemzug ein- und ausatmest, dein ▶ Atemvolumen.

Fülle das Gefäß wieder mit Wasser auf. Atme nun so tief du kannst ein und versuche dann die gesamte Luft aus deiner Lunge (▶ Atmungsorgane) durch den Schlauch auszuatmen. Wie viel Wasser hast du verdrängt? Nun kennst du die größte Menge Luft, die du mit einem Atemzug ausatmen kannst. Dies ist deine ▶ Vitalkapazität.

Vitalkapazität		
Alter	Junge	Mädchen
12	1,85 l	1,6 l
13	2,0 l	1,8 l
14	2,2 l	2,0 l
15	2,5 l	2,2 l
16	2,7 l	2,25 l
17	3,15 l	2,3 l
18	3,2 l	2,35 l

Führe nun 3 Minuten die Übungen aus Station 1 oder 2 durch. Miss erneut dein Atemvolumen und deine Vitalkapazität. Vergleiche deine Werte mit den vorigen.

4 Station 4 „Frische Luft in 2 Etagen"

Beobachte beide Hände! Wenn sich nur der Brustkorb hebt, überwiegt die Brustatmung. Wenn sich die Bauchdecke überwiegend hebt und senkt, überwiegt die Bauchatmung (▶ Atmung).

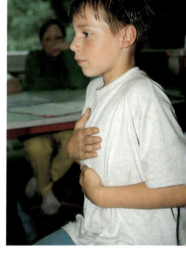

Führe nun die Übungen aus Station 1 oder 2 durch. Beobachte wieder deine Atmung (▶ Atmungsorgane)! Versuche so zu atmen, dass sich der Bauch beim Einatmen wölbt und beim Ausatmen wieder abflacht. Atme so lange „aus", wie du einatmest!

▶ Atemvolumen 168 ▶ Vitalkapazität 179 ▶ Atmung 168 ▶ Atmungsorgane 169

5 Station 5
Trotz Regenjacke pitschnass!
Tobe oder führe die Übungen aus Station 1 und 2 mit dicht verschlossener Regenjacke durch. Falls du keine hast, kannst du auch einen Müllsack benutzen.

Achtung: Mund und Nase müssen frei bleiben!

Was stellst du fest?

Mir ist heiß, was soll der Schweiß?
Gib einen Tropfen Wasser auf deinen Handrücken und puste so über die Hand, dass dein Atem an der feuchten Stelle vorbeistreicht. Was empfindest du?
Noch deutlicher wird dieser Effekt, wenn du statt Wasser Erfrischungstücher (Eau de Toilette) benutzt.

6 Station 6
Wohin mit dem Schweiß?
Sportkleidung muss den Schweiß aufnehmen können und nach außen transportieren.
Prüfe die „Feuchtigkeitsaufnahme" von Kleidungsstücken, die direkt auf der Haut liegen, wie z. B. Unterwäsche, eng anliegende Shirts und Hosen aus Baumwolle, reiner Kunstfaser und so genannten atmungsaktiven Fasern. Gib dazu mit einer Pipette einige Tropfen Wasser auf die Innenseite verschiedener Kleidungsstücke. Achte darauf, dass du immer die gleiche Tropfenzahl nimmst. Welches Material nimmt das Wasser schnell auf? Welches Material nimmt das Wasser langsam oder gar nicht auf?

Prüfe nun die „Feuchtigkeitsabgabe" der verschiedenen Materialien:
Wie lange brauchen die Kleidungsstücke zum Trocknen? Welche Materialien geben das Wasser also schnell wieder ab?

Wo schwitzt du am meisten?
Zeichne ein Strichmännchen in dein Heft und markiere mit Pfeilen die Stellen, an denen du am meisten geschwitzt hast. Dort liegen besonders viele ▶ Schweißdrüsen.

Was ist Schweiß?
Dir ist sicher schon einmal ein Schweißtropfen in die Augen oder in den Mund getropft. Wie schmeckt der ▶ Schweiß? Wie reagieren deine Augen?
Nimm mit einer durchsichtigen Plastikfolie Schweiß von deiner Stirn. Lass ihn eintrocknen. Untersuche mit der Lupe oder dem Binokular, was von deinem Schweiß übrig geblieben ist. Hast du auf einem dunklen T-Shirt schon einmal Ränder bemerkt?

Entscheide, aus welchem Material die ▶ Sportkleidung sein sollte und begründe:
a) Baumwolle
b) Atmungsaktive Faser
c) Synthetikfaser
Überlege vorher, was passiert, wenn die Kleidung nass auf der Haut liegt (vergleiche Station 5).
Gibt es Unterschiede zwischen Sommer- und Wintersportkleidung?

▶ Schweißdrüsen 176   ▶ Schweiß 176   **148**   ▶ Sportkleidung 177

7 Station 7
Sport macht durstig

Durch das Schwitzen bei körperlicher Anstrengung verliert der Körper Flüssigkeit. Bei großer Belastung (z. B. Marathonlauf) können das bis zu 4 l sein. Mit dem Schweiß verliert er außerdem wichtige Mineralstoffe.

Deshalb müssen wir besonders viel trinken, um die verlorene Flüssigkeit und die Mineralstoffe zu ersetzen.

Es eignen sich alle Getränke, die viele Mineralstoffe und wenig Zucker enthalten wie Mineralwasser und Fruchtsäfte.

Angaben zu Inhaltsstoffen kannst du den Etiketten entnehmen.

Ausreichend trinken!

10 bis 11 jährige   mindestens 700 bis 1100 ml pro Tag
12 bis 14 jährige   mindestens 850 bis 1300 ml pro Tag

Billig und gut
Power-Schorle
100 ml Apfelsaft (oder andere Fruchtsäfte)
300 ml Mineralwasser
1 Zitronenscheibe
Saft und Wasser werden gemischt und in zwei Gläser gefüllt. Die Zitronenscheibe zur Hälfte einschneiden und auf das Glas stecken.

8 Trainerin Schreiber gibt weitere „Fitness-Tipps"

Vor dem Sport aufwärmen:
Z. B. langsam auf der Stelle traben, 5 Minuten.

Trainiere deine Bauchatmung.
Lege dich auf den Rücken und lege ein dickes Buch auf deinen Bauch. Versuche nun durch Ein- und Ausatmen das Buch auf und ab zu bewegen. Das Buch sollte sich mindestens 10-mal nach oben bewegt haben.

Laufen ohne Schnaufen
Wenn du dich mühelos mit deinem Partner oder deiner Partnerin unterhalten kannst, dann ist dein Lauftempo richtig!
Bei regelmäßigem Training (mindestens 2-mal pro Woche eine halbe Stunde) wirst du bald feststellen, dass du dein Tempo steigern und länger durchhalten kannst.

Nach dem Sport dehnen:
Es gibt spezielle Dehnübungen, die du überall durchführen kannst.

Ausdauertraining
Um deine Leistung zu steigern, solltest du bei einer bestimmten ▶ Herzfrequenz trainieren. Miss während des Trainings deinen Puls.
Optimal sind für 11 bis 13jährige Werte zwischen 150 und 180 Schlägen pro Minute.

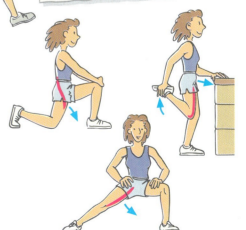

▶ Herzfrequenz 171

Ein guter Plan ist alles

...Der Meier war total nett. Hat überhaupt nicht rumgemeckert oder so, sondern hat mir erklärt:

Du bist viel zu schnell gelaufen. Laufe so langsam, dass du dich dabei gut unterhalten kannst.

[1] ...Im NW-Unterricht hatten wir inzwischen gelernt, wie Ruhepuls, Belastungspuls und Nachbelastungspuls (▶ Puls) gemessen werden. Dies haben wir jetzt in jeder Sportstunde gemacht und in eine Tabelle eingetragen...

(Das Fit-Mess-Studio findest du auf Seite 146.)

[2] Dann hat der Meier jedem von uns einen Trainingsplan vorgeschlagen. Da bin ich dann dreimal die Woche gelaufen. Zweimal im Sportunterricht und einmal zu Hause. Quasi Hausaufgaben für Sport. War aber o. k. so. Mein Trainingsplan sah so aus:

Woche	Laufzeit	Anzahl/Wo
1.	5 Min.	3 x
2.	7 Min.	3 x
3.	9 Min.	3 x
4.	11 Min.	3 x
5.	13 Min.	3 x
6.	15 Min.	3 x

Jeder braucht einen eigenen Trainingsplan. Sprich mit deinem Sportlehrer oder deiner Sportlehrerin.

[3] Gleichzeitig habe ich am Ende jeder Woche ▶ Puls und ▶ Atemfrequenz gemessen und die Werte in diese Tabelle eingetragen.

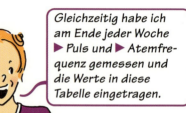

Woche	Puls		Atemfrequenz	
	sofort	nach 3 Min.	sofort	nach 3 Min.
1.				
2.				
3.				
4.				
5.				
6.				

Der Trainingsplan war eine gute Sache. Es ging echt besser. Allerdings habe ich immer noch ganz schön geschnauft. Manchmal hatte ich auch Seitenstechen. Dann bin ich wieder zu schnell gelaufen oder hatte falsch geatmet.

...Und dann haben wir uns im NW-Unterricht mit der Atmung beschäftigt. Jetzt weiß ich wenigstens, warum ich so schnaufen muss.

▶ Puls 176   ▶ Atemfrequenz 168

Was macht mein Körper mit der Luft?

Beim Laufen schnaufe ich wie ein Weltmeister, es geht immer raus aus der Lunge (▶ Atmungsorgane), rein in die Lunge. Weil wir in unsere Körper nicht reingucken können, haben wir im NW-Unterricht Versuche mit einer Kerze gemacht, um herauszufinden, was mit der Luft passiert.

1 Befestige eine Kerze (kein Teelicht) auf einer Unterlage und stülpe ein Becherglas über die Kerze. Was passiert? Informiere dich über ▶ Luft und ▶ Sauerstoff.
Wiederhole den Versuch und miss die Zeit bis zum Erlöschen der Kerze. Was stellst du fest? Erkläre.

2

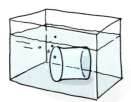

Fülle ein Aquarium mit Wasser, tauche ein Becherglas hinein und drehe es unter Wasser um, sodass es sich ganz mit Wasser füllt.

Puste durch einen Schlauch deine ausgeatmete Luft in das Becherglas.

Verschließe das Becherglas unter Wasser mit einer Glasscheibe. Nimm beides zusammen aus dem Aquarium heraus. Stülpe dann das Becherglas über die Kerze. Nimm dabei die Glasscheibe erst kurz vor der Kerze weg.

Wie lange brennt die Kerze? Vergleiche mit der Messung in Versuch 1.

Jetzt wussten wir schon ein bisschen mehr. Danach wollten wir wissen, was das alles mit dem Laufen zu tun hatte.

3 *... Wir sind mehrmals die Treppen in der Schule rauf und runter gerannt und haben dann unsere Atemluft mit dem gleichen Versuch noch mal untersucht ...*

Ich wurde immer besser, irgendwann hab' ich dann ausprobiert, ob ich jetzt auch viel schneller laufen konnte. Nach ein paar Minuten war ich völlig fertig und ich spürte meinen Puls im ganzen Körper.

Wie lange brennt die Kerze jetzt? Könnt ihr erklären, warum häufig gesagt wird, dass unsere Muskeln ▶ Sauerstoff verbrennen?

▶ Atmungsorgane 169   ▶ Luft 172   **153**   ▶ Sauerstoff 176

Der Puls zeigt's

…Im NW-Unterricht wollten wir dann genau wissen, was das mit dem Pulsschlag eigentlich auf sich hat…

1 Herzschlag und Puls sind gleich
Mit zwei Trichtern und einem Schlauch könnt ihr eure ▶ Herztöne besonders gut hörbar machen. Ihr könnt auch ▶ Stethoskope benutzen, falls es welche an eurer Schule gibt. Hört euch gegenseitig die Herztöne ab und messt gleichzeitig den Puls der betreffenden Person. Dies macht ihr am besten in Gruppen, in denen jeweils einer von euch „den Patienten" spielt.

2 …Dann haben wir in der Klasse ausprobiert, wo überall am Körper man seinen Puls fühlen kann…

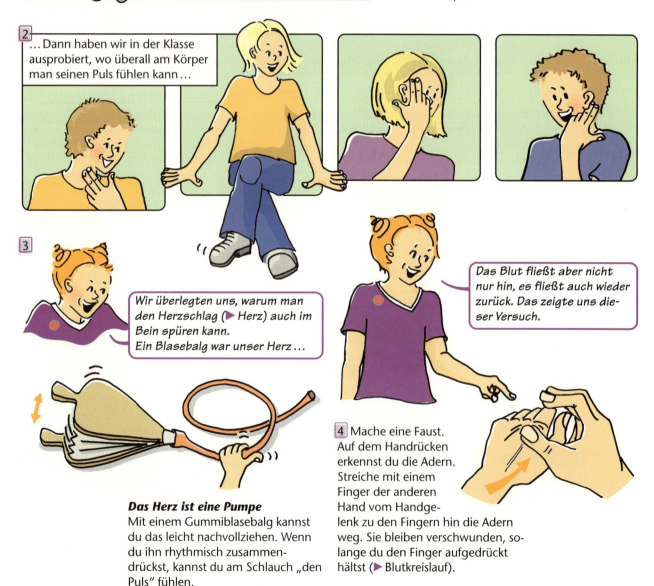

3 Wir überlegten uns, warum man den Herzschlag (▶ Herz) auch im Bein spüren kann.
Ein Blasebalg war unser Herz…

Das Blut fließt aber nicht nur hin, es fließt auch wieder zurück. Das zeigte uns dieser Versuch.

Das Herz ist eine Pumpe
Mit einem Gummiblasebalg kannst du das leicht nachvollziehen. Wenn du ihn rhythmisch zusammendrückst, kannst du am Schlauch „den Puls" fühlen.

4 Mache eine Faust. Auf dem Handrücken erkennst du die Adern. Streiche mit einem Finger der anderen Hand vom Handgelenk zu den Fingern hin die Adern weg. Sie bleiben verschwunden, solange du den Finger aufgedrückt hältst (▶ Blutkreislauf).

▶ Herztöne 171 ▶ Stethoskop 178 ▶ Herz 171 ▶ Blutkreislauf 170

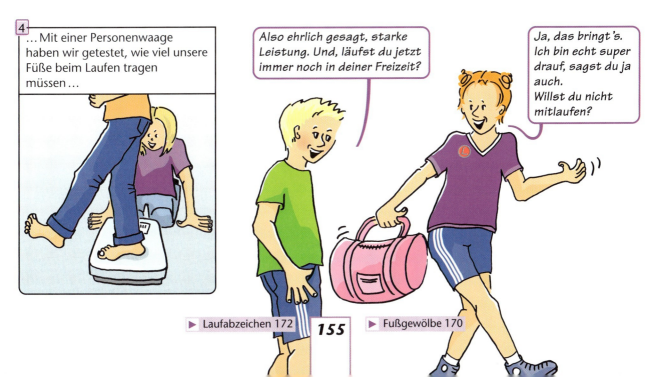

Wer frühstückt was?

Croissants (ergibt 6 bis 12 Stück)
25 g Schweineschmalz
1 Teel. Salz
1 Essl. Zucker
0,15 l Milch
25 g Preßhefe
3 Essl. warmes Wasser
275 g Weizenmehl (Typ 550)
100 g Butter (Zimmertemperatur)
1 Eigelb
1/2 Teel. Zucker

Bon appétit

Nudeln: Weizenmehl, Palmöl, Salz, Zucker
Gewürze: Chilli, Palmöl, Pfeffer, Lauch, Salz, Zucker, Knoblauch, Geschmacksverstärker
Zubereitung: Nudeln und beigefügte Zutaten in eine Schale geben, 350 ml kochendes Wasser hinzufügen, ca. 3 Minuten zudecken und die Suppe ist danach fertig zum Servieren.

Chúc ăn ngon

Porridge
(für 2 Personen)
120 g Hafermehl
700 ml kaltes Wasser
1 Prise Salz
Das Mehl langsam in das Wasser schütten und glatt rühren.
3 Minuten kochen.

Enjoy your meal

Ingera (für 10 Fladen)
1 kg Hirsemehl
40 g Presshefe (1 Würfel)
1 Essl. Öl
Hirsemehl und Hefe zusammen in lauwarmes Wasser in einer Schüssel zu einem glatten, zähflüssigen Teig rühren, 3 Tage zugedeckt bei Zimmertemperatur ruhen und gären lassen. Anschließend heißes Wasser dazugeben, bis Konsistenz eines Omeletteigs erreicht ist.
Das Öl in einer Bratpfanne erhitzen. Teig portionenweise dazugeben, verteilen, zudecken, bis die Fladen ganz trocken sind.

የተባረከና የተቀደሰ ምግብ ይሁን

Was frühstückst du?

Das Frühstück

1 Das mag ich! Was magst du?
Listet alle Bestandteile für euer Lieblingsfrühstück auf. Vergleicht eure Listen untereinander und mit dem hier abgebildeten Frühstückstisch. Stellt fest, welche Lebensmittel bei allen (oder fast allen) vorkommen.

Nicht jeder Tag ist ein Sonntag mit Lieblingsfrühstück. Was frühstückst du normalerweise vor der Schule und in den Pausen? Ergänzt die Liste eures Lieblingsfrühstücks zu einer Tabelle.

Weißbrötchen (ergibt 18 Stück)
25 g Presshefe
0,27 l kaltes Wasser
0,13 l kochendes Wasser
25 mg Vitamin C Tablette
675 g Weizenmehl (Typ 550)
3 Teel. Salz
2 Teel. Zucker
15 g Schweineschmalz oder Margarine

Lieblingsfrühstück	vor der Schule	in den Pausen

2 Essen – nicht nur, weil es schmeckt!
Mit dem Wassertest den ▶ Nährstoffen auf der Spur!
Ein gutes Frühstück liefert dir die Nährstoffe, die dich leistungsfähig für den Beginn des Tages machen.

Mehl und Wasser
Backwaren bestehen hauptsächlich aus Mehl, das kannst du den Rezepten entnehmen.

a) Fülle in ein Marmeladenglas zuerst einen gestrichenen Esslöffel Mehl, dann zwei Esslöffel kaltes Wasser. Mische alles zu einem Brei. Was beobachtest du?

b) Wiederhole den Versuch mit heißem Wasser. Was kannst du nun beobachten?

c) Stockbrot: Nimm gleichviel Mehl und kaltes Wasser und stell dir wieder einen Brei her. Diesen festeren Teig formst du zu einem Minibrötchen und umwickelst es mit Alufolie. Steck einen Schaschlikspieß durch Teig und Folie und backe es über deinem Dosenbrenner. Zur Geschmacksverbesserung kannst du dem Teig etwas Salz zufügen.
Kaue ein Stück des Stockbrötchens ungefähr 30-mal gut durch. Wie verändert sich der Geschmack?

Tipp: Hauptbestandteil des Mehls ist die Stärke (▶ Nährstoffe).

 Übrigens: Es war einmal ein Stockbrot …
Nimm einen weiteren Bissen Stockbrot und achte genau darauf, was damit in deinem Mund geschieht und beschreibe.
Schlucke einen gekauten Bissen. Kennst du den Weg der Nahrung durch deinen Körper? Was weißt du über die ▶ Verdauung der Nahrung?

▶ Nährstoffe 174   **158**   ▶ Verdauung 178

Marmelade und Wasser

a) Nimm einen Teelöffel Himbeer- oder Erdbeermarmelade und gebe 20 ml Wasser dazu. Verrühre beides miteinander und schütte die Mischung durch einen Kaffeefilter. Fange die Flüssigkeit, das Filtrat, in einem Glas auf. Wie sieht das Filtrat aus, wie schmeckt es? Welche Stoffe enthält es? Wie heißt der Hauptbestandteil der Marmelade?

b) Wiederhole den Versuch mit heißem Wasser. Was beobachtest du nun?

 Untersuche den Rückstand im Filter mit einem Binokular. Diesen Rest nennt man ▶ Ballaststoffe.
Hast du davon schon mal gehört? Wozu sind sie gut?

Butter und Wasser

a) Gib ein Stückchen Butter in ein Glas mit 20 ml kaltem Wasser. Was beobachtest du?

Tipp: Hauptbestandteil von Butter sind Fette (▶ Nährstoffe).

b) Wiederhole den Versuch mit heißem Wasser. Was beobachtest du nun?

c) Verrühre die Butter in dem heißen Wasser und lasse die Mischung einige Zeit stehen. Was stellst du fest?

d) Stelle am Ende der Stunde das Gläschen in einen Kühlschrank und sieh in der nächsten Stunde nach. (Wiederhole die Versuche a bis d mit Margarine.)

Ei mit Wasser

a) Gib einen Teelöffel rohes Ei in ein Glas mit 20 ml kaltem Wasser. Was beobachtest du?

Tipp: Hauptbestandteil von Eiern sind Proteine (▶ Nährstoffe).

b) Wiederhole den Versuch mit heißem Wasser. Was beobachtest du nun?

c) Gibt es bei dem Versuch Unterschiede zwischen dem Dotter und dem Eiklar?

 **Oh Schreck, ein Fleck!**
Weil Fett Flecken hinterlässt, kann man mit der Fettfleckprobe herausfinden, wo es überall drinsteckt.
Fleckprobe mit Papier:
... gegen das Licht erkennst du den Fleck. Teste ein Stück Wurst oder eine Nuss.

Woran kannst du sehen (testen), was du isst? – Nährstoffe im Vergleich

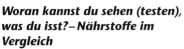

Stoff	Hauptbestandteil	Wassertest (kaltes Wasser)	Wassertest (heißes Wasser)
Mehl	Stärke		
Marmelade	Zucker		
Butter	Fett		
Ei	Protein		

Fasse deine Beobachtungen der Wassertests in einer Tabelle zusammen.
Beschreibe die Unterschiede.
Wodurch „verraten" sich die Nährstoffe?
Mit diesen Tests kannst du auch andere Nahrungsmittel, zum Beispiel die von Frühstücken anderer Länder, auf ihre Nährstoffe untersuchen.
Teste es aus!

▶ Ballaststoffe 169 ▶ Nährstoffe 174

Was ess' ich noch, was ich nicht seh'?

1 Wasser essen statt Wasser trinken?

a) Nimm eine dicke, frische Gurkenscheibe und bestimme ihr Gewicht. Trockne diese Scheibe in einem Trockenschrank oder Backofen bei ca. 50 °C. Bestimme nun das Trockengewicht. Wie viel Wasser enthielt die frische Gurkenscheibe? Notiere deine Messergebnisse in einer Tabelle.

b) Wiederhole den Versuch mit einer Tomatenscheibe.

Damit du dir eine Vorstellung von der Wassermenge machen kannst, fülle die gemessene Menge in einem Glas ab. Vergleiche die Mengen bei verschiedenen Lebensmitteln.

Hinweis:
1 Gramm (g) Wasser entspricht
1 Milliliter (ml) Wasser.

c) Sieh dir die getrockneten Gurken- und Tomatenscheiben unter dem Binokular an. Hier siehst du wiederum ▶ Ballaststoffe.

Übrigens: In allen Lebensmitteln findest du Wasser in unterschiedlicher Menge. Oft sind im Wasser auch ▶ Mineralstoffe gelöst.

d) Untersuche dein Frühstück und weitere Lebensmittel auf ihren Wassergehalt.

e) Lass in einer flachen Glasschale Mineralwasser verdunsten. Untersuche das, was übrig bleibt, mit dem Binokular. Was kannst du erkennen?

Lebens-mittel	Frisch-gewicht	Trocken-gewicht	Wasser-gehalt
Gurke			
Tomate			

2 Was ist gesund und kommt in Orangen vor?

Vitamine kommen nur in sehr geringen Mengen in Lebensmitteln vor (vgl. Inhaltsliste auf dem Etikett des Orangensaftes). Wir können sie deshalb nicht nachweisen. In der Apotheke kann man ▶ Vitamine in reiner Form kaufen, zum Beispiel das Vitamin C.

Beobachten von Vitamin C
Löse eine Messerspitze Vitamin C-Pulver in einem Teelöffel Wasser. Übertrage einen Tropfen dieser Lösung auf einen sauberen Objektträger. Beobachte den Tropfen beim Eintrocknen unter dem Binokular oder Mikroskop. Die Kristalle, die beim Eintrocknen entstehen, sind typisch für das Vitamin C. Zeichne, was du siehst.

▶ Ballaststoffe 169 ▶ Mineralstoffe 173 ▶ Vitamine 179

3 Jetzt geht's euch ans Etikett

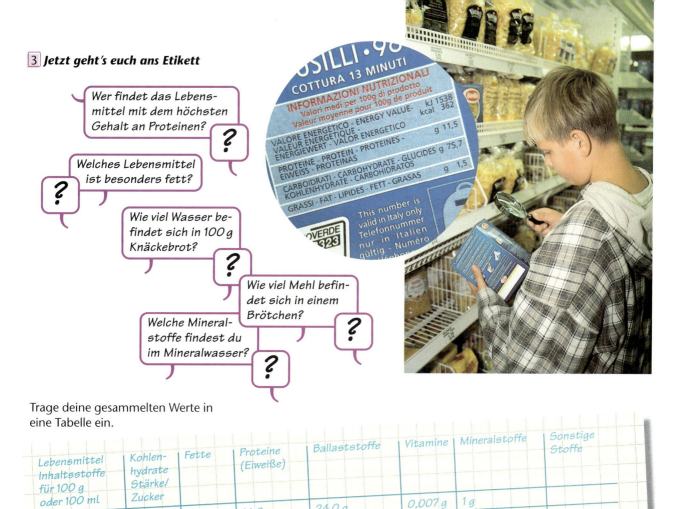

- Wer findet das Lebensmittel mit dem höchsten Gehalt an Proteinen?
- Welches Lebensmittel ist besonders fett?
- Wie viel Wasser befindet sich in 100 g Knäckebrot?
- Wie viel Mehl befindet sich in einem Brötchen?
- Welche Mineralstoffe findest du im Mineralwasser?

Trage deine gesammelten Werte in eine Tabelle ein.

Lebensmittel Inhaltsstoffe für 100 g oder 100 ml	Kohlenhydrate Stärke/Zucker	Fette	Proteine (Eiweiße)	Ballaststoffe	Vitamine	Mineralstoffe	Sonstige Stoffe
Knäckebrot	43,8 g	8,0 g	14,0 g	24,0 g	0,007 g	1 g	
Orangensaft	9,4 g	0,2 g	0,67 g	0,43 g	0,03 g	0,001 g	

Der Rest ist Wasser! Wenn du das Gewicht aller Inhaltsstoffe zusammenrechnest und von 100 g abziehst, dann erhältst du den Wasseranteil in den Lebensmitteln.
Rechne aus!

4 Und nun: Guten Appetit

Organisiert nun ein gemeinsames Frühstück. Alle sollten ihr Lieblingsgetränk und ihre Lieblingsspeisen mitbringen. Spezialitäten sind erwünscht. Sprecht euch in eurer Gruppe ab. Achtet darauf, dass auch das Auge „mitisst".
Gestaltet und schmückt euren Frühstückstisch. Macht ein Foto davon. Welche Gruppe hat den schönsten Frühstückstisch?
Lasst es euch schmecken!

Lass mich mal probieren!

Von großen und kleinen Kräften

Der Elefant wiegt 3000 kg. Er hebt einen 300 kg schweren Baumstamm.

Eine Ameise schafft mehr als das Doppelte ihres Körpergewichtes.

Heben – Kraft macht's möglich

Naim Suleymanoglu ist Meister in der Gewichtsklasse bis 60 kg.

1 Es gibt verschiedene Sportarten, bei denen die Wettkämpfer in Gewichtsklassen eingeteilt werden. Finde heraus, bei welchen Sportarten dies der Fall ist und welche Gewichtsklassen es gibt.
Erkläre den Sinn dieser Einteilung.

2 Wenn ihr in der Klasse eure ▶ Kräfte vergleichen wollt, könnt ihr den folgenden „Muckitest" durchführen. Überlegt euch eine sinnvolle Einteilung und bildet entsprechende Gruppen.

Ihr braucht für den Test eine volle Getränkekiste mit gefüllten 1,5 l Kunststoffflaschen, eine Personenwaage und eine 10 cm hohe, stabile Pappschachtel.

Die Kiste wird auf einen Tisch gestellt. Sie muss um 10 cm angehoben werden. Dies könnt ihr mithilfe der Pappschachtel kontrollieren. Es darf nur mit den Armen gehoben werden, der Oberkörper muss gerade bleiben.

Jeder Wettkampfteilnehmer schätzt, mit wie vielen Flaschen er beginnen möchte. Wer zu hoch geschätzt hat, muss so lange Flaschen herausnehmen, bis er die 10 cm-Marke schafft. Wer sich unterschätzt hat, darf Flaschen dazupacken. Das gehobene Höchstgewicht wird aufgeschrieben. So könnt ihr den Meister jeder Gewichtsklasse ermitteln.

Um einen Vergleich zwischen den Gewichtsklassen zu ermöglichen, ist eine Rechnung notwendig. Berechne, wie viel Gramm du pro Kilogramm Körpergewicht gehoben hast. Teile das von dir gehobene Gewicht durch dein Körpergewicht. Lege für dich und deine Mitschüler und Mitschülerinnen folgende Tabelle an:

	gehobenes Gewicht	Körpergewicht	Ergebnis
			342,9
Nina	12000 g	35 kg	300,0
Marco	15000 g	50 kg	

Je größer die Zahl im Ergebnis ist, desto mehr hast du auf dein Körpergewicht bezogen gehoben. Wer ist jetzt am stärksten?

3 Bist du stark wie ein Elefant oder wie eine Ameise?
Berechne dazu, wie viel du im Vergleich jeweils heben müsstest?

▶ Kräfte 172

4 Fühle nach. Welche ▶ Muskeln hast du beim Heben benötigt? Erinnerst du dich? Wenn nicht, dann wiederhole die Hebebewegung ohne Kiste. Beuge und strecke deinen Arm und versuche mit der Hand die Muskeln zu erfühlen, die dabei betätigt werden. Beschreibe, was du fühlst. Informiere dich und benenne die ▶ Oberarmmuskulatur.

5 Um die Funktionsweise der ▶ Oberarmmuskulatur besser verstehen zu können, kannst du ein Modell bauen.
Schneide dazu aus Pappe die Stücke für Ober- und Unterarm aus. Befestige beide mit zwei Reißzwecken auf einem Holzbrett. Die Unterarmpappe muss beweglich bleiben. Verbinde die beiden Teile mit zwei Gummibändern. Probiere aus, wie du nun das Armmodell beugen und strecken kannst. An welchem Band musst du jeweils ziehen? Wie verändern sich die Bänder?

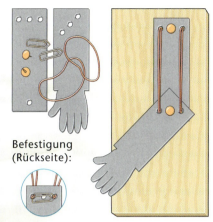

Befestigung (Rückseite):

6 *Vorsicht vor Knochenarbeit*
Die ▶ Muskeln in unserem Körper brauchen eine Stütze, das ▶ Skelett. Wenn du schwere Getränkekisten vom Boden hoch heben willst, musst du besonders aufpassen, sonst schädigst du womöglich deine ▶ Wirbelsäule. Im Alltag ist deshalb die richtige Körperhaltung wichtig.

Übt richtiges Heben erst mit der leeren Kiste. Welche Muskeln werden dabei besonders gebraucht?

A Gehe zuerst vor der Kiste in die Hocke.

B Hebe die Kiste an, indem du nur die Arme anwinkelst. Dein Oberkörper bleibt gerade.

C Gehe anschließend in dieser Haltung langsam aus der Hocke nach oben.

7 Auf die Haltung kommt es an. Wie trägst du deine Schultasche?

Wer trägt die Schultasche richtig?

▶ Muskeln 173   ▶ Oberarmmuskulatur 176   ▶ Skelett 177   ▶ Wirbelsäule 179

Stark – auch ohne Muskelkraft

Einige Tiere und Pflanzen können ganz besondere Leistungen vollbringen. Mit den folgenden Experimenten kannst du diese geheimnisvollen ▶ Kräfte erforschen.

[1] Setze eine Schnecke auf eine Glasscheibe. Wenn sie anfängt zu kriechen, stelle die Glasscheibe senkrecht. Beobachte.
Was hält die Schnecke am Glas fest?

Vielleicht hilft dir folgender Versuch weiter, um diesen ▶ Kräften  auf die Spur zu kommen.

Gib dazu auf eine Glasscheibe, z. B. einen Objektträger, einige Tropfen Wasser. Lege einen zweiten Objektträger darauf. Hebe nun den oberen Objektträger langsam hoch.

[2] **Kraftvolle Kresse**
Lege in den Deckel einer Petrischale nasse Watte und gib darauf einen Teelöffel Kressesamen. Das sind etwa 3 g.

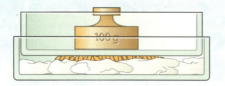

Stelle darauf nun das Unterteil der Petrischale mit dem Boden nach unten und lege oben drauf ein Gewichtsstück von 100 g. Beobachte nach einigen Tagen, was passiert ist. Das Wievielfache ihres ursprünglichen Gewichts hat die Kresse gehoben? Verfügt Kresse über ▶ Kräfte ?

▶ Kräfte 172

[3] Rühre Gips zu einem Brei an. Fülle damit zwei Jogurtbecher.
In einen Becher legst du, in eine Vertiefung in der Mitte, viele trockene Erbsen. Gieße anschließend weiteren Gipsbrei darüber, sodass von den Erbsen nichts mehr zu sehen ist.

Gipsbrei

Lass den Gips in beiden Bechern hart werden. Nimm dann beide Gipsblöcke aus den Bechern und stelle sie in eine Schale mit Wasser, bis zur nächsten NW-Stunde.
Was passiert? Welche ▶ Kräfte ⬤ sind hier im Spiel gewesen?

[4] Eine ausgewachsene Buche benötigt im Sommer am Tag etwa 500 l Wasser, also 50 Eimer voll. Sie transportiert das Wasser von den Wurzeln zu den Blättern, etwa 10 m hoch. Stell dir vor, du müsstest die Eimer vom Keller ins zweite Obergeschoss tragen.

Wie eine Pflanze so viel Wasser transportieren kann, zeigen folgende Versuche:

Tinte

Stelle den Stiel einer blühenden Pflanze, z. B. eines weißen Alpenveilchens, in ein kleines Gefäß mit Tinte. Den Stiel musst du vorher frisch abschneiden. Beobachte nach 1 bis 2 Stunden die Blüten der Pflanzen. Beschreibe.

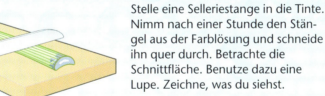

Stelle eine Selleriestange in die Tinte. Nimm nach einer Stunde den Stängel aus der Farblösung und schneide ihn quer durch. Betrachte die Schnittfläche. Benutze dazu eine Lupe. Zeichne, was du siehst.

Auch ohne Pflanzen kannst du beobachten, wie Wasser in engen Röhren nach oben steigt.
Tauche dazu die Spitze einer ▶ Kapillare in Wasser.
Betrachte unter einem Binokular ein Stück Kreide. Siehst du die winzigen Hohlräume, vergleichbar mit einem Schwamm?
Stelle die Kreide in eine Schale mit gefärbtem Wasser. Beobachte und versuche zu erklären, was du siehst.
Wirken hier ▶ Kräfte ▭ ?
Diesen Versuch kannst du auch mit Zuckerwürfeln probieren.

▶ Kapillare 172   ▶ Kräfte 172

INFOTHEK

▶ Atemfrequenz

Die Atemfrequenz ist die Anzahl der Atemzüge (jeweils Ein- und Ausatmen) in einer Minute. Sie sinkt mit zunehmendem Alter, sie steigt bei körperlicher Belastung, Aufregung und Angst.

▶ Atemvolumen

Normales Atemvolumen ist die Luftmenge, die man im ruhigen Zustand ein- bzw. ausatmet. **Ergänzungsluft** ist die Luftmenge, die man durch weiteres tiefes Einatmen aufnimmt. **Reserveluft** ist die Luftmenge, die man nach dem normalen Ausatmen durch stoßweises Pressen zusätzlich ausatmen kann.
Vitalkapazität nennt man die Luftmenge, die die Lunge nach stärkstem Ausatmen durch tiefstes Einatmen aufnehmen kann.
Eine bestimmte Luftmenge, die **Restluft** (ca. 1200 ml), kann nicht ausgeatmet werden, ohne sie würden die Lungenbläschen zusammenfallen.
Wenn man alle Größen addiert, erhält man das gesamte Fassungsvermögen der Lunge, die **Totalkapazität**.

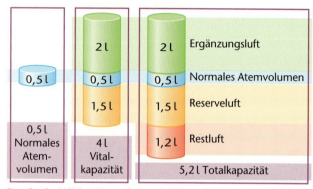

Durchschnittliche Normalwerte bei Erwachsenen in Ruhe

Alle Werte sind abhängig von Größe, Alter, Geschlecht, Tätigkeit bzw. Trainingszustand der betreffenden Person.

▶ Atmung

Atemluft kann nur in die Lunge (Atmungsorgane) strömen, wenn sich der Brustraum erweitert. Unser Körper hat dazu zwei Möglichkeiten, die **Brustatmung** und die **Bauchatmung**. Meistens atmen wir mit einer Kombination von beiden.

Brustatmung
Sie wird hauptsächlich durch kleine Muskeln zwischen den einzelnen Rippen bewirkt.

Bauchatmung (Zwerchfellatmung)
Sie wird hauptsächlich durch das muskulöse **Zwerchfell** bewirkt, das Brustraum und Bauchraum voneinander trennt. Im entspannten Zustand ist es wie eine Kuppel nach oben gewölbt.

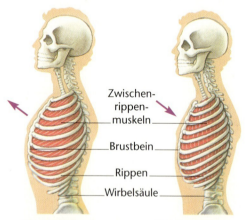

Einatmung
Die Zwischenrippenmuskeln ziehen sich zusammen und heben die Rippen an. Dadurch vergrößert sich der Brustraum, die Lunge wird geweitet, Luft strömt ein.

Ausatmung
Die Zwischenrippenmuskeln erschlaffen und der Brustkorb senkt sich. Der Brustraum wird kleiner, die Luft wird aus der Lunge gepresst.

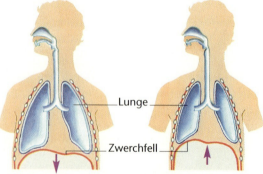

Einatmung
Das Zwerchfell zieht sich zusammen, es flacht ab, dadurch wird der Brustraum größer, die Lunge wird geweitet und Luft strömt ein.

Ausatmung
Das Zwerchfell erschlafft, es wölbt sich wieder nach oben. Dadurch wird der Brustraum kleiner, die Luft wird aus der Lunge gepresst.

▶ Atmungsorgane

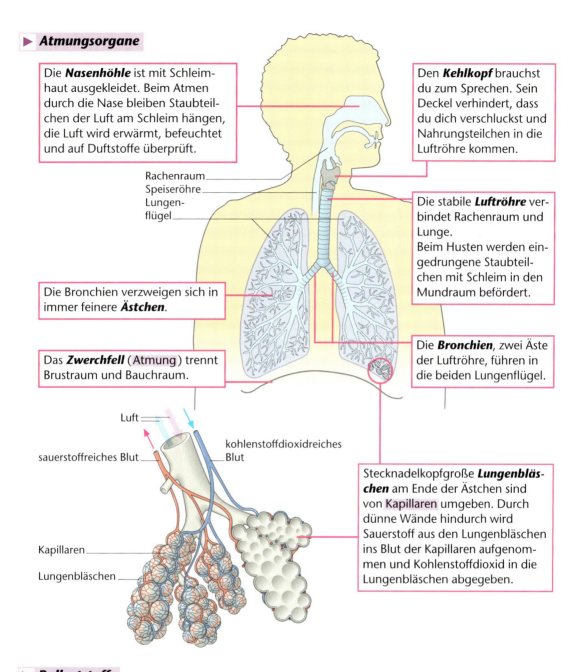

Die **Nasenhöhle** ist mit Schleimhaut ausgekleidet. Beim Atmen durch die Nase bleiben Staubteilchen der Luft am Schleim hängen, die Luft wird erwärmt, befeuchtet und auf Duftstoffe überprüft.

Den **Kehlkopf** brauchst du zum Sprechen. Sein Deckel verhindert, dass du dich verschluckst und Nahrungsteilchen in die Luftröhre kommen.

Rachenraum
Speiseröhre
Lungenflügel

Die stabile **Luftröhre** verbindet Rachenraum und Lunge.
Beim Husten werden eingedrungene Staubteilchen mit Schleim in den Mundraum befördert.

Die Bronchien verzweigen sich in immer feinere **Ästchen**.

Das **Zwerchfell** (Atmung) trennt Brustraum und Bauchraum.

Die **Bronchien**, zwei Äste der Luftröhre, führen in die beiden Lungenflügel.

Luft
sauerstoffreiches Blut
kohlenstoffdioxidreiches Blut

Kapillaren
Lungenbläschen

Stecknadelkopfgroße **Lungenbläschen** am Ende der Ästchen sind von Kapillaren umgeben. Durch dünne Wände hindurch wird Sauerstoff aus den Lungenbläschen ins Blut der Kapillaren aufgenommen und Kohlenstoffdioxid in die Lungenbläschen abgegeben.

▶ Ballaststoffe

Elefantenkot besteht aus den unverdaulichen Resten der gefressenen Futterpflanzen, aus den Ballaststoffen. Auch der menschliche Kot enthält Ballaststoffe, die unser Körper nicht verdauen kann. Trotzdem ist es wichtig, dass wir sie mitessen, denn Magen und Darm (Verdauung) arbeiten nur dann gut, wenn sie gefüllt sind. Eine ballaststoffreiche Ernährung ist besonders wichtig für Menschen, die Übergewicht haben. Ballaststoffe machen satt, ohne dick zu machen, denn sie werden wieder ausgeschieden.

Elefantenkot

▶ **Blutkreislauf**

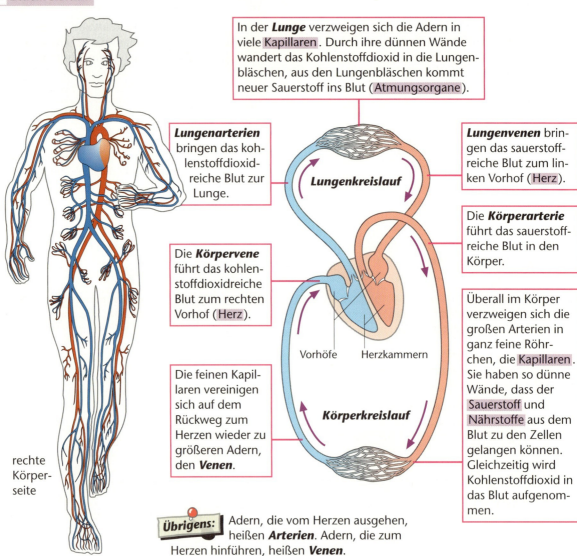

In der **Lunge** verzweigen sich die Adern in viele Kapillaren. Durch ihre dünnen Wände wandert das Kohlenstoffdioxid in die Lungenbläschen, aus den Lungenbläschen kommt neuer Sauerstoff ins Blut (Atmungsorgane).

Lungenarterien bringen das kohlenstoffdioxidreiche Blut zur Lunge.

Lungenvenen bringen das sauerstoffreiche Blut zum linken Vorhof (Herz).

Die *Körperarterie* führt das sauerstoffreiche Blut in den Körper.

Die *Körpervene* führt das kohlenstoffdioxidreiche Blut zum rechten Vorhof (Herz).

Überall im Körper verzweigen sich die großen Arterien in ganz feine Röhrchen, die Kapillaren. Sie haben so dünne Wände, dass der Sauerstoff und Nährstoffe aus dem Blut zu den Zellen gelangen können. Gleichzeitig wird Kohlenstoffdioxid in das Blut aufgenommen.

Die feinen Kapillaren vereinigen sich auf dem Rückweg zum Herzen wieder zu größeren Adern, den *Venen*.

rechte Körperseite

Lungenkreislauf

Vorhöfe   Herzkammern

Körperkreislauf

Übrigens: Adern, die vom Herzen ausgehen, heißen **Arterien**. Adern, die zum Herzen hinführen, heißen **Venen**.

▶ **Fußgewölbe**

Die Fußknochen des Menschen werden durch Muskeln und kräftige Bänder in Längs- und Querrichtung in Bogenform gespannt. Bögen werden in der Technik eingesetzt, wenn eine leichte Konstruktion schwere Lasten tragen muss. So kann auch unser kleines und leichtes Fußgewölbe unser ganzes Gewicht tragen, beim Laufen und Springen sogar ein Mehrfaches. Das Fußgewölbe ist aber durch seine Muskel- und Bänderverspannung nicht starr wie ein Brückengewölbe.

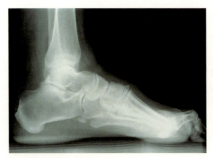

Fuß, Röntgenaufnahme

Brückengewölbe

Es sollte deshalb durch Muskeltraining wie Barfußlaufen auf unebenem Boden gekräftigt und durch geeignete Schuhe gestützt werden.

Dann kann ein gesunder Fuß Belastungen gut abfedern. Wenn das Längsgewölbe nicht stark genug ist, spricht man von **Senkfuß** oder im Extremfall von **Plattfuß**. Ist es zu stark gewölbt, nennt man es **Hohlfuß**. Durch Tragen von Schuheinlagen kann das Fußgewölbe wieder in die richtige Form gebracht werden.

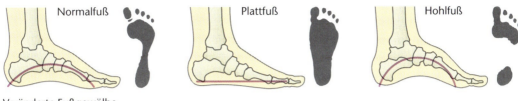

Veränderte Fußgewölbe

▶ Herz

Dein Herz ist ungefähr so groß wie deine Faust. Seine Wände bestehen aus dicken Muskelschichten, es ist ein Hohlmuskel.
Wenn sich der Hohlmuskel zusammenzieht, wird der Raum im Herzen kleiner und das in ihm enthaltene Blut wird herausgedrückt. Man sagt, das Herz schlägt.
Die Herzkranzgefäße versorgen das Herz mit Sauerstoff und Nährstoffen. Verstopfen sie, kommt es zum Herzinfarkt.

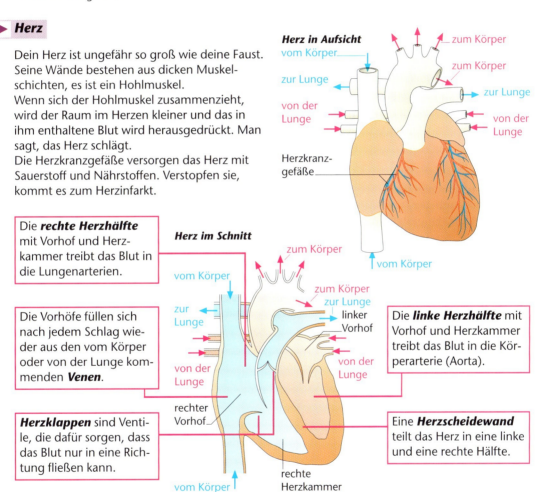

Die **rechte Herzhälfte** mit Vorhof und Herzkammer treibt das Blut in die Lungenarterien.

Die Vorhöfe füllen sich nach jedem Schlag wieder aus den vom Körper oder von der Lunge kommenden **Venen**.

Herzklappen sind Ventile, die dafür sorgen, dass das Blut nur in eine Richtung fließen kann.

Die **linke Herzhälfte** mit Vorhof und Herzkammer treibt das Blut in die Körperarterie (Aorta).

Eine **Herzscheidewand** teilt das Herz in eine linke und eine rechte Hälfte.

▶ Herzfrequenz

Die Herzfrequenz ist die Anzahl der Herzschläge pro Minute. Sie entspricht der Pulsfrequenz.

▶ Herztöne

Mit einem Stethoskop kann man an bestimmten Punkten der vorderen Brustwand Herztöne hören: einen dunklen Ton, wenn sich die Herzkammern zusammenziehen und das Blut in die Arterien pumpen, einen hellen Ton, wenn sich die Herzkammern mit Blut füllen.

▶ Kapillaren

Haarfeine Röhrchen, in denen Flüssigkeiten transportiert werden können. Man findet sie als Poren in der Kreide, im Zucker, im Boden oder als Glasröhrchen im Labor. Im Blutkreislauf sind es die kleinsten Verzweigungen der Blutgefäße. In ihnen erfolgt der Übertritt von Sauerstoff und gelösten Bausteinen der Nährstoffe aus dem Blut ins Gewebe oder die Aufnahme von Kohlenstoffdioxid und Stoffwechselprodukten aus dem Gewebe ins Blut. Auch die wasserleitenden, feinen Röhrchen in Pflanzen sind Kapillaren.

▶ Kräfte

Kräfte können auf verschiedene Weise entstehen:

Bei Lebewesen sind es die Muskeln, die es ermöglichen, Kräfte auszuüben und Gegenstände hochzuheben.

Wenn man Samen in Wasser legt, beginnen sie zu quellen. Sie nehmen dabei Wasser auf. Dabei entstehen so große Kräfte, dass sie sogar einen Gipsblock sprengen können. In der Natur kommt es vor, dass Samen in Felsspalten fallen und bei der Quellung den Fels spalten.

Auch bei der Keimung und beim Wachstum von Pflanzen entstehen große Kräfte. Die Wurzeln eines Baumes können sogar eine Straßendecke anheben.

Wassertropfen bleiben trotz der Erdanziehungskraft an der Unterseite einer Glasplatte hängen. Sie werden dadurch festgehalten, dass sich die Wasserteilchen und die Glasteilchen gegenseitig anziehen. Zwei Glasplatten, zwischen denen sich Wasser befindet, haften dadurch aneinander. Diese Kraft nennt man Adhäsionskraft. Sie bewirkt auch, dass in dünnen Röhren Wasser an der Wand etwas nach oben steigt. In ganz engen Röhren, den Kapillaren, steigt das Wasser einige Zentimeter hoch.

Kräfte kann man an ihren Wirkungen erkennen. Sie sind die Ursache, wenn Gegenstände verformt werden oder wenn die Bewegungsrichtung oder die Geschwindigkeit eines Gegenstandes geändert werden.

▶ Laufabzeichen

Diese Laufabzeichen vergibt der Deutsche Leichtathletik-Verband. Fragt eure/n Sportlehrerin/-lehrer.

 15 Minuten Laufen ohne Pause, Tempo beliebig

 30 Minuten Laufen ohne Pause, Tempo beliebig

 60 Minuten Laufen ohne Pause, Tempo beliebig

 90 Minuten Laufen ohne Pause, Tempo beliebig

 120 Minuten Laufen ohne Pause, Tempo beliebig

 Marathonlauf = 42 195 m. Für die erfolgreiche Teilnahme an einem Marathonlauf.

▶ Luft

Die Erde ist von einer Hülle umgeben, die wir meistens einfach Luft nennen. Sie besteht aus mehreren Gasen.

Das wichtigste für uns ist das **Sauerstoffgas**. Es macht ungefähr ein Fünftel der Luftmenge aus. Die anderen vier Fünftel bestehen vor allem aus **Stickstoff**. Wir atmen also immer viel mehr Stickstoff als Sauerstoff ein. Stickstoff wird aber vom Körper nicht verwendet, sondern einfach mit dem **Kohlenstoffdioxid** und dem Restsauerstoff wieder ausgeatmet.

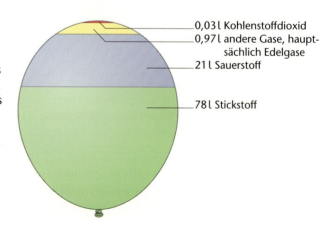

0,03 l Kohlenstoffdioxid
0,97 l andere Gase, hauptsächlich Edelgase
21 l Sauerstoff
78 l Stickstoff

172

▶ Mineralstoffe

Mineralstoffe sind für unseren Körper sehr wichtig.

Calcium macht unsere Knochen und Zähne hart, täglich müssen wir etwa 1 g davon aufnehmen.
Eisen findet sich vor allem in den roten Blutkörperchen, die den Sauerstoff überallhin transportieren. Eisenmangel führt deshalb leicht zu Sauerstoffmangel mit Müdigkeit und Konzentrationsschwäche.
Iod wird nur in ganz geringen Mengen benötigt. Schon Spuren davon in unserer Nahrung reichen aus, deshalb nennt man solche Stoffe auch „Spurenelemente". Iodmangel ist die Ursache für die Bildung eines Kropfs, einer Verdickung der Schilddrüse am Hals. Mit Iod versetztes Speisesalz hilft dagegen. Salze verlieren wir regelmäßig beim Schwitzen. Urin und Kot enthalten ebenfalls Salze, die wir mit der Nahrung ersetzen müssen. In großen Mengen finden sie sich im Gestein und im Boden. Pflanzen nehmen hier mit ihren Wurzeln gelöste Mineralsalze auf. Obst, Salat, Gemüse und Körner enthalten deshalb wichtige Mineralstoffe. Mineralwasser ist besonders reich daran, aber auch in unserem Trinkwasser sind wichtige Mineralsalze gelöst. Sichtbar werden sie, wenn das Wasser verdunstet.

Iodiertes Speisesalz

Burg-Brunnen
Felsquellwasser
Aus den Tiefen der Eifel, mit wirksamen Mineralstoffen

Kationen		mg/kg	Anionen		mg/kg
Lithium	(Li^+)	0,09			
Natrium	(Na^+)	29,50	Fluorid	(F^-)	0,37
Kalium	(K^+)	7,13	Chlorid	(Cl^-)	19,70
Calcium	(Ca^{2+})	509,60	Sulfat	(SO_4^{2-})	1593,00
Magnesium	(Mg^{2+})	160,00	Nitrat	(NO_3^-)	1,76
Strontium	(Sr^{2+})	12,10	Hydrogencarbonat	(HCO_3^-)	404,50
Eisen	(Fe^{2+})	0,60	Freie Kohlensäure 2g Kohlensäure		60,00

▶ Muskeln

In unserem Körper gibt es viele verschiedene Muskeln, die bei den unterschiedlichen Bewegungen tätig werden. Sie bestehen aus vielen einzelnen Fasern (siehe Bild rechts unten). Je mehr **Fasern** sich zusammenziehen, desto mehr Zugkraft entwickelt der Muskel. Diese Kraft wird über **Sehnen** auf die Knochen übertragen.
Muskeln brauchen **Energie** für ihre Arbeit. Sie stammt aus den Nährstoffen und wird ihnen durch das Blut zugeführt. Aber erst mithilfe des Sauerstoffs, der ebenfalls vom Blut transportiert wird, kann aus den Nährstoffen Energie gewonnen werden.
Durch ständiges Bewegen (Training) werden die Muskeln kräftiger. Bodybuilder trainieren ihren Körper so, dass man die einzelnen Muskeln erkennen kann. Werden Muskeln zu stark beansprucht, bekommt man einen Muskelkater. Es handelt sich dabei um viele kleine Verletzungen im Muskelgewebe. Man kann sie vermeiden, indem man den Muskel durch langsames Training an die Belastung gewöhnt. Werden Muskeln längere Zeit nicht betätigt, z. B. wenn man mit einem Beinbruch in Gips liegt, so erschlaffen sie. Nach der Genesung muss man sie deshalb wieder trainieren.

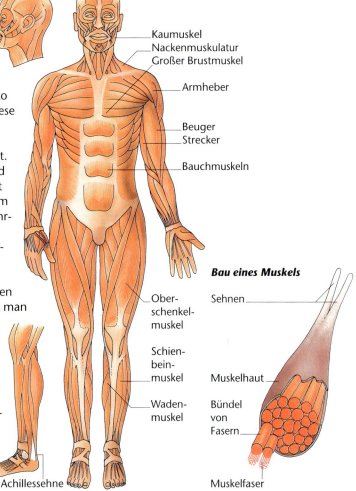

Kaumuskel
Nackenmuskulatur
Großer Brustmuskel
Armheber
Beuger
Strecker
Bauchmuskeln
Oberschenkelmuskel
Schienbeinmuskel
Wadenmuskel
Achillessehne

Bau eines Muskels
Sehnen
Muskelhaut
Bündel von Fasern
Muskelfaser

▶ Nährstoffe

Ob wir Baguette mit Marmelade essen oder ein Wurstbrot, ob Hirsefladen mit Bohnen oder ein Nudelgericht, immer liegen die gleichen drei Nährstoffe auf dem Teller. Auf der ganzen Welt besteht das Hauptgericht aus **Kohlenhydraten** (Stärke und Zucker), **Fetten** und **Proteinen** (Eiweißstoffe). Auch in deinem Frühstück kannst du diese Stoffe nachweisen. Andere Stoffe brauchen wir in geringen Mengen. Außerdem müssen wir reichlich trinken und das Essen soll gut schmecken. Aber ohne die Nährstoffe in unserer Nahrung würden wir verhungern.

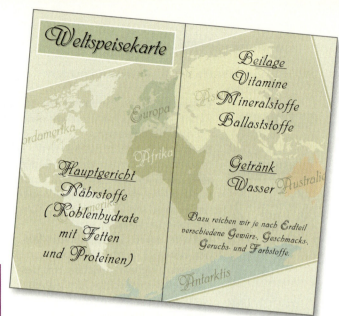

Nährstoffe	Pflanzenbeispiele
Kohlenhydrate: Stärke und Zucker	Weizen, Reis, Mais, Hirse, Kartoffel, Zuckerrübe, Zuckerrohr
Fette: Öl und Margarine	Sonnenblume, Distel, Ölbaum, Erdnuss, Walnuss, Kakaobaum
Proteine	Erbse, Bohne, Linse

Pflanzen stellen Nährstoffe her

Nährstoffe können wir nicht selber herstellen, nur Pflanzen können das. Sie „fressen" nicht und wachsen doch. Dazu brauchen sie aber die Energie der Sonne. Essen wir Teile einer Pflanze, Möhren, Obst oder Weizenmehl, so versorgen wir unseren Körper nicht nur mit Baustoffen, sondern auch mit Energie. Essen wir z. B. Rindfleisch, so stammt seine Energie aus dem Gras, das das Rind gefressen hat.

Die Nährstoffe versorgen uns mit Energie
Wir verbrauchen ständig Energie, wenn wir arbeiten, Sport treiben, verdauen oder nachdenken, selbst im Schlaf. Beim Abbau der Nährstoffe wird ein Teil dieser Energie als Körperwärme wieder frei. Nährstoffe sind also zugleich „Brennstoffe", sie „heizen" unseren Körper. Besonders viel Energie enthalten **Fette**.
Der isolierende Winterspeck vieler Tiere ist auch Energievorrat.

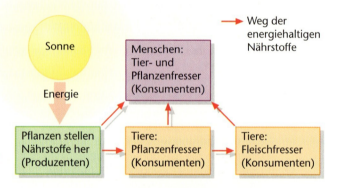

Die Nährstoffe versorgen uns mit Baustoffen
Unser Körper selbst besteht zu einem großen Teil aus den drei Nährstoffen. Sie sind für uns also wichtige Baustoffe zum Aufbau unseres eigenen Körpers. Unsere wichtigsten Baustoffe sind die **Proteine** (Eiweißstoffe). Aus ihnen aufgebaut sind unsere Muskeln und die Haare.

Auch unser Blut enthält Eiweißstoffe, genauso wie unser Gehirn und alle unsere Körperzellen. Alle Zellen enthalten auch Fette und Kohlenhydrate, einige, z. B. die Leber- und die Fettzellen, speichern diese Stoffe. Besonders viele Baustoffe müssen wir zu uns nehmen, solange wir wachsen. Aber auch ein Erwachsener braucht sie. Unser Körper ist eine riesige Baustelle. Zellen sterben ab und werden erneuert, Haare und Nägel wachsen ständig, Wunden müssen zuwachsen.

Ordnung im Stoffe-Zirkus

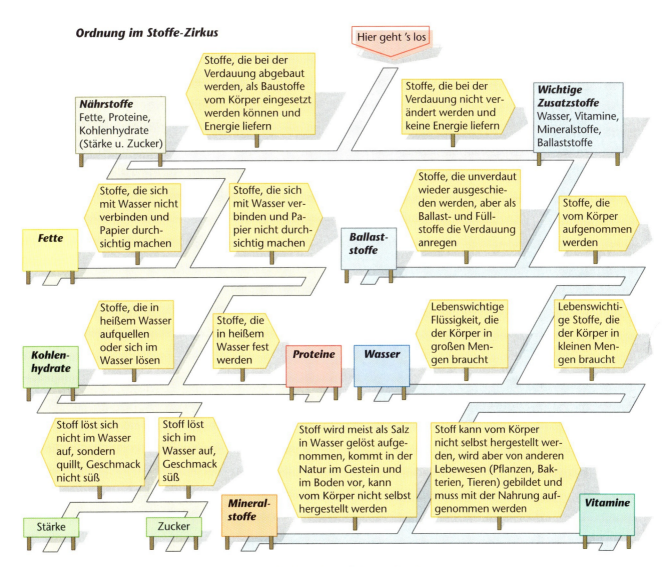

Nährstoff-, Energie- und Vitamingehalt einiger Lebensmittel

Lebensmittel	100g Lebensmittel enthalten (in g)					Energiegehalt pro 100g	Wichtigste Vitamine
	Eiweiß	Fett	Kohlenhydrate	Mineralstoffe	Wasser		
Rindfleisch	15	18	1		66	1000 kJ	Spuren B u. E
Hering	17	19	1		63	1070 kJ	Spuren B u. C
Magerkäse	37	3	4	1,5	54,5	800 kJ	A C D
Hühnereier	11	10	11		77	620 kJ	A B D E
Butter	1	80		11	17	3240 kJ	A D E
Roggenbrot	6	1	51	1	41	1060 kJ	A B
Kartoffeln	2		19	1	78	360 kJ	A C
Linsen	24	1	56	1	18	1480 kJ	?
Walnüsse	15	63		14	1 7	2950 kJ	A B C E
Äpfel	1		12 1		86	210 kJ	A C E
Tomaten	1		3 1		95	75 kJ	A C E

kJ (Kilo-Joule) ist eine Maßeinheit, die uns Angaben über den Energiegehalt eines Nährstoffes oder Lebensmittels macht.

▶ **Oberarmmuskulatur**

Wenn wir etwas heben und dabei den Arm beugen, stellen wir fest, dass der Oberarm auf der Vorderseite dicker wird. Der **Beugemuskel** zieht sich zusammen und wird kürzer und fester. Soll der Arm wieder gestreckt werden, zieht sich dazu ein anderer Muskel auf der Rückseite des Oberarms, der **Streckmuskel**, zusammen. Er dehnt den Beugemuskel, denn kein Muskel kann sich aus eigener Kraft dehnen. Man sagt, Beugemuskel und Streckmuskel sind **Gegenspieler**. Für alle Bewegungen des Körpers sind deshalb immer mindestens zwei Muskeln erforderlich.

▶ **Puls**

Wenn sich das Herz zusammenzieht, wirkt es ähnlich wie ein Blasebalg. Das Blut wird aus dem Herzen heraus in die Arterien (Blutkreislauf) gedrückt. Dieses Pumpen kannst du als Pulsschlag dort fühlen, wo Arterien dicht unter der Haut liegen. Das Pumpen des Herzens kannst du mit dem Stethoskop fast gleichzeitig hören (Herztöne).

▶ **Pulsfrequenz**

Die Zahl der Pulsschläge pro Minute, die Pulsfrequenz, entspricht der Zahl der Herzschläge pro Minute, der Herzfrequenz. Nach körperlichen Anstrengungen, bei Stress und Fieber ist die Pulsfrequenz erhöht.

▶ **Sauerstoff**

Den über die Lunge eingeatmeten Sauerstoff aus der Luft braucht dein Körper, um aus den Nährstoffen, die du mit dem Essen aufnimmst, Energie, z. B. für deine Körperwärme, zu gewinnen. Dabei entsteht ein „Abfallprodukt", das Kohlenstoffdioxid. Dieses kann genauso wie der Sauerstoff durch die dünnen Wände der Kapillaren wandern. Es wird überall im Körper vom Blut aufgenommen und über die Lunge wieder ausgeatmet.

▶ **Schweiß**

Schweiß besteht aus durchschnittlich 99 Teilen Wasser und 1 Teil gelösten Stoffen, hauptsächlich Mineralstoffe und Säuren. Er wirkt einem Austrocknen der Hautoberfläche entgegen. Sein Säuregehalt bremst die Vermehrung mancher Bakterien. Seine Verdunstung auf der Haut hat kühlende Wirkung.
Nach starkem Schwitzen sollte jedoch geduscht werden, um einer Zersetzung des Schweißes und damit Geruchsbildung vorzubeugen.

Körperbereich	Anzahl der Schweißdrüsen pro cm^2
Ellenbogen	750
Handinnenseite	375–425
Fußsohle	350–400
Handrücken	200
Stirn	170
Unterarm	150–160
Bein	80
Nacken, Rücken, Gesäß	55–60
insgesamt	ca. 2,4 Millionen

▶ **Schweißdrüsen**

Diese winzig kleinen, röhrenförmigen Drüsen münden je mit einer Schweißpore an der Hautoberfläche. Sie sind in den verschiedenen Hautregionen unterschiedlich dicht verteilt. Bei Hitze, körperlicher Anstrengung oder Fieber sondern sie besonders viel Schweiß ab.

▶ Skelett

Das Skelett, die innere Stütze unseres Körpers, besteht aus mehr als 200 einzelnen Knochen. Sie sind über die Gelenke miteinander verbunden.
Die Knochen werden über das Blut mit Mineral- und Nährstoffen versorgt. Ihre Festigkeit erhalten sie durch die Mineralstoffe, hauptsächlich Calcium, die die Knochenzellen einbauen. Im weichen Mark der Röhrenknochen, z. B. der Oberschenkelknochen, wird neues Blut gebildet.
Bei übermäßiger Belastung können Knochen brechen. Die Bruchstelle muss dann durch einen Gipsverband stillgelegt werden. Dann können die Knochen in ca. 6 Wochen wieder zusammenwachsen. Nach weiteren 6 Wochen kann der Knochen wieder normal belastet werden.

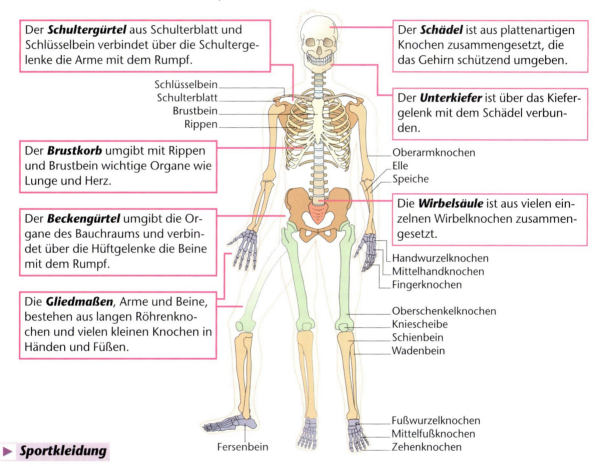

Der **Schultergürtel** aus Schulterblatt und Schlüsselbein verbindet über die Schultergelenke die Arme mit dem Rumpf.

Der **Brustkorb** umgibt mit Rippen und Brustbein wichtige Organe wie Lunge und Herz.

Der **Beckengürtel** umgibt die Organe des Bauchraums und verbindet über die Hüftgelenke die Beine mit dem Rumpf.

Die **Gliedmaßen**, Arme und Beine, bestehen aus langen Röhrenknochen und vielen kleinen Knochen in Händen und Füßen.

Der **Schädel** ist aus plattenartigen Knochen zusammengesetzt, die das Gehirn schützend umgeben.

Der **Unterkiefer** ist über das Kiefergelenk mit dem Schädel verbunden.

Die **Wirbelsäule** ist aus vielen einzelnen Wirbelknochen zusammengesetzt.

Schlüsselbein
Schulterblatt
Brustbein
Rippen
Oberarmknochen
Elle
Speiche
Handwurzelknochen
Mittelhandknochen
Fingerknochen
Oberschenkelknochen
Kniescheibe
Schienbein
Wadenbein
Fersenbein
Fußwurzelknochen
Mittelfußknochen
Zehenknochen

▶ Sportkleidung

Das richtige Material für Sportkleidung hängt davon ab, wann, wo und wie lange man Sport treiben will. Bei schönem Wetter, in der Halle oder bei Sportarten, die nicht sehr schweißtreibend sind oder nur kurze Zeit dauern, sind Naturmaterialien wie **Baumwolle** sinnvoll. Sie nehmen den Schweiß auf.
Bei kaltem oder regnerischem Wetter, mit längerer Betätigung draußen, sollte die Kleidung Schweiß aufnehmen und von der Haut weg nach außen transportieren, dabei aber den Regen abhalten. Dies können in Schichten verwebte, wasserdampfdurchlässige Kunstfasern (**Mikrofasern**). Der Schweiß bleibt nicht auf der Haut, dadurch kühlt der Körper nicht so stark aus.
Baumwolle trocknet schlecht. Die Verdunstung entzieht dem Körper ständig Wärme; bei tieferen Temperaturen kühlt er zu stark aus. Kunstfasern, die den Körper völlig abdichten, sollte man unbedingt vermeiden. In ihrem „Treibhaus" wird der Körper zunehmend zum Schwitzen angeregt.

Mikrofasergewebe

▶ Stethoskop

Der Name für dieses Instrument stammt aus der griechischen Sprache. „Stethos" bedeutet bei den Griechen Brust und „skopein" sehen. Es ist also ein Instrument, mit dem man „in die Brust sehen" kann. Diesen Vorgang nennen wir Abhorchen. Dabei wird die Membran des Stethoskops auf die Brust des Patienten gesetzt. Die Membran nimmt die Geräusche im Körper auf und verstärkt sie. Sie ist über zwei Schläuche mit den Ohren verbunden. Auf diese Weise kann der Arzt Geräusche im Körper und vor allem deren eventuelle Veränderungen ganz genau wahrnehmen.

Stethoskop

▶ Verdauung

Zur Verdauung der Nahrung stellt der Körper eigene Verdauungsstoffe her. Diese Stoffe heißen **Enzyme**.

Verdauungsorgane

Im **Mund** wird die Nahrung mit den Zähnen zerkleinert und mit Speichel vermischt. Ein dünner, gleitfähiger Speisebrei entsteht. Im Mund findet auch die erste Verdauung der Nahrung statt: Durch ein Enzym wird Stärke (Nährstoffe) in Zuckerbausteine gespalten.

Speicheldrüsen

Durch die **Speiseröhre** gelangt der Speisebrei in den Magen.

Zwerchfell
Leber
Gallenblase

Im **Zwölffingerdarm**, dem ersten Teil des Dünndarms, findet der größte Teil der Verdauung statt. Hier werden die Nährstoffe (Fette, Kohlenhydrate und Proteine) in ihre kleinsten Bausteine gespalten: Gallenflüssigkeit und ein Enzym der Bauchspeicheldrüse zerlegen die Fette, verschiedene Enzyme der Bauchspeicheldrüse und der Darmwand zerlegen die Kohlenhydrate und Proteine.

Wurmfortsatz
Blinddarm

Im **Magen** werden durch die Magensäure Krankheitserreger abgetötet. Weiter findet hier durch verschiedene Enzyme die erste Aufspaltung der Proteine (Nährstoffe) in kleinere Bausteine statt. Der Speisebrei wird durch die Magenmuskulatur ständig geknetet und portionsweise in den Zwölffingerdarm weitergegeben.

Die **Bauchspeicheldrüse** erzeugt viele für die Verdauung wichtige Enzyme und gibt sie in den Zwölffingerdarm ab.

Im **Dickdarm** wird den unverdaulichen Resten (Ballaststoffen) das Wasser entzogen. Bei Durchfallerkrankungen ist dieser Vorgang gestört.

Im weiteren Verlauf des **Dünndarms** findet die Aufnahme der Bausteine der Nährstoffe ins Blut statt. Mit ihm gelangen sie überall dorthin, wo die Bausteine benötigt werden.

Im **Enddarm** sammeln sich die eingedickten Reste und werden einmal oder mehrmals täglich durch den After ausgeschieden.

▶ Vitalkapazität

Die Vitalkapazität (Atemvolumen) der Lunge ist die Luftmenge, die die Lunge nach stärkstem Ausatmen durch tiefstes Einatmen aufnehmen kann. Die Vitalkapazität nimmt bis zum Erwachsenenalter stark zu und kann durch sportliches Training gesteigert werden. Sie ist ein Ausdruck der körperlichen Leistungsfähigkeit des Organismus.

▶ Vitamine

Vitamine sind Stoffe, die für das Leben des Menschen sehr wichtig sind, die er in seinem Körper aber nicht selbst herstellen kann. Sie müssen also täglich mit der Nahrung aufgenommen werden. Dabei genügen zum Teil geringe Mengen.

Vitamin	Wo kommt es vor?	Was passiert, wenn es fehlt?
A	Karotten, Tomaten, Milchprodukte, Leber, Eidotter	Nachtblindheit, Schädigungen an den Augen
B_1	Erbsen, Bohnen, Linsen, Schweinefleisch, Erdnüsse	Entzündungen des Nervensystems, Herzmuskelschwäche
B_2	Milchprodukte, Fleisch, Leber, Gemüse	Gesichtsekzeme
B_{12}	Fleisch, Eier, Milchprodukte, Leber	Anämie (Blutarmut)
C	frische Früchte und Gemüse, insbesondere Citrusfrüchte	Skorbut (Müdigkeit, Muskelschwäche, Zahnausfall), Infektionsanfälligkeit
D	Milchprodukte, Eidotter, Lebertran	Rachitis (Knochenerweichung)
E	Weizenkeimöl, Salat, Erbsen, Erdnüsse	eventuell Veränderung der Muskulatur

▶ Wirbelsäule

Die Wirbelsäule besteht aus vielen **Wirbelknochen**, zwischen denen die elastischen **Bandscheiben** liegen. Sie ist dadurch nach allen Seiten beweglich und kann gut Stöße und Erschütterungen abfedern.
Wirbelfortsätze umschließen nach hinten den **Rückenmarkskanal**. Hierin verlaufen die Nerven, die das Gehirn mit allen Körperteilen verbinden.

It's tea-time
...Das älteste Erfrischungsgetränk der Welt

Schon lange deckten die Menschen ihren Flüssigkeitsbedarf von ca. 2 Litern pro Tag nicht mehr einfach nur mit reinem Quellwasser. Sie veränderten den Geschmack mit verschiedenen Sorten ▶ Tee.

1 Früchtetee löscht den Durst
Früchtetee ist ein Gemisch aus verschiedenen getrockneten Früchten. Bringt einen Früchtetee eurer Wahl mit. Aus welchen Früchten besteht dein Früchtetee? Versuche das ▶ Gemisch zu trennen. Nimm eine Pinzette und ein Binokular und sortiere die Bestandteile nach ihrem Aussehen.

Hagebutte • Apfel • Holunder • Hibiskus

2 In den getrockneten Früchten sind eine Reihe von Aromastoffen enthalten, die du mit dem Auge nicht sehen kannst. Zusammen mit den Farbstoffen lösen sie sich nach unterschiedlicher Zeit im Wasser auf. Nimm einen halben Teelöffel einer einzelnen Fruchtsorte. Gib sie vorsichtig auf die Wasseroberfläche eines Glases mit heißem Wasser und eines mit kaltem Wasser. Beobachte genau:
- Lösen sich die Stoffe besser in kaltem oder in heißem Wasser?
- Welche Stoffe lösen sich zuerst?
- Nach welcher Zeit kannst du die Geruchsstoffe wahrnehmen?
- Probiere nach 10 Minuten deinen heißen und deinen kalten Tee! Gibt es Unterschiede im Geschmack?

Notiere alle Beobachtungen in einer Tabelle.

Hagebutte	10 s	30 s	1 Min.	2 Min.	5 Min.	
kalt						Veränderung der Fruchtstückchen
heiß						
kalt						Farbstoffe lösen sich
heiß						
kalt						Geruchsstoffe lösen sich
heiß						
kalt						Geschmacksstoffe lösen sich
heiß						

Kannst du nun beantworten, warum die Frucht- und Heil-Tees zwischen 5 bis 10 Minuten ziehen müssen?

▶ Tee 212 ▶ Gemisch 204

3 Ein bitteres Vergnügen?
Auf jeder Teeverpackung steht, wie lange der Tee ziehen sollte. Bereite zwei Gläser mit heißem Wasser vor. Gib einen Teelöffel schwarzen Tee vorsichtig in jedes Glas. Den Tee in Glas 1 lässt du genau die angegebene Zeit ziehen, den in Glas 2 lässt du länger ziehen. Vergleiche! Wie hat sich der Geschmack verändert?

Die lange Reise des schwarzen Tees
Erst Anfang des 17. Jahrhunderts kam ein neues Getränk nach Europa, der schwarze Tee! Er ist sehr anregend und heute auch als Eistee beliebt. Die größten Teeanbaugebiete liegen in Indien, China, Japan, Sri Lanka, aber auch in Teilen von Afrika, Brasilien und Nepal.

4 Die Teeblätter müssen raus
Welche Methoden kennst du, um die Teeblätter aus dem Wasser herauszuholen? Erkundige dich in einem Teegeschäft. Ähnliche Möglichkeiten der ▶ Stofftrennung werden auch in anderen Bereichen verwendet. Welche Vor- und Nachteile haben die unterschiedlichen Methoden?

5 Alles Geschmackssache
Die meisten Menschen verändern den Geschmack von schwarzem Tee mit Zucker und Zitrone. Probiere aus, welche Mischung dir am besten schmeckt.
Notiere in Gramm (g) und ▶ Milliliter (ml) die Zusammensetzung deiner Lieblingsmischung.

Meine Lieblingsteemischung
100 ml Zitrone
1 Essl. Zucker

6 Eistee
Eistee erfreut sich zunehmender Beliebtheit. Was enthält dieses beliebte Teegetränk? Auf der Verpackung findest du die Angaben der Inhaltsstoffe. Welche sind es?

7 Eistee selbst gemacht
Du brauchst nur drei Zutaten: schwarzen Tee, Zitronensaft und Zucker. Probiere eigene Mischungen aus und notiere dir die jeweiligen Mengenangaben. Welche Zusammensetzung hat dein Lieblingsrezept?

8 Zitronentee
Löse Zitronentee in heißem und kaltem Wasser. Was stellst du fest?
Mit ein bisschen Geduld kannst du dir ein solches Pulver selbst herstellen. Dazu musst du deine filtrierte Teeprobe aus Aufgabe 7 eindampfen (▶ Stofftrennung). Gib dazu zwei Teelöffel deiner Probe in die gereinigte Aluminiumhülle eines Teelichtes. Stelle es auf den selbst gebauten ▶ Dosenbrenner und erhitze. Größere Mengen kannst du besser in einem Kochtopf auf einer Heizplatte eindampfen.

▶ Stofftrennung 211 ▶ Dosenbrenner 203 ▶ Milliliter 206

Von Saft und „Säften"

1 Säfte selbst gemacht
Stelle aus unterschiedlichen Obstsorten Saft her. Welche Frucht ist am ergiebigsten?
Gehe so vor: Wiege die ganze Frucht, presse sie aus, wiege nun den Saft. Welche Frucht hat den größten Saftanteil?
Mit welcher Methode der ▶ Stofftrennung kannst du am besten das Fruchtfleisch vom Saft trennen?

Du brauchst:
Messer, Stampfer, Leinentuch, Schüssel, Zitronenpresse, Küchenwaage, Latex-Handschuhe, Messbecher

2 Frischer Orangensaft
Wie viel ▶ Milliliter Orangensaft kannst du aus einer Orange auspressen? Probiere! Berechne, wie viele Orangen du benötigst, um 1 Liter frischen Orangensaft herzustellen.

Du brauchst:
Messbecher, Orangenhälfte, Zitronenpresse, Saftflasche

3 Saft ist nicht gleich Saft
Es gibt:
Orangensaft
Orangennektar
Orangensaftgetränk und Orangenlimonade (▶ Saft und Limonaden).
Finde die Unterschiede heraus.

Saft — Nektar — Fruchtsaftgetränk — Limonade

▶ Stofftrennung 211   ▶ Milliliter 206   ▶ Saft und Limonaden 208

4 Säfte selbst verdünnt

Stelle aus deinem selbst gemachten Orangensaft
a) 100 ml Nektar
b) 100 ml Fruchtsaftgetränk
her.
Überlege, wie viel ▶ Milliliter Orangensaft und Wasser du jeweils brauchst.
Vergleiche den Geschmack deiner Mischungen mit gekauftem Nektar und gekauftem Fruchtsaftgetränk. Wie viele Teelöffel Zucker musst du zu deinen Proben hinzugeben, um etwa die gleiche Süße zu erzielen. Wie viel Zucker würdest du dann für 1 Liter benötigen?

5 Was hat Orangenlimonade mit Orangen zu tun?

Schaue dir die Etiketten von verschiedenen Orangenlimonaden an. Durch welche Inhaltsstoffe (▶ Lebensmittelzusatzstoffe) entsteht der Orangengeschmack?

6 Berge von Orangen für Deutschland

Finde heraus:
Wie viele Menschen leben in Deutschland?
Wie viel Liter Orangensaft trinken sie?
Wie viele Orangen müssen dafür gepflückt werden?

Orangenlimonade
mit mindestens 4 % Orangensaft aus Orangensaftkonzentrat

Zutaten:
Wasser, Zucker, Kohlensäure, Säuerungsmittel E 330, Säureregulator E 331, Antioxidationsmittel E 300, Stabilisator E 410, Farbstoff Beta-Carotin

℮ 0,33 Liter

7 Viele Millionen Orangen schwimmen über den Ozean

Die Orangen werden nach der Ernte gleich verarbeitet. Es wird Saft hergestellt. Um Transportkosten zu sparen, wird den Säften soweit wie möglich das Wasser entzogen. Es entstehen Konzentrate. Sie werden per Schiff oder Flugzeug zu uns transportiert. Bei uns angekommen, wird das Wasser wieder zugesetzt, um daraus Saft, Nektar und Fruchtsaftgetränke herzustellen.

Konzentrat selbst gemacht:
Dampfe eine Saftprobe im Kochtopf oder in einer Aluminiumhülle eines Teelichtes auf deinem selbst gebauten ▶ Dosenbrenner ein.
Erhitze langsam, denn es darf nicht anbrennen.
Wie verändert sich der Geschmack während des Erhitzens?
Versuche aus dem Konzentrat wieder Orangensaft herzustellen!

Pro-Kopf-Verbrauch an Fruchtsäften in Deutschland 1997 (Quelle: VdF, Bonn)

- Apfelsaft: 12,3 l
- Orangensaft: 10 l
- Multivitaminsaft: 2,7 l
- Traubensaft: 1,2 l
- Gemüsesaft: 0,7 l
- andere Säfte: 0,8 l

▶ Milliliter 206   ▶ Lebensmittelzusatzstoffe 205   ▶ Dosenbrenner 203

Sprudelnde Getränke

1 Was prickelt auf der Zunge?
Gieße dir ein Glas ▶ Mineralwasser ein. Beobachte, was geschieht. Nimm einen Schluck und beschreibe das Gefühl auf deiner Zunge und im Mund. Welcher Stoff ist für das Gefühl verantwortlich? Findest du ihn auf dem Flaschenetikett?
Fülle ein Glas mit Leitungswasser und ein anderes mit Mineralwasser. Gib in jedes Glas einen Strohhalm. Versuche den Unterschied zu erklären!

2 Haben die Bläschen ein Gewicht?
Wiege 100 g ▶ Mineralwasser ab. Rühre 3 Minuten mit einem Löffel um. Wiege erneut. Was stellst du fest?
Wiederhole den Versuch und stelle das Glas beim Umrühren in heißes Wasser. Wiege erneut! Wie erklärst du dir den Unterschied?

3 Was steckt sonst noch im Mineralwasser?
Überlege dir ein Verfahren zur ▶ Stofftrennung, mit dem du das Wasser so entfernen kannst, dass die anderen gelösten Stoffe sichtbar werden.

4 Der beste Durstlöscher
Er besteht aus einer Mischung von Mineralwasser und Apfelsaft. Welches Mischungsverhältnis schmeckt dir am besten? 50 % (▶ Prozent) Mineralwasser und 50 % Apfelsaft oder 75 % Mineralwasser und 25 % Apfelsaft? Probiere aus!

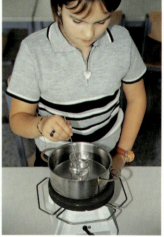

▶ Mineralwasser 206 ▶ Prozent (%) 208 ▶ Stofftrennung 211

5 Lieblingsgetränke
Sicherlich trinken in deiner Klasse die wenigsten reines Mineralwasser. Ermittle anhand einer Umfrage, welche sprudelnden Getränke in deiner Klasse die beliebtesten sind.
Erstelle ein Säulendiagramm.

Orange **Zitrone**

koffeinhaltige Limonade
Zutaten: Wasser, Zucker, Kohlensäure, Farbstoff Zuckerkulör, Säuerungsmittel Phosphorsäure, Aroma, Koffein
e 0,33 Liter

LIMONADE
Zutaten: Wasser, Zucker, Limonadengrundstoff (mit Säuerungsmittel Zitronensäure, Aroma, Säureregulator Natriumcitrat, Antioxidationsmittel Ascorbinsäure)
e 0,5 l

Zutaten: Natürliches Mineralwasser, Zucker, Limonadengrundstoff mit zusätzlichem Orangenaroma, Farbstoff Beta-Carotin, Kohlensäure, Säuerungsmittel Zitronensäure, Vitamin C zugesetzt: 20 mg/100 ml
0,5 l

Erfrischungsgetränk Orangengeschmack Fruchtsaftgehalt: mindestens 3 %
0,33 l Gefärbt mit Beta-Carotin
Zutaten: Wasser, Zucker, Erfrischungsgetränkegrundstoff (mit Säuerungsmittel Zitronensäure, Aroma, Antioxidationsmittel, Ascorbinsäure, Stabilisator Johannisbrotkernmehl, Farbstoff Beta-Carotin), Kohlensäure
KEIN PFAND

6 Woraus macht man Limonaden?
Sammelt die Flaschenetiketten von euren beliebtesten Limonaden (▶ Saft und Limonaden). Findet heraus, welche ▶ Lebensmittelzusatzstoffe die ▶ Stoffeigenschaften
a) Süße
b) Farbe
c) Fruchtgeschmack
bewirken. Notiert euer Ergebnis in einer Tabelle.

7 Bonbons aus Limonade?
Fülle eine gesäuberte Aluminiumhülle eines Teelichtes zur Hälfte mit Limonade. Erhitze sie auf deinem selbst gebauten ▶ Dosenbrenner. Je weniger Flüssigkeit im Gefäß zurückbleibt, umso langsamer musst du erhitzen, denn sonst brennt das Konzentrat an. Lass es abkühlen und probiere! Woran erinnert dich der Geschmack?
Kannst du das „Bonbon" wieder in Wasser lösen?

▶ Saft und Limonaden 208
▶ Stoffeigenschaften 209
▶ Lebensmittelzusatzstoffe 205
▶ Dosenbrenner 203

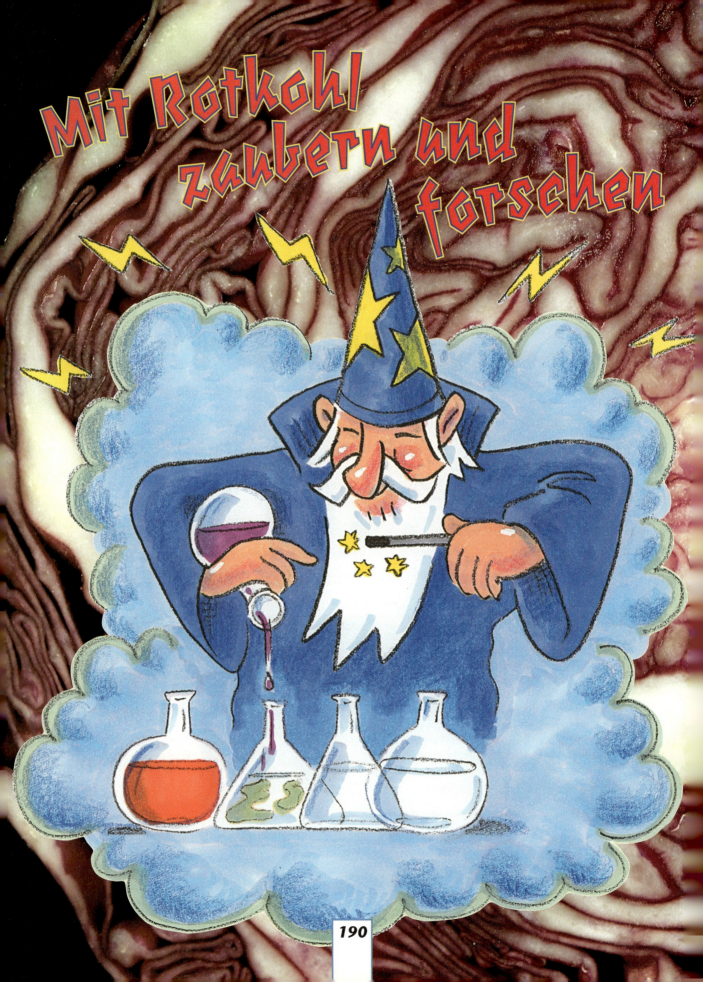

Rotkohl – ein zauberhafter Stoff

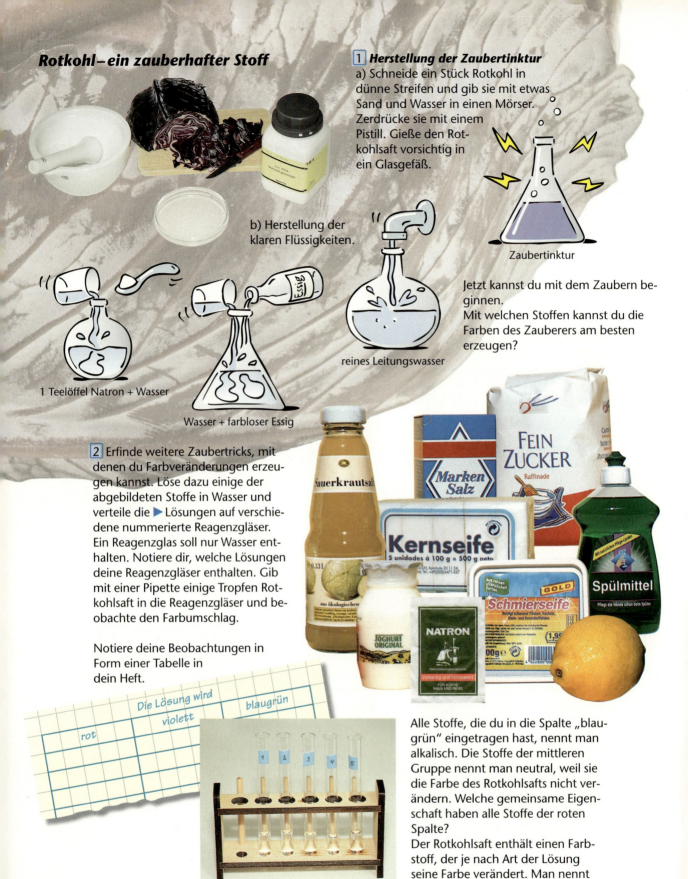

1 Herstellung der Zaubertinktur
a) Schneide ein Stück Rotkohl in dünne Streifen und gib sie mit etwas Sand und Wasser in einen Mörser. Zerdrücke sie mit einem Pistill. Gieße den Rotkohlsaft vorsichtig in ein Glasgefäß.

b) Herstellung der klaren Flüssigkeiten.

Zaubertinktur

1 Teelöffel Natron + Wasser

Wasser + farbloser Essig

reines Leitungswasser

Jetzt kannst du mit dem Zaubern beginnen.
Mit welchen Stoffen kannst du die Farben des Zauberers am besten erzeugen?

2 Erfinde weitere Zaubertricks, mit denen du Farbveränderungen erzeugen kannst. Löse dazu einige der abgebildeten Stoffe in Wasser und verteile die ▶ Lösungen auf verschiedene nummerierte Reagenzgläser. Ein Reagenzglas soll nur Wasser enthalten. Notiere dir, welche Lösungen deine Reagenzgläser enthalten. Gib mit einer Pipette einige Tropfen Rotkohlsaft in die Reagenzgläser und beobachte den Farbumschlag.

Notiere deine Beobachtungen in Form einer Tabelle in dein Heft.

Die Lösung wird		
rot	violett	blaugrün

Alle Stoffe, die du in die Spalte „blaugrün" eingetragen hast, nennt man alkalisch. Die Stoffe der mittleren Gruppe nennt man neutral, weil sie die Farbe des Rotkohlsafts nicht verändern. Welche gemeinsame Eigenschaft haben alle Stoffe der roten Spalte?
Der Rotkohlsaft enthält einen Farbstoff, der je nach Art der Lösung seine Farbe verändert. Man nennt solche Stoffe ▶ Indikatoren.

▶ Lösungen 205   ▶ Indikatoren 205

3 Wasser ist nicht gleich Wasser
Teste ein Glas Mineralwasser mit Rotkohlsaft. Vergleiche mit normalem Leitungswasser. Rühre das Mineralwasser um, damit die Kohlensäure daraus entweicht und lass das Glas kurze Zeit stehen. Was zeigt der Rotkohl-Indikator nun an?

4
Für weitere Untersuchungen ist es bequemer, mit ▶ Teststreifen zu arbeiten.
So lässt sich auch zu Hause vieles untersuchen. Klebe die getrockneten Teststreifen nach den drei Farben für sauer, alkalisch und neutral geordnet in dein Heft. Vergiss nicht, auf die Streifen zu schreiben, welchen Stoff du untersucht hast.

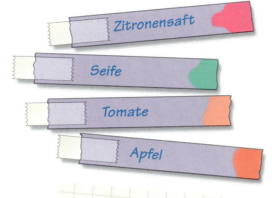

5
Mit einem ▶ Universalindikator kannst du genauer untersuchen, wie stark sauer oder alkalisch eine Lösung ist.
Auf der Verpackung des Indikatorpapiers findest du eine Farbskala mit Zahlenwerten von 1 bis 14, den so genannten ▶ pH-Wert.
Teste deine Lösungen und gib ihren pH-Wert an. Zeichne die pH-Wert-Skala von 1 bis 14 in dein Heft und klebe die Teststreifen ein. Welche pH-Werte kannst du den sauren, welchen den alkalischen Lösungen zuordnen? Welchen pH-Wert haben neutrale Lösungen?

6
Fülle ein Reagenzglas etwa 2 cm hoch mit einer Lösung von Natron in Wasser. Gib Rotkohlsaft dazu. Tropfe nun mit der Pipette vorsichtig Essig dazu. Schüttle zwischendurch, damit sich alles gut vermischt. Wie viele Tropfen brauchst du, bis der Rotkohlindikator „neutral" anzeigt? Einen solchen Vorgang nennt man eine ▶ Neutralisation.
Versuche ebenso, eine saure Lösung mit einer alkalischen zu neutralisieren.

7 Jetzt noch ein Zaubertrick ...
Gib 2 cm hoch Natron-Lösung in ein Reagenzglas und färbe sie mit Rotkohlsaft. In einem zweiten Reagenzglas stellst du eine mit Rotkohl gefärbte Essiglösung her. Lass nun mit der Pipette ganz vorsichtig die Essig-Lösung über die Natron-Lösung laufen. Beobachte die Farben.

▶ Teststreifen 212   ▶ Universalindikator 213   ▶ pH-Wert 207   ▶ Neutralisation 206

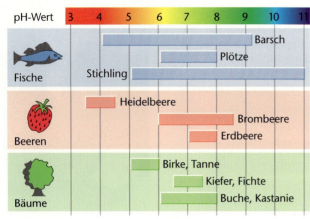

Der pH-Wert von Böden und Gewässern ist lebenswichtig für Pflanzen und Fische.

Ein Blick in die Natur

Viele Tiere und Pflanzen reagieren sehr empfindlich auf eine Veränderung des pH-Wertes.

1 Wie ein Fisch im Wasser
Sammle Informationen zum Thema ▶ Fischsterben und berichte deinen Mitschülern und Mitschülerinnen, bei welchen pH-Werten welche Fische lebensfähig sind.

2 Wie Fische „sauer" werden
Sicherlich gibt es in eurer Klasse Aquarienliebhaber, die euch etwas über die Bedeutung des ▶ pH-Wertes im Aquarium erzählen können.

3 Als „Essig" vom Himmel fiel
Im Jahre 1981 fiel im Bayrischen Wald von Luftschadstoffen versauerter Regen vom Himmel, der fast so sauer wie Tafelessig war. Er hatte einen pH-Wert von 3,5.
Welchen pH-Wert hat der Regen in deiner Stadt? Fange an mehreren Tagen den Regen in sauberen Behältern auf und bestimme den pH-Wert mit Universalindikatorpapier.

Zeigerpflanze: Huflattich

4 Gartendetektive
Es gibt eine ganze Reihe von Pflanzenarten, die sich in leicht saurem Boden wohlfühlen.
Ein Gärtner kann allein über den Pflanzenbewuchs eines Stücks Brachland auf die Art des Bodens schließen. Solche Pflanzen heißen ▶ Zeigerpflanzen. Findet ihr einige auf dem Schulgelände? Was sagen sie über den Boden aus?

5 Saurer Regen – Pflanzenkiller
Unsere Waldbäume reagieren auf den ▶ sauren Regen mit Nadel- und Blätterabwurf und Wurzelschäden. Wie sauer ist der Boden in deinem Schulumfeld?
Um den ▶ pH-Wert des Bodens zu bestimmen, benutzt du ein empfindlicheres Messgerät, das Boden-pH-Meter, an dem man die Messwerte direkt ablesen kann. Zeichne eine Karte des Schulumfelds und trage die Messergebnisse ein.

6 Samtweiche Haut
Die Oberfläche unserer Haut ist leicht sauer und schützt uns dadurch vor Krankheitskeimen. Stark alkalische Reinigungsmittel zerstören diesen Säureschutzmantel. Deshalb sind Seifen so eingestellt, dass sie die Säure nicht neutralisieren.
Geht in ein Geschäft und vergleicht die angegebenen pH-Werte von Shampoos und Seifen.

▶ Fischsterben 203   ▶ ph-Wert 207   ▶ saurer Regen 209   ▶ Zeigerpflanzen 213

7 Steinfresser am Werk

Saurer Regen zerstört Sand- und Kalkstein sehr stark. Man nennt diesen Vorgang Korrosion. Die Oberfläche der Baudenkmäler wird rauh und bröselig. Schließlich brechen ganze Stücke ab.

Fotografiere zerstörte Baudenkmäler in deiner Stadt. Präsentiere deine Fotos in der Klasse und zeige die Zerstörungen.

Tropfe ein wenig Essig auf ein Stückchen Kalkstein oder Marmor. Was passiert?

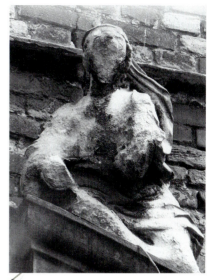

8 Ameisenkrieger

Wusstest du, dass ▶ Ameisen ihre Feinde mit Ameisensäure bespritzen? Informiere dich auch über die Feinde, die damit abgeschreckt werden. Bewege ein angefeuchtetes Stück Indikatorpapier vor dem Eingang einer Ameisenkolonie. Mit etwas Glück greifen Ameisen an und du bekommst ein paar Spritzer von der Säure auf das Papier.

Auch in Bienen- und Wespenstacheln ist übrigens Ameisensäure enthalten.

9 Pflanzenschutz

Du hast sicher schon mal schmerzhafte Erfahrungen damit gemacht, wie Brennnesseln sich vor Feinden schützen. Schneide einige Brennnesselblätter ab. Betrachte die Brennhaare der Blätter durch das Binokular. Die Spitzen brechen bei Berührung ab und geben eine Flüssigkeit frei, die Ameisensäure enthält. Lege einen angefeuchteten Indikatorpapierstreifen unter das Binokular und versuche, die Brennhaare auf dem Papier mit einer Pinzette zu zerdrücken.

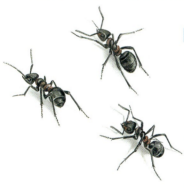

Brennhaare einer Brennnessel (REM-Aufnahme)

▶ Ameisen 202

Die Stofffahndung

Sammle Gegenstände drinnen und draußen.

Ist ein Gegenstand bekannt, aber wurden seine ▶ Stoffeigenschaften noch nicht ermittelt, dann muss der Fahnder bzw. die Fahnderin die Ermittlungen aufnehmen. Die Ergebnisse der Untersuchungen werden im Steckbrief festgehalten. Zum Beispiel:

Bei einer Stofffahndung ist ein Steckbrief ein wichtiges Hilfsmittel.

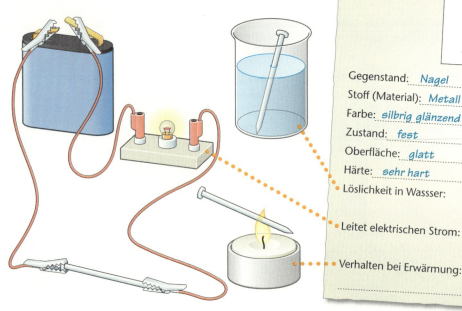

Steckbrief

Gegenstand: *Nagel*
Stoff (Material): *Metall*
Farbe: *silbrig glänzend*
Zustand: *fest*
Oberfläche: *glatt*
Härte: *sehr hart*
Löslichkeit in Wassser: ja (nein)
Leitet elektrischen Strom: (ja) nein
Verhalten bei Erwärmung: *wird sehr heiß, läuft schwarz an*

1 Nimm eigene Ermittlungen mit Gegenständen aus der Schule auf.

2 Erstelle Steckbriefe.

3 Ist ein Gegenstand unbekannt, so hilft die genaue Beschreibung im Steckbrief ihn zu finden.

Spieltipp: Jeder bzw. jede von euch schreibt zu einem Gegenstand einen Steckbrief. Der erste Spieler bzw. die erste Spielerin liest die Eigenschaften des Gegenstandes vor.
Wer die Lösung findet, ist als nächster dran.

▶ Stoffeigenschaften 209

Ermittlungssache: Die 7 Unbekannten

> Da unbekannte Stoffe giftig sein können oder bei Geruchsproben deine Nasenschleimhaut verätzen können (▶ Gefahrstoffe), sind Geschmacks- und Geruchsproben verboten.

In den 7 Gläsern befinden sich 7 verschiedene Stoffe.
Stand der bisherigen Ermittlungen ergab, dass es sich um diese 7 Stoffe handeln muss:

Die Frage ist nun: In welchem Glas befindet sich welcher Stoff?

1 Bei solchen Ermittlungsaufgaben hilft die Methode der Gegenüberstellung. Vergleiche also die Eigenschaften der bekannten Stoffe mit den Eigenschaften der unbekannten Stoffe in den Gläsern. Um den Überblick nicht zu verlieren, schreibe diese zwei Tabellen in dein Heft.

2 Gib je einen gestrichenen Teelöffel der bekannten Stoffe Salz, Zucker, Kleister usw. in jeweils ein Glas mit 50 ml Wasser. Rühre um und beobachte, was jeweils passiert. Löst sich der jeweilige Stoff in Wasser? Notiere deine Beobachtungen in Tabelle A.
Führe nun den Versuch mit den 7 Unbekannten durch. Notiere deine Ergebnisse in Tabelle B.

Eigenschaften unbekannter Stoffe Ⓑ

	Glas 1	Glas 2	Glas 3	Glas 4	Glas 5	Glas 6	Glas 7
Bildet Kristalle							
Löst sich in Wasser							
Schmilzt bei Erwärmung							
Verändert die Farbe bei Erwärmung							

Eigenschaften bekannter Stoffe Ⓐ

	Salz	Zucker	Kleister	Gips	Mehl	Backpulver	Waschpulver
Bildet Kristalle							
Löst sich in Wasser							
Schmilzt bei Erwärmung							
Verändert die Farbe bei Erwärmung							

3 Gib 2 Tropfen der Salzlösung, der Zuckerlösung, der Kleisterlösung usw. auf je ein Deckgläschen und lass sie eintrocknen. Untersuche mit Lupe oder Binokular, welcher Stoff Kristalle bildet. Notiere deine Beobachtungen in Tabelle A. Führe die Vergleichsuntersuchung mit den 7 Unbekannten durch und notiere die Beobachtungen in Tabelle B.

4 Erhitze jeweils eine Messerspitze voll, erst der bekannten Stoffe, dann der 7 Unbekannten, 3 Minuten lang auf deinem selbst gebauten ▶ Dosenbrenner.
Notiere deine Beobachtung in der jeweiligen Tabelle.

5 **Fahndungsergebnis**
Vergleiche Tabelle A mit Tabelle B.
Wie heißen die 7 Unbekannten?

▶ Gefahrstoffe 204　　▶ Dosenbrenner 203

Von versteckten Farben und Geheimschriften

1 Mit diesem Versuch kannst du testen, welche deiner Stifte wasserlöslich sind.

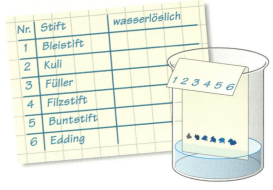

Trage verschiedene Farbpunkte nebeneinander am unteren Rand des Filterpapiers auf. Hänge es so in das Wasser, dass es eben nass wird. Welche deiner Stifte sind wasserlöslich, welche nicht?

2 Die Fälschung

Dieser Scheck wurde Herrn Meier zum Verhängnis. Er hatte den Scheck auf 1000 € ausgestellt. Aber dann wurde von einem Betrüger eine weitere Null angehängt und so von Herrn Meiers Konto 10 000 € abgebucht. Mit etwas Wasser war in diesem Fall der Betrug leicht zu beweisen. Wie könnte der Versuch aussehen?
Das Verfahren, das hier angewendet wurde, heißt ▶ Chromatografie.

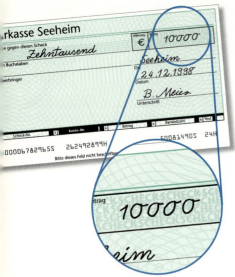

3 Geheimschrift

Sandra schreibt an Timo einen Brief. Es geht um den neuen Treffpunkt der Freunde, den natürlich nicht jeder kennen soll.
Sie schreibt den Brief mit einem normalen, wasserlöslichen Filzstift, übermalt aber bestimmte Buchstaben mit einem wasserfesten Filzstift. Wenn Timo den Brief ins Wasser hält, wird die Botschaft nach kurzer Zeit sichtbar.
Schreibe einen Geheimbrief!

Es geht auch anders:
Schreibe mit Zitronensaft. Nach dem Trocknen kannst du die Botschaft über einer Kerze sichtbar machen!

▶ Chromatografie 202

4 Der Farbentest

Du hast es sicher schon gemerkt, in den Filzstiften stecken mehr Farben, als du sehen kannst.

Mit diesen Versuchen kannst du deine Filzstiftfarben einzeln testen.

a) Du brauchst dafür Rundfilter und eine Petrischale.

Bohre mit einem Bleistift ein großes Loch in die Mitte des Rundfilters. Male mit deinem schwarzen Filzstift einen kräftigen Kreis um das Loch. Rolle ein halbes Filterpapier so auf, dass du es durch das Loch stecken kannst.

Fülle die Petrischale 1 cm hoch mit Wasser und stelle das Papier mit dem Docht hinein. Beobachte nun genau, was mit der schwarzen Farbe passiert. Kannst du eine Erklärung dafür finden?

b) Wiederhole den Versuch mit anderen Farben. Welche sind besonders gut geeignet?

c) Welche Farbteilchen werden besonders weit transportiert?

d) Vergleiche schwarze Filzstifte verschiedener Marken.

Arbeite wie in Versuch 1.

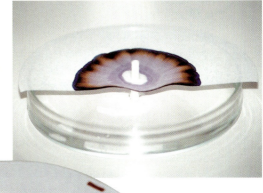

5

Du kannst als Docht auch ein Stück Kreide nehmen.

Trage etwa 2 cm entfernt vom unteren Ende der Kreide die Filzstiftfarbe auf, indem du viele Punkte nebeneinander setzt. Stelle das Stück Kreide mit dem unteren Ende in eine mit Wasser gefüllte Petrischale.

Beobachte und beschreibe.

6 Ein Kunstwerk für die Klasse

Ihr braucht ein großes Stück Küchenpapier, eine große Wasserwanne und wasserlösliche Filzstifte. Jeder bzw. jede aus der Gruppe darf Fantasiemuster (Kreise, Kleckse, dicke Linien) auf das Küchenpapier malen. Füllt etwa 1 cm hoch Wasser in die Wanne. Dann taucht den unteren Streifen des Bildes in das Wasser. Was passiert mit dem Wasser, was mit den Farben? Lasst das Bild trocknen und hängt es auf.

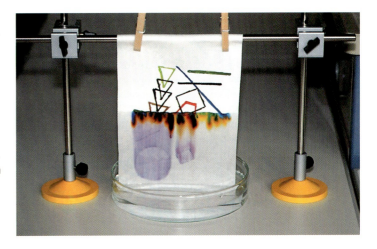

▶ Ameisen

Ameisen sind Insekten, die in Kolonien (Staaten) leben. Es gibt mehrere Tausend Arten mit unterschiedlichen Lebensweisen. Bei uns bekannt sind die Gartenameise und die Rote Waldameise, in den Tropen Blattschneiderameise und Wanderameisen.

Ameisenstaaten haben eine oder mehrere Königinnen. Sie legen die Eier. Alle Arbeiten im Staat werden von Arbeiterinnen verrichtet. Sie bauen, reinigen und bewachen das Nest, beschaffen Nahrung, füttern und pflegen die Königin und die Brut. Je nach Art können sie Blattläuse melken oder Pilzgärten pflegen oder auf Raubzüge gehen. Ihre Nester und Futterwege werden mit Duftstoffen markiert. An ihnen erkennen sich alle Ameisen eines Staates, fremde Ameisen werden angegriffen. Die Waffen der Ameisen sind kräftige Kiefer und Ameisensäure. Viele Arten wie z. B. die Rote Waldameise versprühen diese Säure aus einer Hinterleibsdrüse. Manche Arten haben auch einen Giftstachel.

Ameise in Kampfstellung

Rote Waldameisen spritzen Säure

▶ Chromatografie

Die Papierchromatografie ist ein Verfahren zur Stofftrennung von sehr kleinen Mengen eines Gemisches mithilfe von Wasser oder anderen Lösungsmitteln.

Das Stoffgemisch – z. B. schwarze Farbe – wird auf einen Papierstreifen aufgetragen und in ein Gefäß mit Wasser gehängt, sodass es gerade die Wasseroberfläche berührt. Das Wasser steigt langsam im Papier nach oben und nimmt dabei die Farbteilchen mit. Manche Farbteilchen haften stärker am Papier und kommen nur langsam voran. Andere werden dagegen besonders schnell und weit mitgenommen. Gleiche Farben können aus unterschiedlichen Mischungen bestehen, die durch dieses Verfahren sichtbar werden.

Im Labor können so kleinste Mengen von Verunreinigungen z. B. in Lebensmitteln aufgespürt werden.

Papierchromatografie

▶ Dosenbrenner

Du brauchst:
- eine leere und gereinigte Getränkedose
- eine alte Schere
- mehrere Teelichter.

Die Dose wird in der Mitte durchgeschnitten (Vorsicht scharfe Kanten!!!). Der untere Teil, die Standfläche, sollte eine Mindesthöhe von ca. 5 cm haben. Damit das Teelicht brennen kann, benötigt es den Sauerstoff aus der Luft. Vier oder fünf V-förmige Einschnitte in die Dose lösen das Problem. Die Stoffproben kannst du direkt in die Mulde der Getränkedose oder in die Hülle eines Teelichtes geben, das du dann dort hineinstellst.

▶ Fischsterben

Saurer Regen, der durch Luftverschmutzung entsteht, kann zu einer Absenkung des pH-Werts in Gewässern führen. Wenn er unter unter 4,5 fällt, dann ist eine große Anzahl von Fischarten nicht mehr lebensfähig. Von solch einer Übersäuerung sind besonders die empfindlichen Jungtiere betroffen.

Aber auch eine zu starke Erhöhung des pH-Wertes vertragen Fische nicht. Abwässer und Dünger aus der Landwirtschaft können zu einer massiven Algenentwicklung führen. Die Lebensprozesse der Algen erhöhen den pH-Wert. Viele Fischarten sterben, wenn er über 9,8 steigt. Kommt es dabei zu einer Algenblüte an der Oberfläche eines Gewässers, wird das für alle Lebewesen im Wasser notwendige Licht abgeschirmt. Die Pflanzen verfaulen und ver-

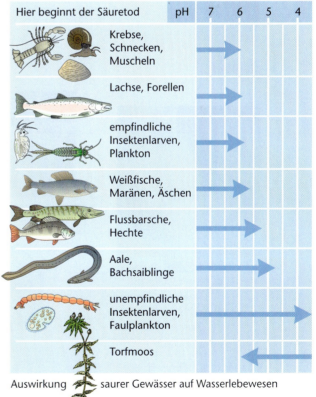

Auswirkung saurer Gewässer auf Wasserlebewesen

Algenblüte

brauchen dabei den Sauerstoff im Wasser. Es entsteht eine trübe, sauerstoffarme Brühe, in der Fische nicht überleben können.

Gute Teiche haben einen pH-Wert von 7,5 bis 8,5. In Flüssen und Bächen liegt er zwischen 7,0 und 7,8.

▶ Gefahrstoffe

Gefährliche Stoffe müssen mit einem Gefahrensymbol versehen werden.

Symbol	Gefahrenbezeichnung	Kennbuchstabe	Gefährlichkeitsmerkmale
☠	Sehr giftig	T⁺	Dieser Stoff verursacht äußerst schwere Gesundheitsschäden, schon weniger als 25 mg pro kg Körpergewicht können bei Einnahme zum Tod führen.
☠	Giftig	T	Der Stoff kann erhebliche Gesundheitsschäden verursachen, 25 bis 200 mg pro kg Körpergewicht können zum Tod führen.
☠	Krebs erzeugend		Dieser Stoff kann bei Lebewesen die Entwicklung von Krebs auslösen.
☠	Erbgut verändernd		Dieser Stoff kann das Erbgut von Lebewesen schädigen.
☠	Reproduktionstoxisch		Dieser Stoff kann die Fortpflanzung von Lebewesen beeinträchtigen.
✖	Gesundheitsschädlich	Xn	Dieser Stoff ist gesundheitsschädlich. 200 bis 2000 mg pro kg Körpergewicht können tödlich sein.
✖	Reizend	Xi	Dieser Stoff hat Reizwirkung auf Haut und Schleimhäute, er kann Entzündungen auslösen.
🧪	Ätzend	C	Der Stoff kann lebendes Gewebe zerstören.
💥	Explosionsgefährlich	E	Dieser Stoff kann unter bestimmten Bedingungen explodieren.
🔥	Brandfördernd	O	Dieser Stoff ist brandfördernd, er reagiert mit brennbaren Stoffen.
🔥	Hoch entzündlich	F⁺	Dieser Stoff ist selbst entzündlich, er kann bereits bei Temperaturen unter 0 °C entflammen.
🔥	Leicht entzündlich	F	Dieser Stoff ist leicht entzündlich, er kann bei Temperaturen unter 21 °C entflammen. Oder: Dieser Stoff bildet explosionsfähige Gemische mit Luft. Oder: Dieser Stoff bildet, mit Wasser zusammengebracht, brennbare Gase.
🌳	Umweltgefährlich	N	Dieser Stoff kann längerfristig schädliche Wirkungen auf die Umwelt haben. Er ist schädlich in Gewässern, Boden oder Luft und (sehr) giftig für Organismen.

▶ Gemisch

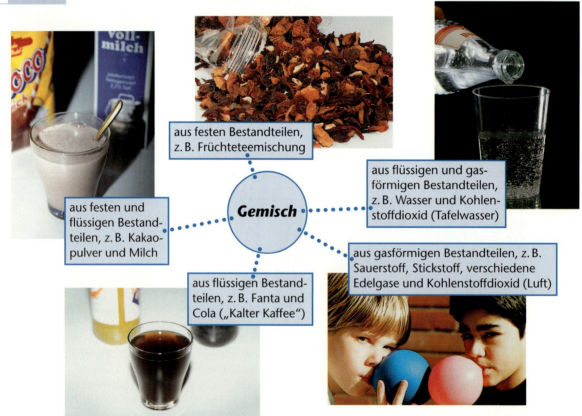

- aus festen Bestandteilen, z. B. Früchteteemischung
- aus flüssigen und gasförmigen Bestandteilen, z. B. Wasser und Kohlenstoffdioxid (Tafelwasser)
- aus festen und flüssigen Bestandteilen, z. B. Kakaopulver und Milch
- aus flüssigen Bestandteilen, z. B. Fanta und Cola („Kalter Kaffee")
- aus gasförmigen Bestandteilen, z. B. Sauerstoff, Stickstoff, verschiedene Edelgase und Kohlenstoffdioxid (Luft)

▶ Indikatoren

Indikatoren (von lateinisch indicare = anzeigen) sind Nachweisstoffe. Sie enthalten Farbstoffe, die sich beim Zusammentreffen mit sauren oder alkalischen Stoffen verändern.
Solch ein Indikator ist z. B. der Farbstoff Lackmus. Er wird aus einer Pflanze gewonnen. Mit ihm ist das Lackmuspapier getränkt. Kommt Lackmus mit sauren Stoffen zusammen, verfärbt es sich rot. Mit alkalischen Stoffen verfärbt es sich blau.
Genauere Werte werden mit Universalindikator ermittelt.

▶ Lebensmittelzusatzstoffe

Limonaden müssen keinen Fruchtsaft enthalten (Saft und Limonaden). Bei vielen entsteht der Geschmack nur durch Zugabe von Limonaden- bzw. Erfrischungsgetränkegrundstoff zu reinem Wasser oder Mineralwasser. In dem Grundstoff sind z. B. Aromastoffe und Säuerungsstoffe enthalten, für die Süße Zucker oder andere Süßstoffe. Für das angenehme Aussehen steht eine ganze Reihe von Farbstoffen zur Auswahl.
In Europa sind fast 300 Zusatzstoffe für Lebensmittel zugelassen. Auf der Verpackung findet man entweder den Namen oder eine E-Nummer.
Manche der Stoffe können Allergien oder andere Beschwerden auslösen. Über solche Wirkungen kann man z. B. in den Broschüren von Verbraucherzentralen nachlesen. Dort erfährt man etwas über:
– mehr als 40 Farbstoffe
– mehr als 45 Konservierungsstoffe
– mehr als 40 Säuerungsmittel
– mehr als 20 Verdickungs-, Gelier- und Feuchthaltemittel
– mehr als 40 Emulgatoren
– mehr als 45 weitere Zusatzstoffe
– mehr als 25 Geschmacksverstärker
– mehr als 30 Süßstoffe
Die ca. 3000 verwendeten künstlichen bzw. natürlichen Aromastoffe haben keine E-Nummern.

E-Nr.	Name	Herkunft	Wirkung	Einstufung
E 150d	Ammonsulfit-Zuckerkulör	künstlich	färbt braun	häufigen Verzehr vermeiden
E 160a	Carotine	künstlich	färbt orange	unbedenklich
E 290	Kohlenstoffdioxid	natürlich	macht haltbar	unbedenklich
E 300	Ascorbinsäure	künstlich	macht haltbar	unbedenklich
E 330	Citronensäure	künstlich	macht sauer	unbedenklich
E 331	Natriumcitrat	künstlich	macht sauer	unbedenklich
E 410	Johannisbrotkernmehl	natürlich	bindet, macht stabil	unbedenklich
E 954	Saccharin	künstlich	süßt	häufigen Verzehr vermeiden

▶ Lösungen

Lösungen sind Stoffgemische (Gemisch), bei denen sich der eine Stoff so vollständig im anderen verteilt, dass eine klare und durchsichtige Flüssigkeit entsteht. So löst sich z. B. Zucker leicht in Wasser. Nur am Geschmack lässt sich das Vorhandensein von Zucker noch erkennen. Man kann auch Flüssigkeiten (z. B. Alkohol) oder Gase (z. B. Sauerstoff, Kohlenstoffdioxid) in Wasser oder anderen Flüssigkeiten lösen.
Ist ein fester, wasserunlöslicher Stoff in Wasser oder einem anderen Lösungsmittel fein verteilt, so handelt es sich nicht um eine Lösung, sondern um eine Suspension (Aufschlämmung).

Lösung: Zuckerwasser

Suspension: Kakao

▶ Milliliter

Milli (lateinisch) bezeichnet das Tausendstel einer Einheit.
Ein Liter Flüssigkeit kann man aufteilen in tausend kleinere Einheiten, die Milliliter (ml).
1000 ml = 1 l.
Ein Milliliter (ml) Flüssigkeit passt in einen kleinen Würfel mit einer Kantenlänge von 1 cm.
In einen Würfel mit einer Kantenlänge von 10 cm passt 1 Liter Flüssigkeit.
Weitere Beispiele sind:
1000 Millimeter (mm) = 1 Meter (m)
1000 Gramm (g) = 1 Kilogramm (kg)

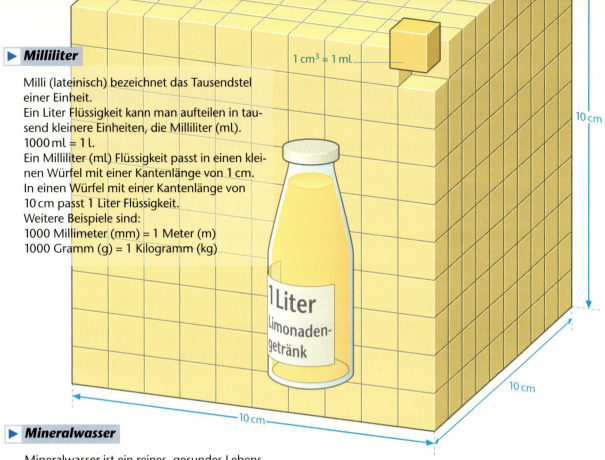

$1 cm^3 = 1 ml$

▶ Mineralwasser

Mineralwasser ist ein reines, gesundes Lebensmittel, das direkt am Quellort abgefüllt wird.
Alle Mineralwässer werden im amtlichen Labor auf ihre Zusammensetzung hin untersucht. Die Zusammensetzung wird auf dem Etikett dargestellt.
Je nach Zusammensetzung wird zwischen Mineralwasser, Heilwasser, Quellwasser und Tafelwasser unterschieden. Schon die Römer tranken germanisches Mineralwasser. Früher war es teuer, heute kann es sich jeder leisten.

Anforderungen gemäß Verordnung über natürliches Mineralwasser, Quellwasser und Tafelwasser (MTVO)	natürliches Mineralwasser	natürliches Heilwasser	Quellwasser	Tafelwasser
von ursprünglicher Reinheit	○	○		
aus unterirdischen, vor Verunreinigungen geschützten Wasservorkommen	○	○		
Nachweis bestimmter - ernährungsphysiologischer Wirkungen - prophylaktisch/therapeutischer Wirkungen	○	○		
enthält von Natur aus Mineralien und Spurenelemente	○	○	○	
amtliche Anerkennung amtliche Zulassung	○	○		
am Quellort abgefüllt	○	○	○	

* zur Herstellung von Tafelwasser sind gemäß § 11 MTVO bestimmte Zusatzstoffe zugelassen. Die oben genannten Anforderungen müssen nicht nachgewiesen werden.

▶ Neutralisation

Neutral ist abgeleitet aus dem lateinischen neutrum = keines von beiden.
Bei einer Neutralisation gleichen sich saure und alkalische Eigenschaften von Lösungen aus und heben sich auf. Der pH-Wert der neutralen Lösung ist 7.

Ein Industriebetrieb, in dem bei der Produktion Säuren oder alkalische Lösungen entstehen, muss eine Anlage nachweisen, in der diese schädlichen Stoffe neutralisiert werden müssen, bevor sie ins Abwasser geleitet werden.

▶ pH-Wert

Der pH-Wert gibt an, wie stark sauer oder alkalisch eine Lösung ist.

pH-Wert im Aquarium

In allen Weltmeeren ist der pH-Wert etwa 8,3. Die Meerwasserfische im Aquarium leben bei einem Wert zwischen 8,0 und 8,6. Wenn zu viele Algen im Wasser sind, kann der pH-Wert zu hoch werden.
Im Süßwasseraquarium sollte der pH-Wert zwischen 6,5 und 8,5 liegen.
Süßwasserfische aus leicht braun gefärbten südamerikanischen Urwaldflüssen („Schwarzwasserflüsse") brauchen leicht saures Wasser mit pH-Werten zwischen 6,0 und 7,5.
Ostafrikanische Buntbarsche fühlen sich in leicht alkalischem Wasser (7,5 bis 8,5) wohl. Wenn die jeweiligen pH-Werte nicht eingehalten werden, sind die Fische anfällig für Fischkrankheiten und es kann zum Fischsterben kommen.
Durch einen Wasserwechsel kann man den pH-Wert verändern.

pH-Wert des Bodens

Ein Landwirt sollte über die pH-Werte seiner Felder Bescheid wissen, denn die Kulturpflanzen haben unterschiedliche Ansprüche an den Boden.

pH-Wert und Farbe von Universalindikator		Beispiele	pH-Werte
0	stark sauer	ca. 4%ige Salzsäure	etwa 0
1		Magensaft	1,0 bis 2,0
2		Zitronensaft Speiseessig	2,3 / 2,3 bis 3,0
3		Wein	etwa 3,0
4	schwach sauer	Urin	4,0 bis 7,0
5		„reiner" Regen	5,6
6		Milch	6,4 bis 6,7
7	neutral	reines Wasser / Blut	7,0 / 7,4
8	schwach alkalisch	Meerwasser / Darmsaft	8,3 / 8,3
9		Seifenlösung	8,0 bis 10,0
10		Kalkwasser	10,5
11		Salmiakgeist	11,9
12	stark alkalisch		
13			
14		ca. 4%ige Natronlauge	etwa 14,0

pH-Werte einiger häufig vorkommender Lösungen

pH-Messgerät

pH-Messgerät im Boden

Beste Wachstumsbedingungen:
für Roggen pH 5 bis 6

für Gerste pH 7 bis 8

für Kartoffeln pH 5 bis 8

▶ **Prozent (%)**

Der Begriff Prozent kommt aus dem Lateinischen und bedeutet: pro Hundert. In Prozent wird ein Anteil vom Ganzen ausgedrückt.

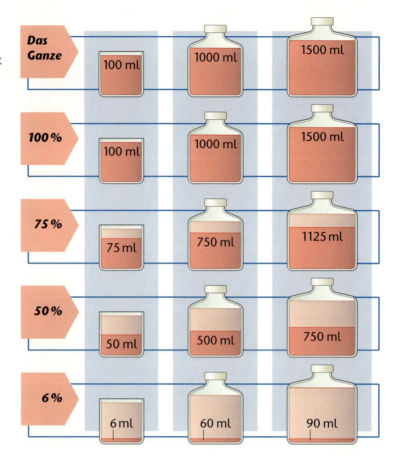

Das Ganze	100 ml	1000 ml	1500 ml
100 %	100 ml	1000 ml	1500 ml
75 %	75 ml	750 ml	1125 ml
50 %	50 ml	500 ml	750 ml
6 %	6 ml	60 ml	90 ml

▶ **Saft und Limonaden**

Fruchtsaft
Fruchtsäfte bestehen aus 100 % (Prozent) Saft. Sie können direkt abgefüllt oder aus einem Konzentrat hergestellt werden. Wird der Fruchtsaft aus Konzentrat hergestellt, darf nur so viel Wasser wieder zugesetzt werden, wie vorher entfernt wurde. Die Fruchtsäfte dürfen weder mit Zucker noch mit Farb- oder Konservierungsstoffen versetzt werden.

Fruchtnektar
Fruchtnektare weisen mindestens 25 % bis 50 % Fruchtsaftgehalt auf und enthalten zusätzlich Wasser und Zucker oder – bei Diätnektaren – Süßstoff. Zusätze wie Konservierungs- und Farbstoffe sind nicht erlaubt.

Fruchtsaftgetränk
Fruchtsaftgetränke enthalten am wenigsten Fruchtsaft. Der Anteil reicht von 6 % bei Apfelsinen- und Grapefruitsaftgetränken bis zu 30 % bei Trauben- und Apfelsaftgetränken. Der Zusatz von Zucker ist nicht begrenzt.

Limonaden
Limonaden müssen keinen Fruchtsaft enthalten. Lebensmittelzusatzstoffe, wie z. B. Konservierungs- und Farbstoffe, sind erlaubt.

▶ saurer Regen

Beim Verbrennen schwefelhaltiger Brennstoffe (Heizöl, Kohle, Benzin) in Kraftwerken, Haushalten und Autos entstehen Abgase. Diese ergeben mit Regen, Nebel oder Luftfeuchtigkeit eine saure Lösung, den sauren Regen. Dieser kann Menschen, Tiere, Pflanzen und Bauwerke schädigen.
Deshalb muss man versuchen, die Luftbelastung mit Abgasen zu verringern. Das geht am besten über Energie sparen. Man kann aber auch verbrennungsfrei aus Sonne, Wind und Wasserkraft gewonnene Energie einsetzen oder umweltfreundliche Brennstoffe wie schwefelfreies Erdgas verwenden. Die großen Heiz- und Kraftwerke haben Anlagen zur Rauchgasentschwefelung und -entstickung. Private Heizungsanlagen werden jedes Jahr vom Schornsteinfeger überprüft.
Autoabgase kann man z. B. durch Benutzung des Fahrrades oder öffentlicher Verkehrsmittel vermeiden oder durch verbrauchsärmere Autos und Abgaskatalysatoren verringern.

▶ Stoffeigenschaften

Alle Stoffe bestehen aus kleinen Teilchen. Bei festen Stoffen sind die Teilchen möglichst regelmäßig angeordnet und dicht gepackt. Da sich die Teilchen untereinander anziehen können, ist es schwer sie zu verschieben und deshalb sind die meisten festen Stoffe schwer zu verformen.
Erhitzt man die festen Stoffe, dann beginnen sich die kleinen Teilchen nach und nach voneinander zu lösen und die Anziehungskräfte werden geringer. Der Stoff schmilzt. Diese **Schmelztemperatur** kann man messen. Bei Wasser beträgt sie 0 °C. Die Wasserteilchen ziehen sich aber noch ein wenig untereinander an. Die Anziehung zwischen den Teilchen geht erst endgültig verloren, wenn ein Stoff gasförmig wird. Diesen Punkt nennt man **Siedepunkt**. Bei Wasser beträgt er 100 °C.
Jeder Stoff hat einen speziellen Schmelz- und Siedepunkt. Deshalb sind diese Werte von großem Nutzen, wenn man einen unbekannten Stoff erkennen muss. Dabei können auch die Stoffeigenschaften Farbe, Geruch und Geschmack behilflich sein. Weitere Eigenschaften, die einen Stoff kennzeichnen sind: Oberflächenbeschaffenheit, Härte, Löslichkeit, Verhalten bei Erwärmung und elektrische Leitfähigkeit.

Stoff	Siedepunkt	Schmelzpunkt
Stickstoff	−196 °C	−210 °C
Sauerstoff	−183 °C	−219 °C
Alkohol	78 °C	−114 °C
Wasser	100 °C	0 °C
Kochsalz	1 461 °C	800 °C
Silber	2 212 °C	962 °C
Zinn	2 270 °C	232 °C
Aluminium	2 467 °C	660 °C
Eisen	2 750 °C	1 535 °C
Gold	3 080 °C	1 065 °C

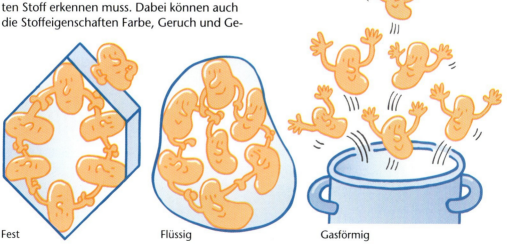

Fest   Flüssig   Gasförmig

Weitere Beispiele für Stoffeigenschaften findest du auf der nächsten Seite:

Einige Beispiele für Stoffeigenschaften:

Die **Härte** eines Stoffes kann man durch einen Ritzversuch bestimmen.

Metall

Kunststoff

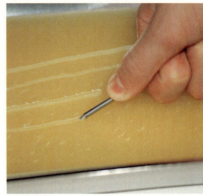
Wachs

Die **Löslichkeit** in Wasser ist bei den Stoffen sehr unterschiedlich.

> In 100 g Wasser lösen sich:
> 200 g Zucker
> 35,0 g Kochsalz
> 20,0 g Soda
> 0,2 g Gips
> 0,0043 g Sauerstoff
> 0,0015 g Kalkstein

Wenn sich ein Stoff gut auflöst, wie z. B. Kochsalz, kann man auch prüfen, ob der Stoff nach dem Verdunsten der Wasserteilchen Kristalle bildet, an denen man den Stoff wegen der unterschiedlichen **Kristallformen** erkennen kann.

Stoff löst sich in Wasser (Brauner Kandiszucker)

Stoff löst sich nicht in Wasser (Mehl)

Soll die elektrische **Leitfähigkeit** geprüft werden, schaltet man den zu untersuchenden Stoff in einen Stromkreis. Wenn ein Eisennagel den elektrischen Strom leitet, leuchtet die Glühlampe auf. Bei einem Stück Holz, das den Strom nicht leitet, leuchtet die Lampe nicht auf.

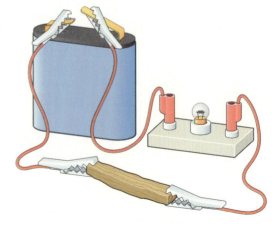

▶ Stofftrennung

Mit diesen Methoden kannst du die Gemische trennen:

Eindampfen
Beim Eindampfen lassen sich die Wasserteilchen von den anderen Stoffen trennen.

Absetzen = Sedimentieren
Die schweren Kakaoteilchen setzen sich am Boden ab.

Filtrieren
Das Filter wirkt wie ein feines Sieb, selbst die feingemahlenen Kaffeeteilchen werden zurückgehalten.

Extrahieren
Beim Extrahieren werden wie hier beim Tee Aroma, Farb- und andere Teilchen aus den Teeblättchen herausgelöst.

Trennverfahren

Sieben
Spagetti und Wasser werden durch das Sieb getrennt.

Kristallisieren
Bei manchen Stoffen bleiben Kristalle zurück, wenn das Wasser verdunstet.

Chromatografie
So lassen sich Farbstoffe trennen. Das Fließmittel transportiert die Farben unterschiedlich schnell.

Weitere Trennverfahren, die im Labor und in der Industrie eine Rolle spielen, sind z. B. das Zentrifugieren, das Destillieren sowie die Magnettrennung.

▶ Tee

Teestrauch

Tee bezeichnet das Getränk aus den aufgebrühten Blättern des Teestrauchs. Er kommt wild in den Bergwäldern Südostasiens vor und wird dort bis 30 m hoch. In Teeplantagen wird er durch ständiges Beschneiden auf eine Höhe von 1 m bis 1,50 m verkleinert, damit die Blätter leicht geerntet werden können.
Durch spezielle Verarbeitung kann aus den Blättern des Teestrauchs grüner oder schwarzer Tee hergestellt werden. Die grünen Teeblätter behalten ihre grüne Farbe, wenn sie mit Wasserdampf behandelt werden. Um schwarzen Tee zu erhalten, müssen die frischen Teeblätter in großen Welkhäusern einige Stunden welken, dann werden die schlaffen Blätter gerollt, gewalzt und mit Messern zerrissen und zerquetscht. Dadurch gelangt der Sauerstoff der Luft an den Zellsaft der Teeblätter. Sie werden schwarz. Schließlich werden sie bei etwa 90 °C geröstet, um alle Lebensvorgänge im Blatt zu beenden.

Schwarzer Tee   Grüner Tee

Als der Tee nach Europa kam, versprachen die Händler den Teetrinkern neben Munterkeit auch schöne Träume und ein besseres Gedächtnis. Coffein heißt der Stoff, der das bewirkt.

Coffeingehalt	
in Teeblättern	4,0 %
in Kaffeebohnen	1,5 %
in Kakaobohnen	0,2 %

▶ Teststreifen

So kannst du dir Indikator-Papier selbst herstellen:
Schneide Streifen aus einem Stück Filterpapier, tränke sie mit dem Rotkohlsaft und lasse sie trocknen. Wiederhole den Vorgang mehrmals. Wenn es schnell gehen soll, trockne sie zwischendurch mit einem Föhn.

▶ Universalindikator

Universalindikatoren (Indikator) sind ein Gemisch aus verschiedenen Farbstoffen. Gibt man etwas davon in den zu prüfenden Stoff, dann zeigt die neu entstehende Farbe, wie stark sauer oder alkalisch der Stoff ist. Durch Vergleich mit einer Farbskala wird der pH-Wert ermittelt. Universalindikatoren gibt es flüssig oder als Universalindikatorpapier (Teststreifen).

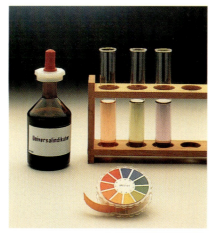

▶ Zeigerpflanzen

Wenn diese Pflanzenarten in größerer Zahl vorkommen, kann man oft daran den pH-Wert des Bodens erkennen.

Torfmoos pH 3 bis 4

Heidelbeere pH 3,5 bis 4,5

Heidekraut pH 3,5 bis 5

Bärenlauch pH 5,5 bis 7

Huflattich pH 7 bis 8

Wetter und Jahresrhythmik

Baue Wettermessgeräte

Wenn der Hahn kräht auf bleibt das Wetter, wie es

Luftfeuchtigkeit

So funktioniert dein Hygrometer:
Das linke Thermometer wird beim Verdunsten des Wassers gekühlt. Durch Vergleichen mit dem rechten Thermometer kannst du mit der Tabelle die Luftfeuchtigkeit bestimmen.

Du brauchst:
2 Thermometer, steife Pappe, einen Streifen Verbandmull, Kleber, ein Filmdöschen, destilliertes Wasser

Niederschlagsmenge

So funktioniert dein Regenmesser:
An der Skala kannst du ablesen, wie viel Millimeter Niederschlag gefallen sind.

Du brauchst:
Lineal und Schere, Plastikflasche mit geraden Wänden, farbiges Klebeband, ein Stück Maßband, Murmeln oder saubere Kieselsteine, Wasser,

Das musst du machen:
- Schneide den oberen Teil der Flasche ab. Sichere die scharfen Kanten mit Klebeband.
- Klebe mehrere Streifen Klebeband im Abstand von 1 cm auf die Flasche. Befestige das Maßband daneben.
- Beschwere den Regenmesser mit einer Hand voll Murmeln oder Steinen, damit er nicht umfällt.
- Gieße bis zur untersten Marke Wasser hinein, hier beginnen die Messungen.
- Miss die Niederschlagsmenge.

Das musst du machen:
- Damit die Thermometerspitzen einen Abstand zur Rückwand haben, klebe zunächst 2 Pappstreifen auf die Rückwand.
- Klebe dann darauf die 2 Thermometer.
- Klebe das Filmdöschen unter das linke Thermometer.
- Fülle das Filmdöschen halb mit Wasser und lege den Verbandmull hinein.
- Wickle ein Ende des feuchten Mulls um die Thermometerspitze.
- Lies nach etwa 10 Minuten beide Thermometer ab.

Relative Luftfeuchtigkeit (%)					
Umgebungs-temperatur	Temperaturunterschied durch Verdunstung				
	1 °C	2 °C	3 °C	4 °C	5 °C
−5,0 °C	77 %	54 %	32 %	11 %	
0,0 °C	82 %	65 %	47 %	31 %	15 %
5,0 °C	86 %	71 %	58 %	45 %	32 %
10,0 °C	88 %	76 %	65 %	54 %	44 %
15,0 °C	90 %	80 %	70 %	61 %	52 %
20,0 °C	91 %	82 %	74 %	66 %	58 %
25,0 °C	92 %	84 %	77 %	70 %	63 %
30,0 °C	93 %	86 %	79 %	73 %	67 %

dem Mist, ist?

Wähle:
- Frühling – die Zeit des Erwachens 216
- Sommerschule – ein Tag im Freibad 222
- Herbst – eine windige Zeit 228
- Winter – Zeit der Ruhe? 234

Luftdruck

So funktioniert dein Barometer:
Im Glasgefäß ist die Luftmenge immer gleich. Steigt der Luftdruck außen, so wird die Gummihaut ein wenig in das Gefäß gedrückt. Die Spitze des Zeigers bewegt sich nach oben. Sinkt der Luftdruck, so wird das Gummi durch die Luft im Glas etwas nach außen gewölbt. Die Zeigerspitze bewegt sich nach unten.

Du brauchst:
Lineal und Schere, ein großes Glas, einen großen Luftballon, 2 Trinkhalme, Pappe und Klebeband

Das musst du machen:
- Schneide den Hals des Ballons ab, sodass du ihn über die Öffnung des Glases ziehen kannst.
- Klebe den Rand des Ballons am Glas fest. Es darf absolut kein Leck geben.
- Klebe die Trinkhalme zusammen und befestige ein Pappdreieck an einem Ende.
- Klebe das andere Ende in die Mitte der Ballonhaut.
- Miss mit dem Lineal im Abstand von einigen Stunden den Zeigerstand. Prüfe, ob der Luftdruck sinkt oder steigt.

Windrichtung und -geschwindigkeit

So funktioniert dein Windmesser:
Die Fahne des Windmessers stellt sich so, dass sie dem Wind möglichst wenig Widerstand bietet. Der Pappstreifen an der Seite hebt sich mit wachsender Windgeschwindigkeit.

Du brauchst:
Lineal und Schere, 2 Pappstücke (10 x 24 cm und 17 x 1 cm) 2 Holzspieße Trinkhalm, Kugelschreiberhülse, Knetmasse

Das musst du machen:
- Falte die beiden Pappstücke jeweils in der Mitte.
- Lege einen Holzspieß 1 cm vom Falz entfernt in die größere Pappe und klebe die Hälften zusammen.
- Lege ein 1 cm langes Trinkhalmstück in den Falz des schmalen Pappstreifens und klebe die Hälften ebenfalls zusammen.
- Bohre ein Stück Holzspieß durch die obere Ecke der größeren Pappe und führe ihn durch das Trinkhalmstück.
- Zeichne einen 90°-Bogen auf die Windfahne und unterteile ihn in Abschnitte von 15°.
- Sichere die Enden der Holzspieße mit Kugeln aus Knetmasse.
- Stecke die Kugelschreiberhülse in einen Klumpen Knetmasse und stelle den Windmesser hinein.

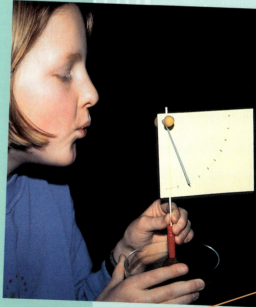

Frühling – die Zeit

Was stellen denn die beiden Karten dar? Sind die gleich, ähnlich oder ganz anders?

Guten Morgen liebe Zuhörer, es ist 7 Uhr. Sie hören die Wettervorhersage für Donnerstag, den 26. März.

Nach Auflösen von starkem Frühnebel mit Sichtweiten um 50 m setzt sich die Sonne im Laufe des Vormittags stärker durch. Gleichzeitig nimmt der Wind aus westlichen Richtungen zu. Gegen Nachmittag zieht von Westen her eine Regenfront mit starker Bewölkung auf und es kommt zu starken Niederschlägen. Diese nehmen gegen Abend ab und die dichten Wolken lockern sich auf.

Die Tagestemperaturen werden im Laufe des Morgens unter Nebel kaum 5 °C überschreiten, mit zunehmender Sonneneinstrahlung sind gegen Mittag 15 °C zu erwarten. Die Nachmittags- und Abendtemperaturen liegen bei ca. 10 °C.

So ein Nebel – man sieht kaum die Hand vor Augen!

1 Nebel selbst gemacht

Erhitze in einem Gefäß mit Deckel Wasser auf eine Temperatur von 60 °C.
Halte über das geöffnete Gefäß eine Schale mit Eis. Was kannst du beobachten?
Suche eine Erklärung, warum es gerade morgens oder abends zu Nebelbildungen kommt!

7:00 UHR

2 Der ▶ Nebel löst sich auf

a) Blase mit einem Föhn vorsichtig kalte Luft über den künstlichen Nebel.
b) Probiere es nun mit warmer Luft. Was kannst du beobachten?

11:00 UHR

3 Wasserversuch 1

Nimm drei flache Schalen und fülle jeweils 100 ml Wasser hinein. Markiere den Wasserstand. Stelle Schale 1 auf die Fensterbank des Klassenraumes, Schale 2 in den Schrank. Schale 3 wird mit einer Glasplatte abgedeckt und ebenfalls auf die Fensterbank gestellt. Beobachte in den nächsten Tagen die Veränderungen und schreibe sie mit dem jeweiligen Datum auf.

4 Wasserversuch 2

a) Erwärme Wasser in drei Gefäßen auf eine Temperatur von 20°, 40° und 60 °C. Halte nun eine gekühlte Glasplatte oder einen gekühlten Spiegel über jedes geöffnete Gefäß. Was beobachtest du? Gibt es Unterschiede?

b) Miss die Luftfeuchtigkeit in 10 cm Abstand über den 3 Gefäßen mit einem ▶ Hygrometer. Trage die gemessenen Ergebnisse (▶ Luftfeuchtigkeit) in eine Tabelle ein. Zeichne dann mit deinen Werten ein Säulendiagramm.

▶ Nebel 245   ▶ Hygrometer 244   ▶ Luftfeuchtigkeit 245

Wolken entstehen nur in der Höhe!

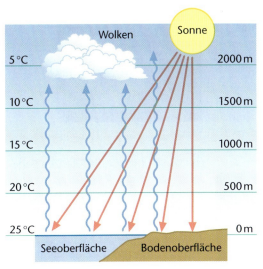

Frühling

1 Wie entstehen Wolken?
Erläutere anhand der Abbildung die Entstehung von Wolken. Schreibe einen kurzen Bericht in dein Heft.

14:00 UHR

2 Wolkenbilder
▶ Wolken sehen sehr unterschiedlich aus. Die Bilder zeigen einige Beispiele. Erkunde mithilfe von Fachbüchern, welche unterschiedlichen Wolken es gibt, wie man sie nennt und welches Wetter sie anzeigen. Sammle Fotos von verschiedenen Wolkenbildern und stelle einen eigenen Wolkenatlas zusammen.

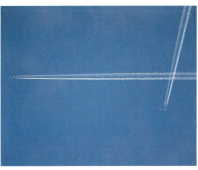
Schönwetterwolken

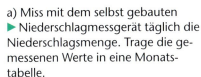
16:00 UHR

3 Einige Wolken bringen ▶ Regen
Beschreibe aufgrund deiner Erfahrung, wie Regenwolken aussehen. Das in den Wolken gespeicherte Wasser kann mit der Zeit immer dichtere Wolken – Regenwolken – bilden, aus denen dann entweder langsam, manchmal aber auch wolkenbruchartig das Wasser zur Erde fällt. Die Regenmengen kann man mit einem ▶ Niederschlagsmessgerät bestimmen.

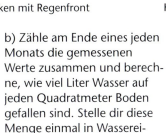
Regenwolken mit Regenfront

Kondensstreifen

a) Miss mit dem selbst gebauten ▶ Niederschlagsmessgerät täglich die Niederschlagsmenge. Trage die gemessenen Werte in eine Monatstabelle.

b) Zähle am Ende eines jeden Monats die gemessenen Werte zusammen und berechne, wie viel Liter Wasser auf jeden Quadratmeter Boden gefallen sind. Stelle dir diese Menge einmal in Wassereimern vor (in jeden Eimer passen 10 l).

c) Vergleiche die Werte der einzelnen Monate miteinander. Besorge dir auch Messwerte vom Wetteramt.

d) Miss mit einem Bandmaß die Länge und Breite des Schulhofes aus. Berechne die Fläche. Wie viel Liter Wasser sind dort in einem Monat gefallen. Wie viele Wassereimer voll waren das?

e) Finde heraus, wohin das Regenwasser verschwunden ist.

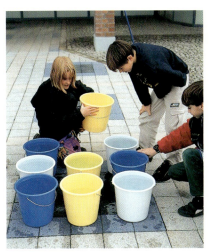

▶ Regen 246   ▶ Wolken 251   ▶ Niederschlagsmessgerät 246

Von Frühlingsboten

Wenn die Tage länger werden und genügend Wasser vorhanden ist, regt sich das Leben in tausendfacher Vielfalt.

Krokus

1 Frühblüher entwickeln sich schnell!

Um das zu untersuchen, musst du im Frühjahr zu verschiedenen Zeiten eine Untersuchung in einem Laubwald oder Park machen.

a) Bestimme mithilfe von Bestimmungsbüchern die Pflanzen, die du auf deinen Untersuchungsgängen findest.

b) Die Pflanzen, die nun blühen, nennt man ▶ Frühblüher. Grabe vorsichtig eine Pflanze aus – es darf keine geschützte Pflanze sein – und untersuche sie genauer unter dem Binokular. Was fällt dir auf?

Schlüsselblume

Scharbockskraut

3
Überlegt euch in eurer Gruppe einen Versuch, der zeigt, wie wichtig Luft für das Überleben von Pflanzen ist. Notiert eure Vorgehensweise und führt täglich ▶ Protokoll über eure Beobachtungen.

2
Das Licht ist für die Pflanzen von lebenswichtiger Bedeutung. Im Wald jedoch erzeugen die Bäume viel Schatten. Trotzdem überleben gerade die Frühblüher. Miss im Frühjahr mithilfe eines ▶ Lux-Meters oder Belichtungsmessers die Lichtstärke an verschiedenen Stellen des Waldbodens und des Waldrandes. Markiere diese Stellen (Kartenskizze). Schau dich genau um und überlege: Wie wird im Sommer an diesen Stellen die Lichtstärke sein? Begründe deine Annahmen! Wiederhole die Messungen im Sommer, um deine Annahmen zu überprüfen. Gibt es Unterschiede zwischen Waldrand und Wald?

4
Neben dem Licht ist das Wasser für das Wachstum der Pflanzen sehr wichtig.
Säe in drei Kunststoffpetrischalen, die mit einer Watteschicht ausgelegt sind, jeweils 20 Kressesamen aus. Schale 1 bleibt trocken, Schale 2 wird angefeuchtet und Schale 3 wird zur Hälfte mit Wasser gefüllt. Beobachte täglich die Veränderungen und protokolliere sie.

5
Frühblüher kannst du selbst heranziehen.
Besorge dir im Samen- oder Blumenhandel eine ▶ Hyazinthenzwiebel. Fülle ein Glas fast randvoll mit Wasser und stelle die Zwiebel auf den oberen Glasrand. Verdunkle die Zwiebel in den ersten 10 Tagen mit einem Papierhütchen. Beobachte täglich und notiere die Veränderungen. Miss die Länge der Wurzeln und des Sprosses. Trage die Ergebnisse in ein Diagramm.

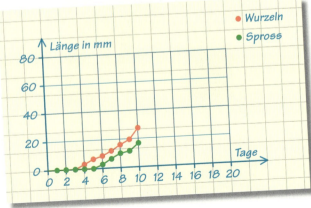

▶ Frühblüher 244   ▶ Lux-Meter 245   ▶ Protokoll 246   ▶ Hyazinthen 244

20 000 Kröten vor Straßenverkehrstod gerettet

Unna. 20 000 Erdkröten sind im Raum Unna in den vergangenen sechs Jahren vor dem Straßenverkehrstod gerettet worden. Die Mitglieder der Krötenschutzgruppe – der harte Kern umfasst etwa 20 Naturfreunde – haben den kleinen Amphibien das Weiterleben ermöglicht. Die Naturschützer haben mit ihren Krötenschutzaktionen bundesweites Aufsehen erregt, sie haben aber auch mit ihrer weiteren Arbeit ihren Teil dazu beigetragen, dass der Europäische Naturschutzpreis im vergangenen Jahr an den Landkreis Unna ging. Zu den selbst gestellten Aufgaben der Naturschützer gehören alle Bereiche des Arten- und Biotopschutzes.

Von Frühlingswanderern

1 Amphibien wandern jedes Jahr zu ihrem Geburtsort

Lies den Zeitungsartikel. Gibt es bei dir in der Umgebung auch wandernde ▶ Amphibien? Erkundige dich in deinem Wohnort. Welche Amphibienarten wandern dort? Amphibien im Straßenverkehr, das macht Probleme. Deshalb organisieren Naturschutzorganisationen und freiwillige Helfer Maßnahmen, um den Amphibien den Weg zu sichern. Informiere dich über solche Schutzmaßnahmen. Vielleicht kannst du selbst Helfer werden.

2 Vögel wandern riesige Strecken

Viele Vogelarten finden bei uns während der Wintermonate nicht genügend oder keine Nahrung. Deshalb verlassen sie Deutschland und fliegen in Gebiete mit besseren Überlebensbedingungen. Diese Vogelarten gehören zu den ▶ Zugvögeln.

a) Erkunde, welche Zugvogelarten in Deutschland leben und zu welchem Zeitpunkt im Frühjahr sie zu uns zurückkehren.

b) Erstelle einen Steckbrief, in dem alle wichtigen Lebensgewohnheiten einer Vogelart dargestellt sind. Sammelt eure Steckbriefe. So könnt ihr ein umfassendes Vogelbuch zusammenstellen.

c) Im Umfeld der Schule leben sicher einige Zugvogelarten. Mit einem Fernglas kannst du sie in ihren Verstecken beobachten und ihr Verhalten studieren. Dabei musst du aber sehr geduldig und ruhig sein.

Tipp: Viele Naturschutzgruppen beschäftigen sich auch intensiv mit dem Leben der Vögel. Ladet doch einmal einen Fachmann in eure Klasse ein.

▶ Amphibien 240 ▶ Zugvögel 251

Sommerschule – ein

Das Wetter heute:

Die Hochdruckzone in Mitteleuropa wird von einem Schwall kalter Höhenluft überlagert. In den Küstenbereichen sind deshalb in den Mittagsstunden einzelne Schauer und Gewitter zu erwarten. Im nördlichen Deutschland ziehen zeitweise Wolkenfelder durch, in Alpennähe können örtlich ebenfalls Gewitter auftreten.
Im übrigen Deutschland wird es sonnig und niederschlagsfrei sein. Die Tagestemperaturen steigen von morgens 9 bis 14 °C auf 22 bis 27 °C.

Die weiteren Aussichten:
Morgen ist es anfangs freundlich, später treten vor allem im Norden, Osten und Südosten einzelne Schauer oder Gewitter auf. Tageshöchsttemperaturen im Norden 20 bis 25 °C, am Oberrhein bis 28 °C. In den nächsten Tagen nähern sich von Westen her die Ausläufer eines kräftigen Tiefs über Island, die auffrischende Winde und verstärkte Niederschläge bringen werden.

Unsere Wetterstation – wir untersuchen einen Sommertag

1 Um wie viel Uhr geht heute die ▶ Sonne auf bzw. unter?
Schlage in einem Kalender nach. Berechne die ▶ Tageslänge und vergleiche mit den Tageslängen zu Beginn der anderen drei Jahreszeiten.

2 Finde heraus, warum die Sonne im Sommer viel länger scheint als im Winter (▶ Tageslänge). Betrachte dazu die Bilder des Daumenkinos oben auf der rechten Seite. Warum wärmt die Sonne im Sommer so viel besser?

3 Bestimme mit einem Kompass, aus welcher Himmelsrichtung am frühen Morgen die Sonne scheint.
Höre auf die Geräusche eines Sommermorgens. Aus welcher Richtung hörst du Verkehrslärm, aus welcher Richtung weht der Wind?

4 Blättere eine Seite zurück und vergleiche den Wetterbericht mit dem ▶ Satellitenbild und der ▶ Wetterkarte.
Vergleiche auch Wetterbericht und Wetterkarte in deiner Tageszeitung. Was erwartet dich heute?

5 *Ein Messprogramm für den ganzen Tag*
Protokolliere stündlich die Wetterdaten (▶ Wetter) eines ganzen Sommertages:
– Miss die folgenden Temperaturen: die Lufttemperatur im Schatten und die Wassertemperatur im Schwimmbecken.
– Bestimme ebenfalls den ▶ Luftdruck und die ▶ Luftfeuchtigkeit.
– Prüfe, welche ▶ Wolken am Himmel zu sehen sind.
– Stelle die Windrichtung fest.

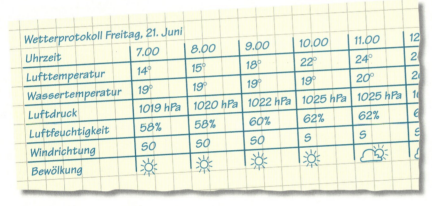

Wetterprotokoll Freitag, 21. Juni

Uhrzeit	7.00	8.00	9.00	10.00	11.00	12
Lufttemperatur	14°	15°	18°	22°	24°	2
Wassertemperatur	19°	19°	19°	19°	20°	2
Luftdruck	1019 hPa	1020 hPa	1022 hPa	1025 hPa	1025 hPa	10
Luftfeuchtigkeit	58%	58%	60%	62%	62%	6
Windrichtung	SO	SO	SO	S	S	S
Bewölkung	☀	☀	☀	☀	⛅	

6 Stelle einen Stab an eine sonnige Stelle. Markiere jede halbe Stunde die Spitze des Schattens. Kannst du vorhersagen, wo sich der Schatten in einer Stunde befindet?
Erkläre, warum im Sommer mittags die Schatten viel kürzer sind als im Winter. Betrachte dazu die Zeichnungen zur Erdbahn um die Sonne (▶ Jahreszeiten).

▶ Sonne 246 ▶ Tageslänge 248 ▶ Wetter 249 ▶ Luftdruck 245 ▶ Wolken 251
▶ Satellitenbilder 246 ▶ Wetterkarte 250 ▶ Luftfeuchtigkeit 245 ▶ Jahreszeiten 244

Es wird heiß

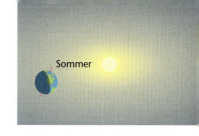
Sommer

1 Laufe barfuß über dunkle und helle Flächen, über Sand, Beton, Rasen, Erde. Beschreibe, was du jeweils fühlst. Welche Farben und Materialien werden besonders heiß? Miss mit einem Oberflächen-▶Thermometer die Temperatur auf verschiedenen sonnenbestrahlten Flächen.

2 Bündele die Wärmestrahlung des ▶Sonnenlichts mit einer Lupe. Untersuche ihre Wirkung auf verschiedene Farben einer bunt bedruckten Zeitschriftenseite.

3 Wie schützt sich dein Körper gegen zu viel Wärme?
Feuchte deinen Handrücken an und blase darüber. Was spürst du? Lege um die Spitze eines Thermometers einen angefeuchteten Wattebausch. Miss die Abkühlung beim ▶Verdunsten des Wassers. Beschreibe, wie dein Körper diesen Effekt zur Kühlung nutzt.

5 Du kannst Wärmestrahlung auch sinnvoll nutzen: Lege den wassergefüllten Schlauch in Schleifen auf den Boden in die Sonne. Prüfe nach einiger Zeit die Wassertemperatur.

4 Lege zwei Flaschen Wasser in die Sonne. Umwickle eine davon mit einem feuchten Tuch. Welche Flasche bleibt länger kühl?

6 In vielen Freibädern gibt es große flache Kästen, so genannte ▶Sonnenkollektoren.
Erkläre ihren Aufbau und ihre Funktionsweise.

▶ Thermometer 248   ▶ Sonnenlicht 247   ▶ Verdunsten 249   ▶ Sonnenkollektor 246

Sonnenlicht – schön und gefährlich

1. Wärmestrahlen sind nur ein Teil des ▶ Sonnenlichts. Es enthält auch gefährliche Strahlen, die deine Haut verändern können. Lies den Text auf einer Flasche mit Sonnenmilch. Wie heißen die gefährlichen Strahlen?

2. Welche Schäden können sie verursachen? Überlege, wie du dich davor schützen kannst. Sieh dir verschiedene ▶ Sonnenschutzmittel näher an. Was bedeuten die Schutzfaktoren? Welchen Sonnenschutzfaktor benötigst du für deinen Hauttyp (▶ Sonnenlicht)?

3. Sonnenstrahlen können auch andere Stoffe verändern: Lege durchsichtige und undurchsichtige Gegenstände auf eine Zeitung. Lass sie einige Stunden in der Sonne liegen.

4. In einem ▶ Regenbogen wird Sonnenlicht in seine Bestandteile zerlegt. Erzeuge selbst einen Regenbogen. Sprühe dazu mit einem Schlauch einen feinen Sprühregen in die Luft. Die Sonne muss hinter dir sein. Welche Farben kannst du sehen?

5. Du kannst Sonnenlicht ebenfalls mit einem Prisma oder einer CD in Farben zerlegen (▶ Farbspektrum). Am besten geht das, wenn es durch einen schmalen Spalt einfällt. Notiere jeweils die Farben und vergleiche die Reihenfolge.

6. Du hast soeben den sichtbaren Teil des ▶ Farbspektrums der Sonne untersucht. Ultraviolett-Licht (UV-Strahlung) und Infrarot-Licht (IR-Strahlung) sind für unsere Augen unsichtbar (▶ Sonnenlicht). Einige Tiere können sie jedoch sehen. Informiere dich.

▶ Sonnenlicht 247   ▶ Sonnenschutzmittel 247   **226**   ▶ Regenbogen 246   ▶ Farbspektrum 242

Die Vorhersage – Wie wird das Wetter morgen?

Der Sommer ist die Zeit der Ausflüge und Gartenfeste. Wie wird das Wetter sein? Scheint die Sonne oder wird es regnen? Wird es windig oder gibt es gar ein Gewitter?

1 Ein Rennteam im Automobilsport muss möglichst genau wissen, welches Wetter beim Rennen zu erwarten ist. Kannst du dir denken, weshalb?

2 Viele Unternehmen geben viel Geld für zuverlässige Wetterberichte aus. Überlege dir, welche Tätigkeitsbereiche das sein könnten.

3 Mit den Messungen deiner Wetterstation kannst du eine ▶Wettervorhersage wagen. Dazu brauchst du deine Tabellen mit den Messwerten von Luftdruck, Luftfeuchtigkeit, Windrichtung und Temperatur.

Für eine Wettervorhersage sind übersichtliche ▶Diagramme viel nützlicher als Tabellen.
Deshalb verwenden auch Naturwissenschaftler Diagramme. Informiere dich in der Infothek.

4 Erstelle ein ▶Diagramm für die Messwerte aus deiner Temperaturtabelle.

a) Trage dazu unten von links nach rechts die Uhrzeit und nach oben die Lufttemperaturen ein. Lass deinen Nachbarn bzw. deine Nachbarin die Werte aus dem Diagramm ablesen. Vergleiche mit der Tabelle.

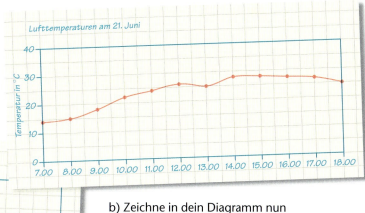

b) Zeichne in dein Diagramm nun auch die gemessenen Wassertemperaturen ein. Vergleiche die Werte für Wasser und Luft. Finde Gründe für die Unterschiede.

c) Wenn du in das Diagramm auch Zeichen für die Bewölkung einträgst, kannst du Temperaturschwankungen der Luft besser erklären.

5 Zeichne ähnliche Diagramme für Luftdruck und Luftfeuchtigkeit. Mache nun deine ▶Wettervorhersage. Vergleiche auch mit der Vorhersage in einer Zeitung.
Morgen wird es spannend: Welche Vorhersage war die genaueste?

▶ Wettervorhersage 250   ▶ Diagramm 242

Der Herbst – eine

Guten Morgen, liebe Zuhörer. Es ist 6 Uhr. Sie hören die Wettervorhersage für Berlin, Samstag, den 24. Oktober.

Bei Sonnenaufgang schenkt uns das Hoch „Herbert" zunächst einen weiteren sonnigen Oktobertag mit Mittagstemperaturen bis zu 18 °C. Gegen Abend verdichten sich die Wolken schnell. Der Wind dreht auf westliche Richtungen und frischt stürmisch auf.

In der Nacht erwartet uns der erste schwere Herbststurm dieses Jahres. Verantwortlich dafür ist das Tief „Ute", dessen Sturmfront bereits den Raum Hannover erreicht hat.
Und hier kommt die Unwetterwarnung vom Wetterdienst Berlin:
In der Nacht ist im Großraum Berlin und Brandenburg mit schweren Sturmböen zu rechnen. In freien Lagen wird der Wind Orkanstärke mit Geschwindigkeiten über 100 km/h erreichen und bis in die Morgenstunden andauern. Auch morgen ist mit stürmischem Wetter und vereinzelten schweren Sturmböen zu rechnen.

Auf den Spuren des Windes

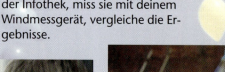

1 Woher weht der Wind? Windspuren lesen!

Auf den vorangegangenen Seiten findest du Spuren des unsichtbaren Windes. Welche hast du entdeckt?

Suche jetzt draußen in der Natur nach solchen Spuren in Bodenhöhe, Kopfhöhe, Baumhöhe, Schornsteinhöhe, Wolkenhöhe.

Mit Tricks kannst du den Wind sichtbar machen. Probiere einige aus.

Woher weht der Wind? Nutze die Tricks, die gefundenen Windspuren und einen Kompass.

Schätze die ▶Windstärke mithilfe der Skala aus der Infothek, miss sie mit deinem Windmessgerät, vergleiche die Ergebnisse.

2 Wie viel Kraft hat der Wind?
a) Untersuchungen mit einem Flugdrachen

Baue einen ▶Flugdrachen. Lass ihn fliegen. An der Drachenleine spürst du die Kraft des Windes.

Miss dein Körpergewicht auf einer Personenwaage. Bestimme danach erneut dein Gewicht, jetzt aber mit dem fliegenden Drachen in der Hand. Was stellst du fest?

b) Die Kraft der Herbststürme

Bei Herbststürmen fallen häufiger Bäume um als bei Winterstürmen. Finde heraus, woran das liegt: Sammle dazu Blätter von verschiedenen Baumarten. Lege jeweils ein Blatt unter ein Rechenblatt und pause es mit einem Bleistift vorsichtig durch. Zähle die Rechenkästchen, berechne die Fläche des untersuchten Blattes. Nimm an, ein Ast hat 1000 Blätter. Vergleiche die Fläche all dieser Blätter mit der Fläche deines Drachen. Welche Kräfte muss ein solcher Ast wohl aushalten?

3 Tiere, Pflanzen und Menschen nutzen den Wind!

a) ▶Spinnen
Herbstzeit ist Spinnenzeit. Wie unterscheiden sich die Netze in verschiedenen Höhen? Welche nutzen den Wind besonders gut?

b) ▶Flugsamen
Sammle Samen, Beeren und Früchte, bestimme die Pflanzen mithilfe eines Bestimmungsbuches.

Teste, welche Samen fliegen können! Welche können das besonders gut? Wie machen sie das? Wiege die Samen und sieh sie dir unter einem Binokular an.

c) Menschen
Auch wir Menschen nutzen den Wind. Finde Beispiele dafür. Einige Tricks haben wir dabei auch den Flugsamen und den Tieren abgeschaut. Welche?

▶ Windstärke 251   ▶ Flugdrachen 243   **230**   ▶ Spinnen 247   ▶ Flugsamen 243

4 Mit dem Wind fliegen!
Wohin fliegt ein Wetterballon bei einem Sturmtief? Wo landet er bei ruhigem Hochdruckwetter?

Herbst

Count-down läuft

a) Vorher erledigen:
– Ballons für 2 Starts besorgen,
– ▶ Ballongas besorgen,
– Postkarten besorgen,
– Startnummern vergeben,
– Postkarten beschriften,
– Ballons beschriften.

b) Wann geht es los?
So könnt ihr ein Tief und ein Hoch (▶ Luftdruck) finden:
– Luftdruck messen,
– Wetterbericht ansehen,
– auf Sturmwarnung im Radio achten,
– Vorhersagen aus der Zeitung ausschneiden und anschauen.

Flugvorhersage abgeben:
– In welche Richtung wird der Ballon fliegen?
– Wie viele Kilometer weit wird er kommen?
– Wo wird er landen?

Wetterballon 1
Fundort: ....
Funddatum: ....

Bitte zurücksenden an:
Europa-Gesamtschule,
Klasse 6b
Schulweg 4–6
44289 Dortmund

c) Der Start:
– Startprotokoll vorbereiten,
– Ballons mit Gas füllen,
– Postkarten befestigen,
– Startprotokoll ausfüllen,
– Ballon fliegen lassen.

Startprotokoll: Ballon-Nummer	Start-Datum	Uhrzeit	Flugrichtung
1, 2, 3	Fr. 13.10.	8.45	Osten

Messung	Messung 1 (Start)	Messung 2	Messung 3
Luftdruck			
Windstärke			
Windrichtung			
Temperatur im Schatten			
Leuchtfeuchtigkeit			
besondere Beobachtungen?			

d) Wettermessungen!
Beginnt mit den Messungen jeweils direkt nach dem Start, messt dann regelmäßig jede Stunde. Haltet die Messwerte in einer Tabelle fest. Auswertung: Erstelle aus deiner Tabelle ein ▶ Diagramm für Luftdruck, Windstärke und Temperatur.

Sieh dir zunächst die Messwerte bei Sturm an.
Welche Werte ändern sich in einem Sturm sehr schnell? Woran sieht man das auf den Diagrammen?
Vergleiche die Sturmmessungen jetzt mit den Messwerten bei ruhigem Hochdruckwetter. Was fällt dir auf?

e) Wertet die Flüge aus!
Markiert auf einer Wandkarte den Startpunkt und alle Fundorte von Ballons mit Stecknadeln. Befestigt an jeder Nadel ein Fähnchen mit der Ballonnummer, Fundort und Datum. Überlegt, wie ihr die Fähnchen von den beiden Flügen unterscheiden wollt. Seht euch die Karte an, was fällt auf?
Überprüft eure Flugvorhersagen. Vergleicht die Fundorte bei Sturm mit denen bei Hochdruckwetter.

Ballon-Nr.: 1
Fundort: Arolsen
Funddatum: 6. Nov.

▶ Ballongas 241   ▶ Luftdruck 245   **231**   ▶ Diagramm 242

Im Windlabor

1 Mach nicht so viel Wind!
Wind ist Luft, die sich bewegt. Bringe die Luft in Bewegung. Nutze die Gegenstände, die hier abgebildet sind. Finde weitere Möglichkeiten.
Miss die Stärke des erzeugten Windes (▶ Windstärke) mit deinem Messgerät.

2 Luft kann man wiegen
Bestimme das Gewicht eines aufgepusteten Luftballons mit einer Feinwaage. Lass jetzt die Luft raus, wiege die leere Ballonhülle.
Wie schwer war die Luft?

3 Luft drückt

a) Zieh das Brettchen an der Schnur zuerst mit einem Ruck hoch, dann langsam. Was fällt schwerer, wo brauchst du mehr Kraft? Warum ist das so?

b) Dreh das Glas Wasser mit der Postkarte über einer Schüssel auf den Kopf. Lass jetzt die Postkarte los! Was passiert? Wie ist das zu erklären?

c) Erwärme eine offene, dünne Plastikflasche unter fließendem heißen Wasser. Dreh dann den Verschluss luftdicht zu. Lass nun kaltes Wasser über die geschlossene Flasche laufen. Was passiert?
Öffne den Verschluss. Lausche und beobachte! Überlege, wodurch hat sich der ▶ Luftdruck verändert?

Du kannst uns nicht sehen!
Wir sind klein, leicht und sehr beweglich.
Wir sind nie allein und gemeinsam sind wir bärenstark!

4 Luft besteht aus kleinen Teilchen
Die Luftteilchen (▶ Luft) spürst du, wenn dir der Wind ins Gesicht weht. Wie stellst du dir diese Luftteilchen vor?
Zeichne ein Comicbild.
In der Wetterküche auf der folgenden Seite kommen die Luftteilchen in Bewegung.
Zeichne zu einem der drei Versuche eine Comicgeschichte, die deine Versuchsbeobachtungen erklärt.

▶ Windstärke 251   ▶ Luftdruck 245   ▶ Luft 172

5 In der Wetterküche
Versuche mit Flaschen, Eiern und Mülltüten

a) Flaschengeister
Feuchtet den Flaschenrand an, legt eine passende Münze darauf. Umfasst jetzt mit euren Händen die Flasche. Achtet auf das Geldstück.
Wie erklärt ihr eure Beobachtung?
Wie haben sich die Luftteilchen verhalten?

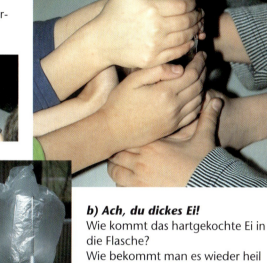
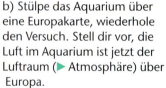

c) Eine Mülltüte steht Kopf
Baut den Versuch wie im Bild auf. Schaltet die Heizplatte ein. Beobachtet die Mülltüte.
Wie verhalten sich die Luftteilchen hier?

6 „Wind" im Aquarium:
Luft kommt in Bewegung
Du brauchst:
Ein Aquarium, Räucherstäbchen, Styropor, Filz- oder Folienstifte, eine Europakarte (Atlas), Zeichenpapier und Malstifte.
Zünde das Räucherstäbchen an. Die Glut soll sich in der Mitte des Aquariums befinden.

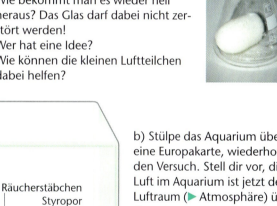

b) Ach, du dickes Ei!
Wie kommt das hartgekochte Ei in die Flasche?
Wie bekommt man es wieder heil heraus? Das Glas darf dabei nicht zerstört werden!
Wer hat eine Idee?
Wie können die kleinen Luftteilchen dabei helfen?

a) Beobachte den Rauch von allen Seiten, auch von oben. Markiere alle Bewegungen der Luft mit Wind-Richtungspfeilen auf den Scheiben des Aquariums.
Wo überall ist ▶ Wind entstanden?

b) Stülpe das Aquarium über eine Europakarte, wiederhole den Versuch. Stell dir vor, die Luft im Aquarium ist jetzt der Luftraum (▶ Atmosphäre) über Europa.
Sieh dir die Windpfeile an. In welchem Land steigt die Luft auf, wo sinkt sie ab? Wo gibt es Höhenwind, wo Bodenwind?

c) Sieh dir Europa von oben durch das Aquarium an. Vergleiche deine Windpfeile mit dem ▶ Satellitenbild auf der ersten Herbstseite.
Was ist ähnlich, was sieht anders aus? Gibt es Hoch- und Tiefdruckgebiete (▶ Luftdruck)?

d) Male jetzt wie auf den ersten Herbstseiten ein schmales Boden-Landschaftsbild. Lass den Himmel und die Wolken noch frei. Befestige das Bild auf der Rückseite des Aquariums unten.
Wie ist das Wetter über deiner Landschaft?
Male das Bild zu Ende.

▶ Wind 250   ▶ Atmosphäre 241   ▶ Satellitenbilder 246   ▶ Luftdruck 245

Winter – Zeit der

Erzähle ein Wintermärchen.

So eine Kälte

		Minimum	Maximum	Unterschied
Montag	in	17°	22°	
	out	−5°	−1°	
Dienstag	in			
	out			

1 Temperaturen messen

Stelle ein Mini-Max-▶Thermometer für drinnen und draußen im Klassenraum auf. Lege eine Tabelle an und trage für jeden Tag die höchsten und die niedrigsten Temperaturen ein. Berechne die Unterschiede und erstelle ▶Diagramme.
Miss an Tagen mit unterschiedlichem Wetter mit deinen selbst gebauten Geräten Luftdruck, Luftfeuchtigkeit und den Wind. Wie unterscheiden sich die Ergebnisse klarer, kalter Tage von den nassen, trüben Tagen?

2
a) An einem verschneiten Wintertag gehst du in das Schulgelände und misst an verschiedenen Stellen die Temperatur. Schätze die Temperaturen vorher. Suche windgeschützte und ungeschützte Stellen, sonnige und schattige, miss an der Schneeoberfläche und am Erdboden unter dem Schnee.
Notiere deine Ergebnisse und ordne sie.
Wo war es am kältesten und wo am wärmsten? Hast du dich an manchen Stellen verschätzt?

b) Viele Tiere suchen im Herbst geschützte Stellen, um dort zu überwintern. Der Igel z. B. hat eine bestimmte Form der ▶Überwinterung entwickelt. Andere Tiere und Pflanzen haben andere Methoden entwickelt. Informiere dich.

3 Teste dein Kälteempfinden

a) Fülle in drei Gefäße heißes, lauwarmes und kaltes Wasser. Halte eine Hand etwa eine Minute in das heiße Wasser, die andere in das kalte. Nun tauchst du beide Hände in das lauwarme Wasser. Was stellst du fest?

b) Wiederhole den Versuch und kühle dabei eine Hand mit der kalten Luft aus einem Föhn. Beschreibe dein ▶Kälteempfinden. Kannst du eine Begründung dafür finden?
Erkläre, warum ein Thermometer für Temperaturmessungen besser geeignet ist als deine Hände.

▶ Thermometer 248 ▶ Diagramme 242   **236**   ▶ Überwinterung 248 ▶ Kälteempfinden 244

Achtung – Wärmeverlust!

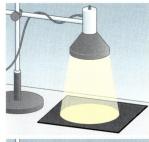

1 Im Winter scheint die Sonne anders.
a) Vergleiche zunächst die ▶ Tages- und Nachtlänge im Sommer und im Winter.
b) Überlege, in welcher Jahreszeit die Sonne mittags höher am Himmel steht.
c) Beleuchte schwarze Pappe einmal senkrecht von oben und einmal schräg. Fühle mit der Hand, welche Pappe wärmer wird. Achte auch darauf, wie groß die von der Lampe beschienene Fläche ist. Welcher der Versuche zeigt dir, wie im Winter die Sonne scheint?

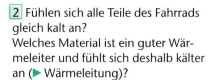

3 a) Fülle heißes Wasser in zwei Filmdöschen. Das eine wickelst du ganz fest in ein Papiertuch. Für das andere zerteilst du ein Papiertuch in seine einzelnen Lagen und hüllst das Filmdöschen locker darin ein. Stelle beide Döschen nach draußen. Welches wird nach einer halben Stunde stärker abgekühlt sein? Überprüfe deine Vermutung.
b) Warum plustert sich das Rotkehlchen bei Kälte so auf?

2 Fühlen sich alle Teile des Fahrrads gleich kalt an?
Welches Material ist ein guter Wärmeleiter und fühlt sich deshalb kälter an (▶ Wärmeleitung)?

4 a) Fülle ein Becherglas mit 200 ml Schnee und notiere das Gewicht. Lass den Schnee auftauen. Wenn alles aufgetaut ist, lies ab, wie viel Milliliter Wasser du jetzt hast. Wiege erneut. Hat sich das Gewicht verändert? Wie viel Milliliter Luft waren in den 200 ml Schnee enthalten?
b) Warum ist Schnee ein guter Schutz vor Kälte für Pflanzen und Tiere?

5 Luft ist ein schlechter Wärmeleiter (▶ Wärmeleitung). Wie wird diese Eigenschaft der Luft genutzt?

▶ Tageslänge 248 ▶ Wärmeleitung 249

Eisiges

1 Überlege, wo sich das Eis im Teich zuerst bildet. Untersuche die Eisbildung genauer.
a) Fülle dazu einen Teelichtbecher bis zum Rand mit Wasser und stelle ihn zum Gefrieren nach draußen oder ins Tiefkühlfach.

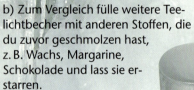

b) Zum Vergleich fülle weitere Teelichtbecher mit anderen Stoffen, die du zuvor geschmolzen hast, z. B. Wachs, Margarine, Schokolade und lass sie erstarren.
Vergleiche die Becher. Was ist das Besondere an gefrorenem Wasser (▶ Aggregatzustand)?

c) Nimm das Eis aus dem Becher und gib es in ein Glas mit Wasser. Wie tief sinkt es, welcher Teil ragt noch aus dem Wasser?
Wirf ein festes Wachskügelchen in flüssiges Wachs. Verhält es sich genauso wie das Eis?

2 Was ist hier passiert? Erkläre.

3 Fülle kaltes Wasser in eine Thermoskanne. Gib eine dicke Schicht Eiswürfel dazu.
Beobachte die Temperatur in verschiedenen Wassertiefen. Was vermutest du? Wasser ist nicht normal. Man spricht von der ▶ Anomalie des Wassers. Informiere dich.

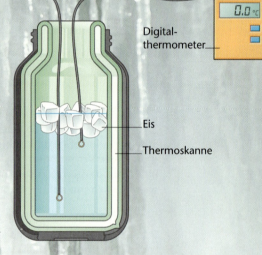

4 Zerstoße einen Eiswürfel mit dem Mörser, gib ihn in einen Teelichtbecher und schmelze das Eis auf dem Dosenbrenner (▶ Aggregatzustand). Miss alle 2 Minuten die Temperatur im Becher. Notiere die Werte und zeichne ein ▶ Diagramm.
Erwärme kaltes Wasser auf dem Dosenbrenner und miss wieder alle 2 Minuten die Temperatur. Stelle auch diese Messungen in einem Diagramm dar. Vergleiche die beiden Diagramme. Was stellst du fest?

5 Warum taucht der Fisch ab? Erkläre.
Zum ▶ Überwintern reicht Abtauchen allein aber nicht. Informiere dich.

▶ Aggregatzustand 240　　▶ Anomalie des Wassers 241
▶ Diagramm 242　　▶ Überwintern 248

Winter

6 Rutschen erwünscht!
Auf einer glatten Eisschicht kann man gut schlittern. Mit Schlittschuhen kommt man auf dem Eis aber viel schneller voran. Was meinst du, wozu haben Schlittschuhe so schmale ▶ Kufen?

Eine Wasserschicht verändert das Gleiten. Überprüfe dies mit folgendem Versuch:
Lege dir auf dem Tisch eine Rutschbahn für Eiswürfel an. Lass die Eiswürfel über den trockenen, danach über den nassen Tisch rutschen. Was geht besser?

7 Rutschen unerwünscht!
Im Straßenverkehr hat man mit dem Gleiten und Rutschen oft große Probleme. Was kann man gegen Eisglätte tun? Teste verschiedene Möglichkeiten auf der Eiswürfelbahn.

8 Versalzener Winter – muss das sein?
a) Teste auf der Eiswürfelbahn Salz und Sand. Was hilft besser gegen das Rutschen? Sollte man Sand oder Salz streuen, wenn Glatteis ist?
b) Was kann Salz, was Sand nicht kann?
Untersuche. Gib in ein Becherglas zerstoßenes Eis. Miss die Temperatur. Nun gib 3 Löffel Salz dazu, rühre gut um und miss wieder die Temperatur. Was stellst du fest? Teste jetzt auf gleiche Weise den Sand.
c) Stelle ein Reagenzglas mit 2 cm Wasser in die Salz-Eis-Mischung. Miss alle zwei Minuten die Temperatur im Reagenzglas.
Wie kalt wird das Wasser?

Übrigens: Eine Eis-Salz-Mischung heißt Kältemischung. Damit kannst du leckeres Eis herstellen:
Gieße etwa 5 cm hoch Saft in ein sauberes Reagenzglas. Stecke einen Holzstab hinein. Das Reagenzglas kommt in ein Becherglas mit der Kältemischung. Wenn der Saft gefroren ist, halte das Reagenzglas kurz unter fließendes Wasser und ziehe das Eis am Stiel vorsichtig aus dem Reagenzglas.

9 Für Tiere und Pflanzen ist ▶ Streusalz schädlich. Warum hat der Hund Erfrierungen an den Pfoten? Straßenbäume an häufig mit Salz gestreuten Straßen haben im Sommer Schäden an den Blättern. Erkläre.

▶ Kufen 244   ▶ Streusalz 248

▶ Aggregatzustand

Der Aggregatzustand eines Stoffes kann fest, flüssig oder gasförmig sein. Alle Stoffe bestehen aus sehr kleinen Teilchen, die in ständiger Bewegung sind. Wenn man etwas erwärmt, verstärkt man die Bewegung dieser Teilchen. Kühlt man ab, wird die Bewegung der Teilchen langsamer. Teilchen, die sich viel bewegen, brauchen mehr Platz als Teilchen, die sich weniger bewegen. Deshalb dehnen sich alle Körper bei Erwärmung aus.
Wenn genügend Wärme zugeführt wird, ändert sich der Aggregatzustand eines Stoffes, da die Teilchen sich so stark bewegen, dass sie ihren Zusammenhalt immer mehr verlieren. Bei welcher Temperatur sich der Aggregatzustand ändert, kann sehr unterschiedlich sein. Deshalb gibt es z. B. bei einer Zimmertemperatur von 20 °C feste, flüssige und gasförmige Körper.

Fester Stoff
– Die Teilchen liegen geordnet nebeneinander.
– Leichte Schwingungen sind möglich.

Flüssigkeit
– Die Teilchen sind verschiebbar und fließen.
– Starke Schwingungen und Bewegungen sind möglich.

Gas
– Die Teilchen haben ihren Zusammenhalt verloren.
– Sie bewegen sich nach jedem Zusammenprall in alle Richtungen.

blaue Zahlen = Schmelzpunkt, rote Zahlen = Siedepunkt

	−273 °C	−200 °C	−100 °C	0 °C 20 °C	100 °C	200 °C	300 °C	>300 °C
Alkohol			−114 °C		78 °C			
Eisen								1535 °C 2750 °C
Feuerzeuggas			−138 °C	−1 °C				
Helium	−272 °C	−269 °C						
Luft		−212 °C	−194 °C					
Meerwasser				−1,6 °C	104 °C			
Wasser				0 °C	100 °C			
Wachs					60 °C		316 °C	
Zinn						232 °C		2270 °C

▶ Amphibien

Die Amphibien oder Lurche stellen eine Gruppe der Wirbeltiere dar, zu der die Schwanzlurche (Salamander und Molche) und die Froschlurche (Frösche und Kröten) gehören. Es sind heute ca. 4000 Amphibienarten bekannt. Alle sind wechselwarme Tiere. Ihre Körpertemperatur passt sich also stets der Umgebungstemperatur an.
Die meisten Lurche sind als erwachsene Tiere Landbewohner, kehren aber zur Fortpflanzung ins Wasser zurück, wo auch die Entwicklung der Eier und Larven (Kaulquappen) stattfindet. Die Lurche haben eine dünne, feuchte Haut. Sie sind vor Austrocknung nicht geschützt und müssen deshalb immer in feuchter Umgebung leben. Sie ernähren sich räuberisch, indem sie Insekten, Würmer und andere Kleintiere fressen.
Die bei uns vorkommenden Amphibienarten sind stark bedroht, da ihnen oft die nötigen Lebensräume und Laichgewässer fehlen. Deshalb stehen alle bei uns vorkommenden Amphibienarten unter Naturschutz. Das bedeutet, dass man weder die erwachsenen Tiere in ihrem Lebensraum stören noch ihren Laich für Beobachtungen entnehmen darf.

Feuersalamander

Wasserfrosch

Erdkröten

Bergmolche bei der Überwinterung

▶ Anomalie des Wassers

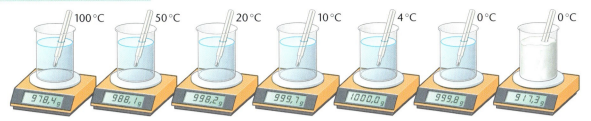

Wenn man Wasser erhitzt, dehnt es sich etwas aus und wenn man es abkühlt, zieht es sich wieder zusammen, wie fast alle Stoffe. In ein Litergefäß passt beim Abkühlen deshalb immer mehr hinein. Zwischen 4 °C und 0 °C passiert aber etwas Seltsames: Das Wasser dehnt sich beim Abkühlen aus! In das Litergefäß passt wieder etwas weniger hinein.

Wasser ist bei 4 °C am schwersten. Bei 0 °C gefriert das Wasser zu Eis und dehnt sich im Gegensatz zu den meisten anderen Stoffen noch einmal stark aus.

Wenn man soviel Eis entfernt, dass es wieder genau in ein Litergefäß passt, wiegt es deshalb weniger.

Eis ist also leichter als Wasser.

Diese Anomalie des Wassers ist von großer Bedeutung für die Natur. Wenn sich bei Beginn des Winters Teiche und Seen abkühlen, sinken die oberen, schwereren Wasserschichten nach unten. Die oberen Schichten kühlen sich nach und nach auf 0 °C ab. Sie verwandeln sich in Eis. Dieses bildet eine schützende Decke für die tieferen Wasserschichten. Die Wassertiefe eines Teiches muss mehr als 80 cm betragen, dann können Fische am Grund des Teiches bei 4 °C überwintern (Überwinterung).

1 l Wasser 1,1 l Eis

▶ Atmosphäre

Zwischen Erdoberfläche und Weltraum liegt die Atmosphäre, die Schutzhülle der Erde. Sie besteht vor allem aus Luft, enthält aber auch Wasser und kleine Staubteilchen. An der Erdoberfläche ist das Gewicht der Luft am größten und damit auch der Luftdruck.

Bis in eine Höhe von etwa 10 km reicht die „Wetterschicht" der Erde. Hier bewegt sich die Luft ständig, Wolken und Niederschlag entstehen hier. Nur gewaltige tropische Gewitter und Wirbelstürme erreichen noch größere Höhen.

Erde aus dem Weltraum

▶ Ballongas

Das billigste Ballongas ist heiße Luft. Heißluftballons sind unten offen, mit einem Brenner wird ständig heiße, leichte Luft zum Fliegen erzeugt. Gasballons fliegen deshalb, weil sie mit Gasen gefüllt werden, die leichter sind als die Luft. Das leichteste Gas ist Wasserstoff. Leider ist es auch das gefährlichste, weil es schnell explodiert. Fast so leicht wie Wasserstoff und völlig ungefährlich ist reines Heliumgas. Käufliches Ballongas besteht aus Helium, gemischt mit Gasen aus der Luft.

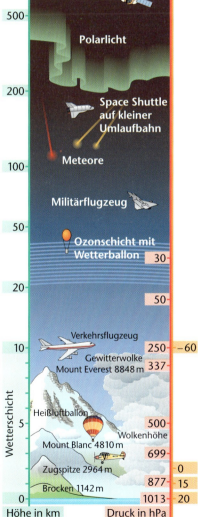

▶ Diagramm

Diagramme sind Bilder zur Darstellung von Zahlenwerten. Vor allem bei größeren Mengen von Messwerten ist es leichter, den Überblick zu behalten und Gesetzmäßigkeiten zu erkennen. Ein Beispiel: Angenommen, du hast einen ganzen Tag lang jede Stunde die Außentemperatur gemessen und in einer Tabelle protokolliert.
Dann könnte ein Bild so aussehen:

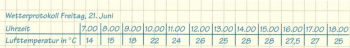

Wenn man nur die Endpunkte der roten Linien zeichnet, erhält man ein Diagramm, wie es Naturwissenschaftler meistens verwenden. Vielleicht möchtest du wissen, wie warm es um 11.30 Uhr war. Verbinde die Temperaturwerte mit einer möglichst glatten Linie. Findest du die gesuchte Temperatur?

Eigentlich würde es ja schon reichen, nur die Höhe der roten Linien zu wissen. Auch die Temperaturskala ist immer gleich. Es reicht, sie nur einmal hinzuschreiben.
Ein solches Bild nennt man übrigens Säulendiagramm.

Oft ist es sinnvoll, zwei verschiedene Messkurven zu vergleichen. Du kannst in dein Diagramm leicht weitere Messwerte einfügen. So kannst du sehen, ob Zusammenhänge bestehen. Wenn du in das Diagramm auch Zeichen für die Bewölkung einträgst, kannst du Temperaturschwankungen der Luft besser erklären.

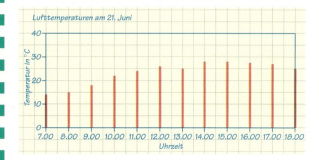

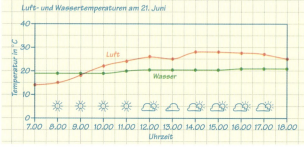

▶ Farbspektrum

Weißes Licht ist in Wirklichkeit eine Mischung aus sehr vielen Farben. Durch ein Prisma oder durch die feinen Linien auf einer CD wird Licht in seine Farben zerlegt, man erhält ein Spektrum. Die Farben haben immer die gleiche Reihenfolge, von rot über orange, gelb, grün, blau zu einem kräftigen violett.
Bei einem Regenbogen wird Sonnenlicht in diese Spektralfarben zerlegt.

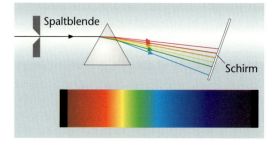

▶ Flugdrachen

Für die Untersuchung von Wind eignen sich besonders die leichten Schlittendrachen (Sleds), die auch bei wenig Wind prima fliegen und einfach zu bauen sind.

Du brauchst:
– wasserfeste Folienstifte zum Bemalen
– einen 90-Liter-Müllsack oder eine entsprechende Plastikfolie
– 2 Holzdübel-Rundstäbe, 78 cm lang und 5 mm im Durchmesser
– Klebeband ca. 4–5 cm breit
– Streichhölzer
– Ring einer Getränkedose
– Drachenleine (z. B. Maurerschnur)

So geht es:
1. Mülltüte oder Folie mit einer Schablone zuschneiden und bemalen
2. Rundstäbe mit Klebeband auf die Folie aufkleben
3. Schnur für die Waage an den Enden der Folie mithilfe der Streichhölzer befestigen
4. Waagenschnur (je Schenkel 1 m bis 1,5 m) abmessen, mit dem Ring verbinden. Drachenleine anknoten, starten

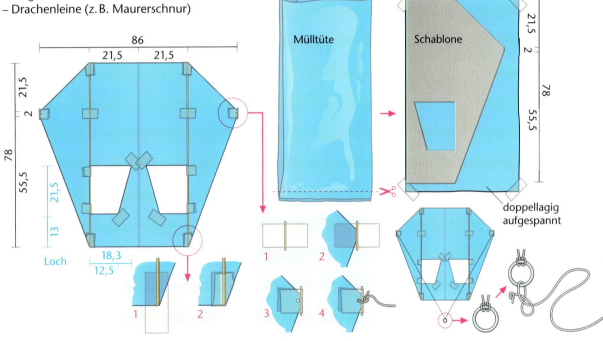

▶ Flugsamen

Nach der Befruchtung der Blüte bilden Pflanzen Samen, Beeren und Früchte, aus denen neue Pflanzen heranwachsen. Viele solcher „Pflanzenkinder" werden erst im Herbst reif. Im Schatten der „Mutterpflanze" können sie sich aber oft nicht entwickeln und müssen deshalb an einen Ort gelangen, wo bessere Keimungs- und Wachstumsbedingungen herrschen. Dazu nutzen die Pflanzen verschiedene Transportmöglichkeiten, z. B. Wasser (Kokosnuss), Tiere und Menschen (Beeren, Nüsse und Kletten) und den Wind.
Flugsamen trägt der Wind überall hin. Viele Stellen sind zum Keimen ungeeignet z. B. Straßen, Dächer, Seen, Flüsse. Diesen Nachteil machen die Pflanzen dadurch wett, dass sie Flugsamen in großen Mengen herstellen. Die sind entweder sehr klein und leicht (z. B. Orchideensamen) oder haben besondere Flugeinrichtungen.

Körnchenflieger	Fallschirmflieger	Propellerflieger	Segelflieger
z. B. Orchideen, Mohn	z. B. Löwenzahn, Weide, Pappel, Kratzdistel, Bocksbart	z. B. Ahorn, Esche, Linde, Hainbuche, Fichte, Kiefer, Lärche	z. B. Birke, Erle, Ulme

▶ Frühblüher

Frühblüher sind Pflanzen, die sehr schnell im Frühjahr austreiben und blühen (z. B. Krokusse, Schneeglöckchen). Sie nutzen das Licht in den noch unbelaubten Wäldern und Gebüschen.

Für das schnelles Wachstum im Frühjahr besitzen sie besondere Speicherorgane mit vielen Nährstoffen, wie Zwiebeln oder Wurzelknollen.

▶ Hyazinthen

Sie leben als Wildpflanzen im Vorderen Orient. Im 16. Jahrhundert wurden sie nach Europa gebracht und insbesondere in Holland gezüchtet. Heute gibt es über 2000 Zuchtsorten mit unterschiedlichen Farben und Blütenformen.

Hyazinthen sind Frühblüher und lassen sich leicht heranziehen. „Präparierte" Zwiebeln gibt es in Gartencentern (Anleitung beachten).

Hyazinthen

▶ Hygrometer Siehe Luftfeuchtigkeit

▶ Jahreszeiten

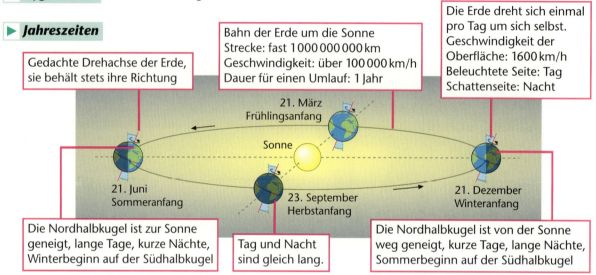

▶ Kälteempfinden

Unser Körper verliert ständig Wärme an die Umgebung, wenn diese kälter ist als die Haut. Die kalte Luft, die die Haut berührt, wird dadurch erwärmt. Wird diese Luft aber vom Wind wieder weggeblasen und durch neue kalte Luft ersetzt, gibt die Haut immer wieder Wärme ab. Starker Wind kühlt besonders stark. Die Kälte, die der Körper empfindet, nimmt mit der Windgeschwindigkeit zu:

	Temperatur in Grad Celcius							
	−1	−4	−7	−9	−12	−15	−18	−21	−23
0	−1	−4	−7	−9	−12	−15	−18	−21	−23
5	−3	−6	−9	−11	−14	−17	−21	−24	−26
11	−9	−13	−17	−19	−23	−26	−30	−33	−35
19	−12	−17	−21	−24	−28	−32	−36	−40	−43
28	−16	−20	−23	−27	−31	−36	−40	−43	−47
38	−18	−22	−26	−30	−34	−38	−43	−47	−50
49	−19	−24	−28	−32	−36	−41	−45	−49	−53

(Windgeschwindigkeit in km/h)

▓ unbekleidete Haut erfriert rasch

▶ Kufen

Die Kufen sind aus Eisen, weil Eisen besonders leicht über Eis gleitet. Sie sind sehr schmal, damit das ganze Körpergewicht auf einer kleinen Standfläche lastet. Zusätzlich können die Kufen so geschliffen werden, dass das Gewicht nur auf den Kanten der Kufen liegt. Dadurch entsteht ein so starker Druck auf das Eis, dass es unter den Kufen flüssig wird. Du gleitest beim Schlittschuhlaufen also genau genommen nicht auf dem Eis, sondern auf einer Wasserschicht!

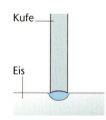

▶ Luftdruck

Luftgewicht und Luftdruck
Ein Liter Luft wiegt auf Meereshöhe etwa 1,3 g. Das Gewicht der Luft ist so groß, dass jeder cm² deines Körpers mit 1 kg belastet wird. Gemessen wird der Luftdruck mit einem Barometer in der Einheit Hektopascal (hPa). Er beträgt auf Meereshöhe im Normalfall 1013 hPa und nimmt nach oben hin ständig ab.

Temperatur und Luftdruck
Wird Luft erwärmt, dann bewegen sich die kleinen Luftteilchen stärker und schneller. Sie brauchen mehr Platz (Aggregatzustand). In einem geschlossenen Behälter erhöht sich dann der Druck, in einem offenen dehnt sich die Luft aus und wird dadurch leichter. In der Atmosphäre steigt die warme, leichte Luft auf. Ein Gebiet mit niedrigem Druck entsteht. Kältere, dichtere Luft strömt zu dieser Stelle. Änderungen des Luftdrucks haben deshalb großen Einfluss auf das Wetter (Wettervorhersage).

Luftdruck und Wetterentwicklung:

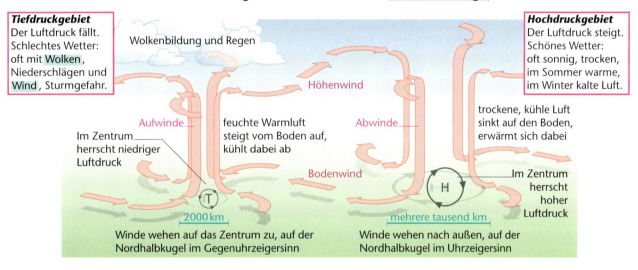

Tiefdruckgebiet
Der Luftdruck fällt. Schlechtes Wetter: oft mit Wolken, Niederschlägen und Wind, Sturmgefahr.

Hochdruckgebiet
Der Luftdruck steigt. Schönes Wetter: oft sonnig, trocken, im Sommer warme, im Winter kalte Luft.

- Wolkenbildung und Regen
- Höhenwind
- Aufwinde — feuchte Warmluft steigt vom Boden auf, kühlt dabei ab
- Abwinde — trockene, kühle Luft sinkt auf den Boden, erwärmt sich dabei
- Im Zentrum herrscht niedriger Luftdruck
- Bodenwind
- Im Zentrum herrscht hoher Luftdruck
- 2000 km — Winde wehen auf das Zentrum zu, auf der Nordhalbkugel im Gegenuhrzeigersinn
- mehrere tausend km — Winde wehen nach außen, auf der Nordhalbkugel im Uhrzeigersinn

▶ Luftfeuchtigkeit

Die Menge des in der Luft vorhandenen Wasserdampfs nennt man Luftfeuchtigkeit. Man kann den Wasserdampf nicht sehen, aber er ist überall auf der Erde – selbst an den trockensten Punkten – in der Luft vorhanden. Warme Luft kann mehr Wasserdampf speichern als kalte. Deshalb werden die Werte als relative Luftfeuchtigkeit angegeben. Kühlt feuchte Luft ab, kondensiert sie zu feinen Tröpfchen (Aggregatzustände), die als Nebel oder Wolken sichtbar werden. Die relative Luftfeuchtigkeit misst man mit einem Hygrometer. Eine Form des Hygrometers ist das Haarhygrometer. In diesem Messgerät befinden sich Menschen- oder Pferdehaare, die bei höherer Luftfeuchtigkeit länger und bei niedriger Luftfeuchtigkeit kürzer werden. Die Luftfeuchtigkeit von Wohnräumen sollte bei 60 % bis 70 % liegen.

▶ Lux-Meter

Mit einem Luxmeter kann man messen, wie stark eine Fläche beleuchtet wird. Die Beleuchtungsstärke wird in Lux angegeben. Lux ist übrigens das lateinische Wort für Licht. Hier einige typische Luxwerte:

Sonnenlicht im Sommer	100 000 lx
Sonnenlicht im Winter	10 000 lx
Vollmondnacht	0,2 lx
Schülerarbeitsplatz	600 lx

▶ Nebel

Erreicht die relative Luftfeuchtigkeit 100 %, ist die Luft mit Wasserdampf gesättigt. Die Luft kann keine weitere Feuchtigkeit mehr aufnehmen. Wenn warme, gesättigte Luft mit kaltem Boden oder einer kalten Luftschicht in Kontakt kommt, kondensiert die Luftfeuchtigkeit zu kleinen Tröpfchen, die so leicht sind, dass sie in der Luft schweben. Dadurch wird die Sicht sehr stark herabgesetzt (weniger als 1 km). Bei Nebelwetterlagen ist kein oder kaum Wind vorhanden, der den Nebel sofort auflösen würde.

▶ Niederschlagmessgerät

Mit dem Niederschlagmessgerät wird die Menge der Niederschläge in mm pro Tag gemessen. 1 mm Niederschlag entspricht 1 l Wasser auf jeden Quadratmeter.

▶ Protokoll

Ein Protokoll ist eine wichtige Gedächtnisstütze und ist nützlich zum Erklären eines Versuches.

> **Versuchs- oder Beobachtungsprotokoll**
> a) Fragestellung
> b) Geräte und benutzte Materialien (eventuell Skizze)
> c) Durchführung des Versuchs oder der Beobachtung (Beschreibung)
> d) Beobachtungen und Messergebnisse
> e) Auswertung der Ergebnisse, Antwort auf die Fragestellung

▶ Regen

Regen ist nach Menge und Häufigkeit der wichtigste Niederschlag. Niederschläge fallen in flüssiger oder fester Form aus Wolken in der Lufthülle (Atmosphäre) zur Erde. Sie bilden sich in den Wolken an winzigen Staubteilchen (Kondensationskerne). Erst wenn sie eine bestimmte Größe erreicht haben, sinken sie zu Boden. Zu den flüssigen Niederschlägen zählen das Nieseln (Sprühregen), bei dem sich sehr feine Tropfen bilden (Durchmesser 0,5 mm), und der Regen, der in heftigen Schauern mit besonders großen Tropfen (Durchmesser bis 7 mm) fallen kann. Zu den festen Niederschlägen gehören die feinen Eisnadeln und der flockige Schnee, des Weiteren Schneegriesel, Eiskörner, Graupeln und Hagel (> 5 mm).

▶ Regenbogen

Ein Regenbogen tritt nur auf, wenn es regnet und gleichzeitig die Sonne scheint. Ähnlich wie durch ein Prisma wird das Sonnenlicht durch die kleinen Regentropfen in ein Farbspektrum zerlegt. Um einen Regenbogen zu sehen musst du mit dem Rücken zur Sonne stehen.

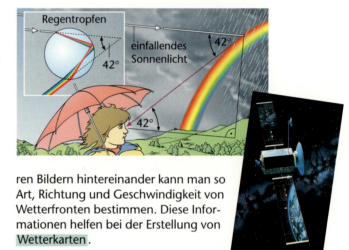

▶ Satellitenbild

Ständig nehmen Wettersatelliten aus großer Höhe Bilder von der Erdoberfläche auf und senden diese an Wetterstationen. Auf den Bildern ist die Entstehung von Wolken gut zu erkennen. Verschiedene Grautöne verraten Dichte und Temperaturen dieser Wolken. Aus mehreren Bildern hintereinander kann man so Art, Richtung und Geschwindigkeit von Wetterfronten bestimmen. Diese Informationen helfen bei der Erstellung von Wetterkarten.

▶ Sonne

Die Sonne ist eine glühende Gaskugel, die hauptsächlich aus Wasserstoff und Helium besteht. Ohne ihre Strahlung könnte auf der Erde kein Leben existieren. Die Temperatur auf der Sonnenoberfläche beträgt etwa 6000 °C, im Innern bis zu 15 Milliarden Grad.

Im Vergleich zur Sonne ist unsere Erde winzig klein.

▶ Sonnenkollektor

Sonnenkollektoren nutzen Sonnenlicht zur Erwärmung von Wasser. Im Innern befindet sich meist ein schwarzes Blech, durch das in Schlangenlinien dünne Wasserleitungen führen. Die Bleche (Absorber) werden durch Sonnenstrahlung heiß. Die Wärme gelangt mit dem Wasser zu einem Warmwasserkessel. Eine Glasscheibe auf der Oberseite des Kollektors lässt wie in einem Treibhaus Licht hinein, verhindert aber die Abstrahlung von Wärme.

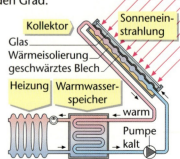

246

▶ Sonnenlicht

Die heiße Sonnenoberfläche sendet Licht aus, das wir als weiß empfinden. Es ist jedoch eine Mischung aus verschiedenen Farben.
Im Bild ist das Farbspektrum des Sonnenlichts aufgezeichnet. Das menschliche Auge hat sich offensichtlich dem Sonnenlicht bestens angepasst.
Sonnenlicht enthält aber auch Anteile, die wir mit unseren Augen nicht sehen können, IR-Strahlung und UV-Strahlung.

IR-Strahlung

Infrarot-Licht können wir nicht sehen, können es aber als Wärmestrahlung spüren. Mit einem empfindlichen Thermometer kann man die Wärmewirkung auch messen.
IR-Strahlung wird von allen warmen Gegenständen abgestrahlt. Mit speziellen Filmen kann man sie sichtbar machen. Man fotografiert mit diesen Filmen etwa Häuser, um Schwachstellen in der Wärmeisolierung zu finden. Satellitenbilder zur Wetterbeobachtung verwenden IR-Strahlung von der Erdoberfläche.

UV-Strahlung

Auch ultraviolette Strahlung ist für uns unsichtbar. So genannte Weißmacher in Papier oder in Waschmitteln können sie jedoch in bläuliches Licht umwandeln. Papier oder Wäsche wirkt dadurch noch weißer.
UV-Licht bräunt die Haut und hilft bei der Bildung von Vitamin D. Allerdings schädigt zu starke Bestrahlung die Hautzellen. Das kann zu einem Sonnenbrand, langfristig sogar zu vorzeitiger Alterung der Haut oder Hautkrebs führen. Vor allem im Frühjahr und zu Beginn des Sommers muss man deshalb die Haut durch Sonnenschutzmittel schützen.
Glücklicherweise wird der größte Teil der gefährlichen UV-Strahlung durch die Ozonschicht in der Atmosphäre ausgefiltert. Die Ozonschicht ist jedoch gefährdet durch Gase, die früher in Kühlschränken und Sprühdosen verwendet wurden. Wenn es nicht gelingt, den Ozonabbau zu stoppen, werden Hautschädigungen durch UV-Licht stark zunehmen.
Einige Tiere, etwa Schmetterlinge oder Bienen, können UV-Licht sehen. Pflanzen geben diesen Insekten Signale, die für uns unsichtbar sind.

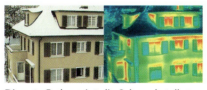

Die rote Farbe zeigt die Schwachstellen in der Wärmeisolierung

Fingerkraut: Aufnahme links mit normalem, rechts mit UV-empfindlichem Film

▶ Sonnenschutzmittel

Sonnenschutzcremes schützen die Haut vor schädlicher UV-Strahlung. Der Sonnenschutzfaktor auf den Behältern gibt an, wie stark die Schutzwirkung ist. Ein Mittel mit Schutzfaktor 10 lässt halb so viel UV-Strahlung durch wie eines mit Faktor 5.
Zu starke Sonnenbestrahlung ist gesundheitsschädlich. Vor allem in der Mittagszeit sollte man sich im Schatten aufhalten. Grundsätzlich sind Kopfbedeckungen und leichte Kleidungsstücke wie T-Shirts wirksame Schutzmittel. Eine Art Sonnenschutzmittel stellt die Haut in Form der Sonnenbräune selbst her: Farbstoffe werden in der obersten Hautschicht hergestellt und eingelagert. Sie spenden den darunterliegenden Zellen etwas Schatten. Trotzdem bietet die Sonnenbräune nur wenig Schutz. Hellhäutige Menschen sind besonders gefährdet.

▶ Spinnen

Auch Spinnen nutzen den Wind. So lassen sich z. B. einige Jungspinnen an ihren Fäden vom Wind transportieren und erobern so neue Lebensbereiche.
Besonders beim Beutefang nutzen Spinnen den Wind.
Sie bauen perfekte Radnetze bis in Kopfhöhe senkrecht in den Luftraum. Damit fangen sie vor allem fliegende Insekten. In Bauchhöhe findest du oft Gespinste und waagerechte Baldachinnetze mit zahlreichen Spannfäden. Die Spinne wartet meist unter dem Netz auf Beute. Bodenlebende Spinnen verstecken sich oft in Trichternetzen und Erdröhren. Von dort aus legen sie Fangfäden in die Umgebung des Verstecks.

Radnetz einer Kreuzspinne

Baldachinnetz

Gespinst einer Haubennetzspinne

▶ Streusalz

Es besteht aus gefärbtem Kochsalz. Salzwasser sickert in den Boden und verdichtet ihn. Das Salz, das sich während des Winters im Boden anreichert, hemmt Keimung und Wachstum von Pflanzen im Frühling und Sommer. Bäume leiden auch durch Schäden an den Wurzeln, sodass sie weniger Wasser aufnehmen können. Trockenzeiten im Sommer führen dann leicht zu Blattverfärbungen und zum Absterben ganzer Äste.

▶ Tageslänge

Die Tageslänge ist bestimmt durch Sonnenaufgang und Sonnenuntergang. Diese Zeiten sind von Ort zu Ort verschieden. Dies sind die Angaben für die Stadt Köln:

Datum	Sonnenaufgang	Sonnenuntergang
1. Januar	8.34 Uhr	17.23 Uhr
1. April	7.08 Uhr	20.05 Uhr
1. Juli	5.21 Uhr	21.50 Uhr
1. Oktober	7.31 Uhr	19.11 Uhr

▶ Thermometer

Mini-Max-Thermometer
Das Thermometer zeigt nicht nur die aktuelle Temperatur, sondern auch die höchste (Maxima) und die tiefste (Minima) Temperatur, die in einem bestimmten Zeitraum gemessen wurde. Manche Thermometer haben einen zusätzlichen Außenfühler. Die Einstellung „in" zeigt die Innentemperatur, „out" gibt die Außentemperatur an.

Die Thermometerskala
Die Temperatur wird in Grad Celsius gemessen. Der Schmelzpunkt von Wasser liegt dabei bei 0 °C, der Siedepunkt bei 100 °C. In den USA gilt die Fahrenheitskala. Wasser gefriert bei 32 °F und siedet bei 212 °F, die Körpertemperatur des Menschen ist fast 100 °F. Bei manchen Thermometern kann man zwischen der Celsius- und der Fahrenheit-Skala wählen.

- 100 °C Wasser siedet
- 60 °C heißer Tee
- 50 °C höchste in Europa gemessene Lufttemperatur
- 36,5 °C Körpertemperatur des Menschen
- 28 °C Sommertag in Europa
- 0 °C Wasser gefriert

- 212 °F Wasser siedet
- 100 °F Körpertemperatur des Menschen
- 32 °F Wasser gefriert

tiefstmögliche Temperatur	−273 °C
Kälterekord in Europa	−65 °C
Kälterekord in Deutschland	−38 °C
Kälterekord in der Antarktis	−91,5 °C
Hitzerekord in Deutschland	40 °C
Hitzerekord in der Sahara	59 °C

▶ Überwintern

Winterschlaf
gleichwarme Tiere, z. B. Igel, Feldhamster, Murmeltier, Fledermaus
- fressen sich im Spätsommer ein dickes Fettpolster an
- verschlafen den Winter in einem frostsicheren Versteck (oft unterirdischer Bau)
- Atmung und Herzschlag sind stark verlangsamt
- Körpertemperatur sinkt stark ab
- bei einer Außentemperatur nahe 0 °C erhöht sich die Körpertemperatur, das Tier wacht auf.

Winterruhe
gleichwarme Tiere, z. B. Eichhörnchen, Bär, Dachs
- fressen sich Fettpolster an
- manche legen Vorräte an
- manche bekommen ein dichtes Winterfell
- sie dösen, schlafen, ruhen in einem frostsicheren Bau, oft unter der Erde
- Atmung und Herzschlag sinken kaum ab
- Körpertemperatur verändert sich nicht
- sie wachen bei günstiger Witterung auf und gehen an ihre Vorräte

Winterstarre
wechselwarme Tiere, z. B. Schlangen, Eidechsen, Amphibien, Insekten, Schnecken
- brauchen weder Fettpolster noch Vorräte
- verstecken sich an geschützten Stellen, oft tief im Boden, wo sie vor Frost geschützt sind
- Atmung und Herzschlag sind sehr stark verlangsamt.
- Körpertemperatur gleicht der Umgebungstemperatur
- werden starr und können sich nicht mehr bewegen, Temperaturen unter 0 °C bedeuten für viele dieser Tiere den Tod

Vögel
- Zugvögel ziehen in wärmere Gegenden, da sie im Winter hier keine Nahrung finden
- Standvögel, die hier bleiben, schützen sich so:
- sich aufplustern
- sich eng aneinander kuscheln

Fische
- überwintern an tiefen Stellen in den Gewässern
- Körpertemperatur entspricht der Wassertemperatur
- Atmung und Herzschlag werden langsamer
- sie bewegen sich kaum noch

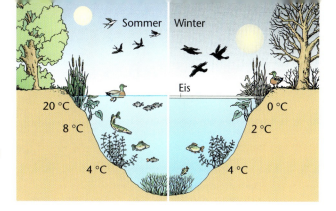

▶ Verdunsten

Beim Verdunsten gehen Flüssigkeiten allmählich in den gasförmigen Zustand über (Aggregatzustände). Je wärmer eine Flüssigkeit ist, umso schneller bewegen sich die Teilchen in ihr. An der Oberfläche werden Teilchen hinausgeschleudert. Dabei nehmen sie Bewegungsenergie und damit Wärme mit sich. Beim Verdunsten kühlt sich also eine Flüssigkeit ab.

Wir Menschen schwitzen bei großer Hitze. Wasser verdunstet und kühlt dabei die Haut. Bei sehr großer Luftfeuchtigkeit kann die Luft keine weiteren Wasserteilchen mehr aufnehmen. Der Schweiß verdunstet nicht mehr, die Kühlung fällt aus. Hitze erscheint dann besonders unerträglich.

▶ Wärmeleitung

Wärme ist eine Form von Energie. Wenn sich warme und kalte Körper berühren, gleichen sich ihre Temperaturen aus: Eine heiße Herdplatte erwärmt den Topf, der Topf wiederum die Suppe. Wenn ein Körper wärmer als seine Umgebung ist, muss er ständig mit neuer Energie versorgt werden, damit er nicht abkühlt. Der Herd bezieht diese Energie aus Strom oder Gas.

Metalle sind gute Wärmeleiter. Silber und Kupfer leiten die Wärme besonders gut, aber auch Eisen ist noch ein guter Wärmeleiter.

Holz, Glas, Kunststoff und auch Luft sind schlechte Wärmeleiter und deshalb zur Isolierung geeignet. Sie werden dort gebraucht, wo man sich vor Wärmeverlusten schützen will.
Besonders gut sind dafür die Stoffe geeignet, die in kleinen Hohlräumen eingeschlossene Luft enthalten: Styropor, Schaumstoff, Gasbeton, Vliesstoffe oder Federn. Luft ist ein sehr schlechter Wärmeleiter, also ein guter Isolator, aber nur dann, wenn sie nicht bewegt wird.

So dick muss eine Schicht sein, um die gleiche Isolierwirkung zu haben:	
Luft	8 mm
Federn	8,5 mm
Kaninchenfell	9 mm
Styropor, Wolle, Schaumstoff	12 mm
Neuschnee	36 mm
Eis	900 mm
(Wasser)	200 mm
Holz	47 mm
Gummi	50 mm

▶ Wetter

Das Wetter an einem bestimmten Ort wird hauptsächlich durch das Zusammenwirken von Luftdruck, Lufttemperatur in verschiedenen Höhen, Luftfeuchtigkeit und Wind bestimmt. Das Wetter kann entscheiden über wirtschaftlichen Gewinn oder Verlust, manchmal sogar über Leben und Tod. Für die Planung von vielen Unternehmungen (Freizeitaktivitäten, Landwirtschaft, Luftfahrt, Bauwesen) benötigt man verlässliche Wettervorhersagen. Deshalb werden auf der ganzen Welt laufend Wetterdaten gesammelt. Diese Daten, die in Wetterkarten übersichtlich dargestellt werden, dienen zur Vorhersage der Wetterentwicklung.

▶ Wetterkarte

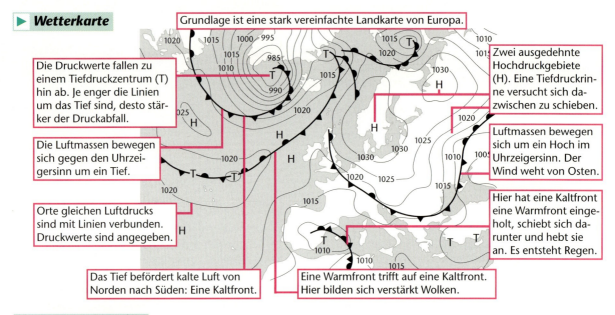

Grundlage ist eine stark vereinfachte Landkarte von Europa.

Die Druckwerte fallen zu einem Tiefdruckzentrum (T) hin ab. Je enger die Linien um das Tief sind, desto stärker der Druckabfall.

Die Luftmassen bewegen sich gegen den Uhrzeigersinn um ein Tief.

Orte gleichen Luftdrucks sind mit Linien verbunden. Druckwerte sind angegeben.

Zwei ausgedehnte Hochdruckgebiete (H). Eine Tiefdruckrinne versucht sich dazwischen zu schieben.

Luftmassen bewegen sich um ein Hoch im Uhrzeigersinn. Der Wind weht von Osten.

Hier hat eine Kaltfront eine Warmfront eingeholt, schiebt sich darunter und hebt sie an. Es entsteht Regen.

Das Tief befördert kalte Luft von Norden nach Süden: Eine Kaltfront.

Eine Warmfront trifft auf eine Kaltfront. Hier bilden sich verstärkt Wolken.

▶ Wettervorhersage

Aus eigenen Messungen und Beobachtungen und mithilfe von Wetterkarten kannst du das Wetter des nächsten Tages abschätzen:

Schlechtes Wetter:
– Niedriger Luftdruck oder Absinken des Luftdrucks, sehr niedriger Druck bedeutet Sturmgefahr.
– Von Westen nähert sich ein Tiefdruckgebiet.
– Hohe Luftfeuchtigkeit, bei schwüler Luft und hohen Wolkentürmen sind Gewitter zu erwarten.
– Wind aus westlichen Richtungen bringt feuchte Meeresluft und häufig Regen.

Schönes Wetter:
– Hoher Luftdruck oder Anstieg des Luftdrucks, wenn sich von Westen ein Hochdruckgebiet nähert.
– Anhaltend niedrige Luftfeuchtigkeit
– Ostwind bringt trockene Luft, wenn ein Hoch nördlich von uns vorbeizieht.
– Abendrot zeigt dünner werdende Wolken und das Herannahen trockener Luft.
– Zwischen einem Tief im Westen und einem Hoch im Osten wird warme Luft von Süden herangeführt.

▶ Wind

Wind ist Luft, die sich bewegt. In der Wetterschicht der Erde sorgen Gebiete mit unterschiedlichem Luftdruck für ständige Luftbewegungen. So entstehen Aufwinde, Höhenwinde, Abwinde und Bodenwinde. Nur diesen Bodenwind misst du mit deinem Windmesser.
Die Windstärke des Bodenwindes ist in einem Hoch zunächst gering. Die Windgeschwindigkeit nimmt aber in Richtung auf ein Tief zu und kann bei einem Sturmtief mit sehr niedrigem Luftdruck Orkanstärke erreichen.
Ein solches Tief saugt wie ein Staubsauger Luft von allen Seiten an. In der Nähe des Absaugrohrs ist die Luftbewegung am stärksten. Wirbelstürme, Hurrikans und Taifune entstehen im Sommer über tropischen Meeren, wenn das Wasser eine Temperatur von mehr als 27 °C erreicht hat. Über dieser riesigen Heizung entwickeln sich viele kleine, aber kräftige Tiefdruckgebiete. Sie beginnen, sich umeinander zu drehen, erst langsam, dann immer schneller und vereinigen sich in einem riesigen Wirbel.

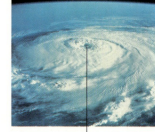
Auge des Hurrikans

Der Wirbelsturm beginnt zu wandern und erreicht das Festland, wo er eine Spur der Zerstörung hinterlässt. Menschen berichten, dass in einem Hurrikan Wind und Regen zunächst ständig zunehmen, bis der Sturm seine größte Stärke erreicht. Im „Auge" des Hurrikans wird es plötzlich hell und windstill, der Regen hört auf. Dann kommt die mächtige Wolkenwand heran, die das „Auge" umgibt. Es wird schlagartig dunkel, Wind und Regen setzen plötzlich mit voller Gewalt wieder ein.

▶ Windstärke

Im Jahr 1805 entwickelte der englische Admiral Sir Francis Beaufort eine Skala zur Bestimmung der Windstärke. Auch heute wird diese Beaufort-Skala noch oft verwendet. Sie unterscheidet 13 verschiedene Stärken. „Stärke 0" bedeutet Windstille, „Stärke 12" Orkan.
Windgeschwindigkeiten werden heute meist in Stundenkilometern (km/h) gemessen und angegeben. In tropischen Wirbelstürmen hat man Windgeschwindigkeiten von 300 km/h festgestellt.

Stärke	Geschwindigkeit km/h	Bezeichnung	Auswirkungen
0	0 bis 1	Windstille	Rauch steigt senkrecht auf
1	5	leiser Zug	an Rauchfahne erkennbar
2	11	leichte Brise	Blätter säuseln
3	19	schwache Brise	Blätter stark in Bewegung
4	28	mäßige Brise	wirbelt Staub und Papier auf
5	38	frische Brise	kleine Bäume schwanken
6	49	starker Wind	kräftige Äste in Bewegung
7	61	steifer Wind	ganze Bäume in Bewegung
8	74	stürmischer Wind	Zweige brechen ab
9	88	Sturm	Dachziegel fallen herab
10	102	schwerer Sturm	Bäume werden entwurzelt
11	117	orkanartiger Sturm	verbreitete Sturmschäden
12	120+	Orkan	allgemeine Verwüstung

▶ Wolken

Wolken bestehen wie der Nebel aus feinen Wassertröpfchen. Sie entstehen, wenn mit Wasserdampf gesättigte Luft durch Aufwinde in die Höhe transportiert wird. Die Luft kühlt ab und die Luftfeuchtigkeit bildet an winzigen Staubkörnern (Kondensationspunkte) erst kleine, dann aber auch größer werdende Wassertropfen. Werden die Wassertropfen zu groß, kommt es zum Regen. Wolken werden sehr häufig über großen und warmen Wasserflächen (Meere und Ozeane) gebildet, da dort an der Wasseroberfläche viel Wasser verdampft. Wolken, die sich in sehr großer Höhe befinden, enthalten feine Eisnadeln (Aggregatzustände).

▶ Zugvögel

Sie verlassen nach der Brutperiode ihren Sommerlebensraum in Mitteleuropa, da sie in den nun folgenden Jahreszeiten (Herbst bis Frühjahr) nicht genügend Nahrung finden können. Die Beutetiere sind entweder während dieser Zeit in ihren Quartieren zur Überwinterung oder unter dem Schnee verborgen.

Zugrichtung sowie zurückgelegte Strecke kann je nach Vogelart sehr unterschiedlich sein. Die Karte zeigt einige Beispiele.
Für die Erforschung dieser Wanderwege gibt es unterschiedliche Methoden.
Beringen der Vögel: Eingefangene Vögel werden mit Ringen versehen, auf denen der Name der Vogelwarte und eine Kennnummer eingraviert sind. Kennnummer, Datum, Art und Geschlecht der Tiere werden beim Beringen in Listen protokolliert. Auf dem Ring ist des Weiteren vermerkt, dass er beim Fund (totes oder getötetes Tier) mit der genauen Ortsangabe an die entsprechende Vogelwarte zurückgeschickt werden soll. Auf diesem Wege haben die Forscher viele Zugrouten entdeckt.
Radarmethode: Mithilfe von Radargeräten können die Zugstraßen der Zugvögel genau beobachtet werden. Dies ist aber nur bei großen Vogelschwärmen möglich.
Sendermethode: Der Zugweg von einzelnen Vögeln kann sehr genau bestimmt werden, indem man ihnen Minisender am Rücken befestigt. Der Standort der Tiere kann nun immer genau mit Satellitenortung festgestellt werden. Dies ist die modernste und genaueste Methode.

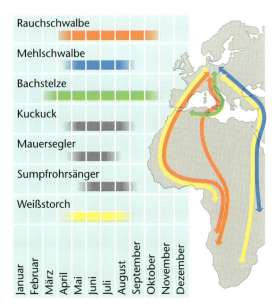

251

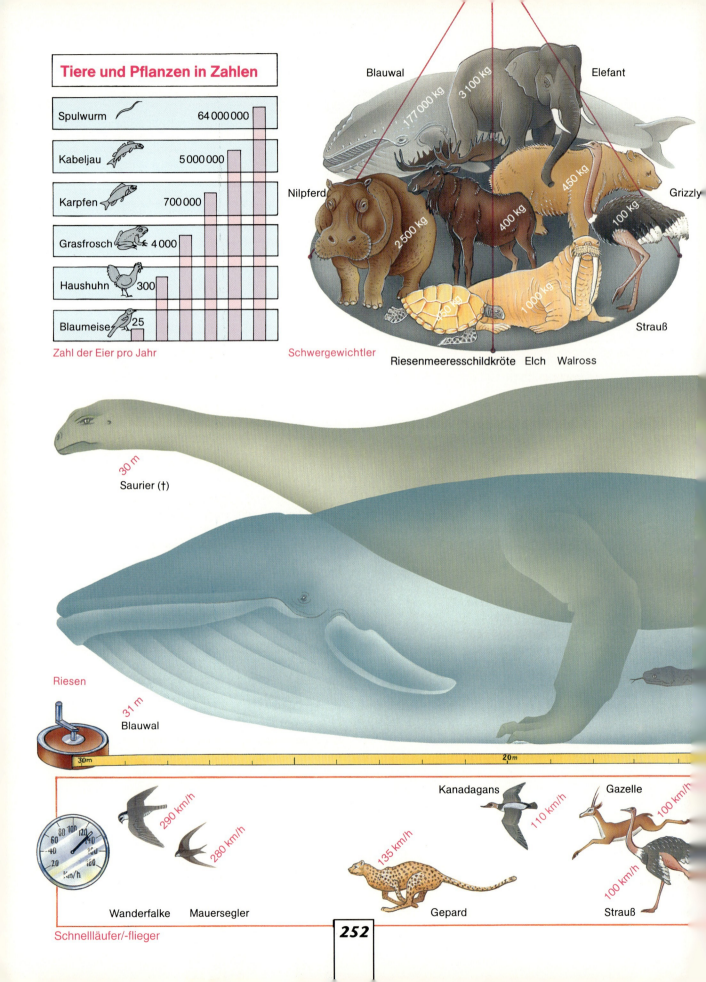

Stammbaum der Wirbeltiere

Stammbaum der Wirbeltiere
Ordnet man die Wirbeltierfossilien nach ihrem Alter (senkrecht) und nach ihrem Aussehen (waagerecht), so zeigt sich, dass sich die Lebewesen im Laufe der Erdgeschichte allmählich verändert haben. Die einzelnen Klassen sind nacheinander entstanden. Durch Übergangsformen (Brückentiere) ist die Entwicklung der einen Gruppe aus der anderen belegt. Alle Wirbeltiere gehen auf gemeinsame Urahnen zurück. Deshalb spricht man von natürlicher Verwandtschaft.

Die zeitliche Abfolge der einzelnen Wirbeltierklassen zeigt, dass fischartige Lebewesen den Ausgangspunkt bildeten. Ihnen folgten die Lurche und anschließend die Reptilien. Die ausgestorbenen Saurier zeigen einerseits Übergangsformen zu den Vögeln, andererseits sind sie auch als Ahnen der Säugetiere anzusehen. So ergibt sich das natürliche System der Wirbeltiere.

Die Entwicklung der Wirbeltierklassen ist verbunden mit der Besiedlung neuer Lebensräume. Ausgehend vom Wasser haben sich über ufernahe Feuchtgebiete schließlich land- bzw. luftlebende Wirbeltiere entwickelt. Der Weg zurück ins Wasser ist allerdings nicht unmöglich, wie das Beispiel der Pinguine oder der Wale zeigt.

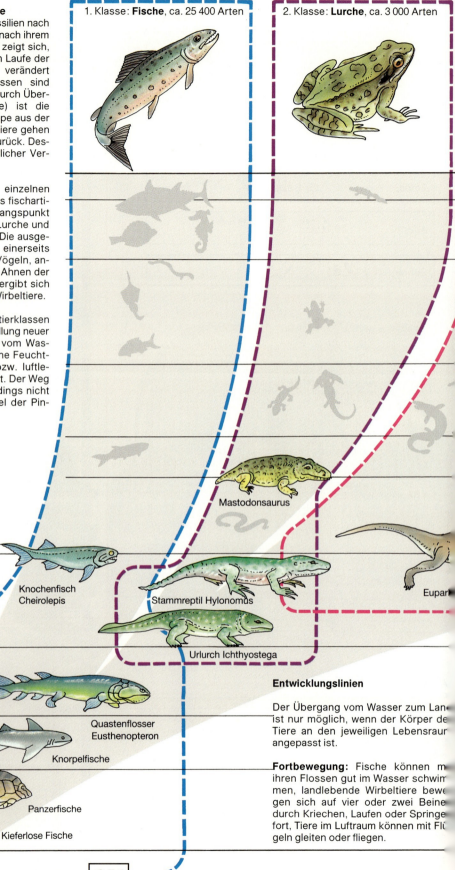

1. Klasse: **Fische**, ca. 25 400 Arten
2. Klasse: **Lurche**, ca. 3 000 Arten

Knochenfisch Cheirolepis
Mastodonsaurus
Stammreptil Hylonomus
Eupark[...]
Urlurch Ichthyostega
Quastenflosser Eusthenopteron
Knorpelfische
Panzerfische
Kieferlose Fische

Entwicklungslinien

Der Übergang vom Wasser zum Lan[d] ist nur möglich, wenn der Körper de[r] Tiere an den jeweiligen Lebensrau[m] angepasst ist.

Fortbewegung: Fische können m[it] ihren Flossen gut im Wasser schwim[-] men, landlebende Wirbeltiere bewe[-] gen sich auf vier oder zwei Beine[n] durch Kriechen, Laufen oder Springe[n] fort, Tiere im Luftraum können mit Flü[-] geln gleiten oder fliegen.

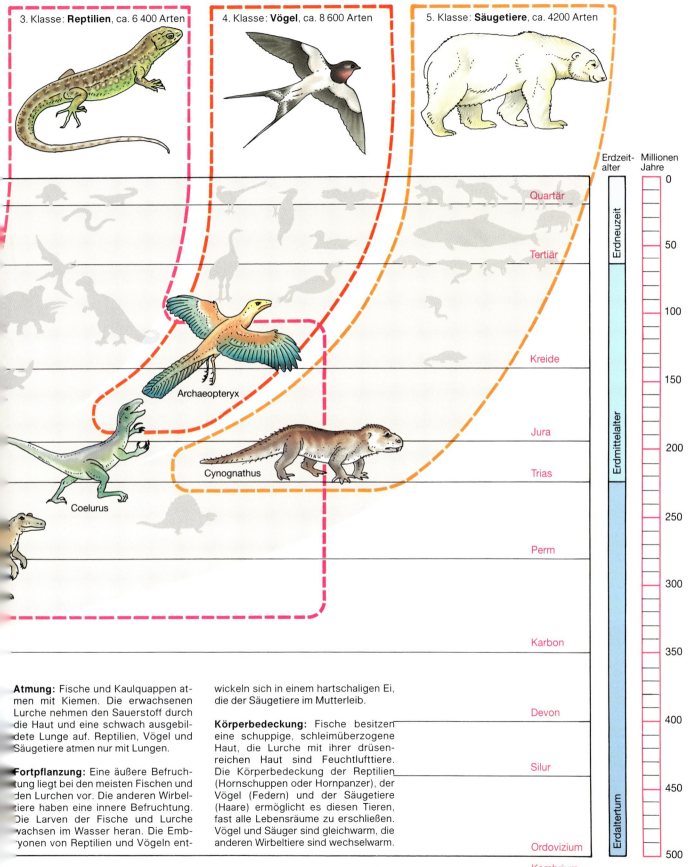

Atmung: Fische und Kaulquappen atmen mit Kiemen. Die erwachsenen Lurche nehmen den Sauerstoff durch die Haut und eine schwach ausgebildete Lunge auf. Reptilien, Vögel und Säugetiere atmen nur mit Lungen.

Fortpflanzung: Eine äußere Befruchtung liegt bei den meisten Fischen und den Lurchen vor. Die anderen Wirbeltiere haben eine innere Befruchtung. Die Larven der Fische und Lurche wachsen im Wasser heran. Die Embryonen von Reptilien und Vögeln entwickeln sich in einem hartschaligen Ei, die der Säugetiere im Mutterleib.

Körperbedeckung: Fische besitzen eine schuppige, schleimüberzogene Haut, die Lurche mit ihrer drüsenreichen Haut sind Feuchtlufttiere. Die Körperbedeckung der Reptilien (Hornschuppen oder Hornpanzer), der Vögel (Federn) und der Säugetiere (Haare) ermöglicht es diesen Tieren, fast alle Lebensräume zu erschließen. Vögel und Säuger sind gleichwarm, die anderen Wirbeltiere sind wechselwarm.

Register

A
Aderhaut 42
Aggregatzustand 238, 240
Akazie 140
Algenblüte 203
Alpenveilchen 100
Ameisen 162, 195, 202
Ameisenhaufen 138
Amethyst 95
Amphibien 139
Amphibien 221, 240
Anomalie des Wassers 238, 241
Aquarium 105
Arbeitsgeräte zum Vergrößern 86 – 89
Arbeitsorganisation, Arbeitsplan 107
Arktis 122, 126, 130
Arktische Pflanzen 127, 130
Arktische Tiere 126, 130
Atemfrequenz 152, 168
Atemvolumen 147, 168
Atmosphäre 233, 241
Atmung 147, 168
Atmungsorgane 147, 153, 169
Augapfel 34
Auge 12, 25, 26, 34, 42, 49
Augenfehler 34, 43, 55
Augenlid 42
Ausfallswinkel 52

B
Baby 10, 18, 19
Backpulver 71
Baguette 131
Ballaststoffe 159, 160, 161, 169, 175
Ballongas 231, 241
Bänderschnecke 40
Barometer 215
Bast 138
Bauanleitung
– Dosenbrenner 203
– Flugdrachen 243
– Fühlbox 131
– Insektenkasten 132
– Lochkamera 50
– Mikrotom 84
– Riechorgel 17
– Tastborste 56
– Wettermessgeräte 214
– Zoetrop 59
Bauernhof 108, 109
Baumhöhe 118
Baummarder 137
Baumscheibe 118
Baumtasten 119
Baumwolle 177
Bauplan
– Blütenpflanze 97
Bergkristall 95
Bergmolch 81
Beutetier 120
Biegsamkeit 119
Bildröhre 92
Binokular 38, 69, 87
Blattgewebe 89
Blattoberfläche 83, 98
Blattzersetzung 75
Bleistift 69
Blende 88
Blindenschrift 31, 43
Blinder Fleck 42
Blindheit 28, 30, 31
Blindschleiche 138
Blütenblätter 97
Blütenpflanze
– Bauplan 97
Blutkreislauf 154, 170
Boden 72, 73, 76, 77, 90
Bodenentstehung 75, 90
Bodenlebewesen 74, 90
Bodenprobe 74, 77
Bodenprofil 90
Bodenspinne 75
Bodenuntersuchung 77
Bonbons 189
Borke 138
Borkenkäfer 138
– Fraßbild 121
Brailleschrift 43
Brennglas 26
Brennpunkt 26, 49
Brennweite 49
Brille 29, 34, 43
Brombeere 136
Brotrezept 131
Brückengewölbe 170
Buntspecht 138
Butter 159

C
Casting 44
Chamäleon 125
Chromatografie 200, 202
Computerbild 69, 91
Croissants 156
Cutter 45

D
Dachs 137
Daumenkino 24, 43, 216
Deckgläschen 97
Dezibel 35, 43, 55
Diagramm 227, 231, 236, 238, 242
Diaprojektor 52
Doppelschwanz 74
Dosenbrenner 185, 189, 203
Drehbuchautor 44
Dromedar 101, 128, 141
Druck 19
Drucklamellen 47
Drucktest 19
Druckverfahren 91
Düfte 17, 44, 51
Duftstoffe 58
Dunkelversuch
– mit Kartoffel 113

E
Ei 159
Eichhörnchen 137
Einbruch 62, 63
Einfallswinkel 52
Eintagsfliegenlarve 79, 81
Einzeller 99
Eis 238, 239
Eisbär 101, 130
Eistee 185
Eiswasser
– Herstellung 127
Enchyträe 75
Erzeuger 133
Etikett 161
Eulengewölle 117

F
Fadenzähler 86
Falkenauge 39, 44
Färben 83, 92
Farbentest 201
Farbpunkte 68, 69
Farbspektrum 226, 242
Fasern 65
Faserschreiber 98
Fehlsichtig 34
Feinsteine 93
Feintrieb 88
Fennek 128, 141
Fernsehbild 69, 92
Fernsehen 24, 92
Fette 159, 161, 174, 175
Feuerbohne 104
Feuersalamander 138
Fichte 121, 136
Film 24, 44, 45
Filmprojektor 52
Filmszene 27
Filterpapier 96
Filzstift 69
Fingerabdruck 64, 93
– genetischer 94
Fingeralphabet 46
Fische 105, 139
Fischsterben 194, 203
Fit-Mess-Studio 144 ff.
Fitness 146, 149
Fleckprobe 159
Fledermaus 45
Fleischfresser 120
Fleißiges Lieschen 104
Fliege 38, 60
Fliegenauge 38, 45
Fliegenkopf 98
Fliegenpilz 101
Flugdrachen 230, 243
Flugsamen 230, 243
Foraminiferenschalen 87
Fötus 11, 14
Fragespiel 125
Frauenhaarmoos 136
Freibad 222, 223
Frequenz 35, 54
Fressfeind 120
Fruchtknoten 79, 97
Früchtetee 184
Frühblüher 220, 244
Frühling 216 ff.
Frühstück 156, 157, 158
Fuchs 137
Fühlbox 112
– Bauanleitung 131
Fühler 55
Fußgewölbe 155, 170

G
Gartentulpe 97
Gebärdensprache 32, 46, 33
Geburt 18

– eines Kälbchens 110
Gefahrstoffe 199, 204
Geheimschrift 200
Gehörgang 51
Gehörknöchelchen 51
Gehörlosigkeit 29, 32, 33
Gehörnerv 51
Gelber Fleck 42
Gelbrandkäfer 81
Gelbrandkäferlarve 81
Gemisch 184, 204
Genetischer Fingerabdruck 94
Geräte
– zur Tümpeluntersuchung 80
– zur Vergrößerung 86 – 89
Geräusche 14, 15, 47
Geräscheparcours 15
Gerste 112
Geruch 16
Geschmack 185
Geschmacksempfindungen 16
Geschmackssinn 16
Geschmackszonen 16, 59
Getreide 112
Gewebe 98
Gipsabguss 64
Gitarre 15
Glaskörper 42
– mit Linse 25
Glasterrarium 105
Goldgelbe Koralle 137
Gorilla 125
Grabbelsack 9
Grad Celsius (°C) 106, 131
Grobsteine 93
Grobtrieb 88
Großes Springkraut 136
Grünlilie 60, 61
Guppy 105

H
Haare 65, 99
Hackspuren
– Specht 117
Hafer 112
Haustiere 100, 108, 109
Haut 18, 19, 47, 60
Heben 164, 165
Herbst 228 ff.
Herbststürme 230

Heringsschwarm 127
Herz 154, 171
Herzfrequenz 146, 149, 171
Herztöne 154, 171
Höhenlinienmodell 58
Höranlage 33, 47
Hörbehinderung 29, 32, 33
Hörbereich 35, 47, 54
Hornhaut 25, 42
Hörschwelle 43
Hundertfüßer 74
Hundertmarkschein 87
Hüpferling 81
Hyazinthen 220, 244
Hygrometer 107, 132, 214, 218, 244

I
Ideensammlung 124
Igel 76
Imponieren 125
Indikatoren 192, 205
Infraschall 22, 47, 48
Ingera 157
Insekten 132
Insektenaugen 45
Insektenflügel 87
Insektenkasten 105
– Bauanleitung 132
Insektenlupe 86
Iris 42
Isolierung 127

J
Jahresrhythmik 214 ff.
Jahresringe 118
Jahreszeiten 224, 244
Jogurtherstellung 111
Johanniskraut 136
Jungrinder 110

K
Käfer 74, 138
Kakteen 140
Kälteempfinden 236, 244
Kältekörperchen 18, 47
Kameramann 44
Kandiszucker 70
Kaninchenkot 117
Kapillare 167, 172
Kartoffel 132
– Dunkelversuch 113

Kartoffeleimer 113
Kaulquappe 81
Kellerassel 74
Kiefer 116
Kies 93
Kino 20, 21, 23, 24
Kinobilder 24
Kinoprojektor, moderner 52
Klapperschlange 48, 141
Klassenzimmer 102, 103
Kleinlibellenlarve 81
Klima 106
Klimadaten 126, 128, 133
Kochsalz 71, 95, 98
Kohlenhydrate 161, 174, 175
Kohlmeise 137
Kompass 106, 133
Kompostnest 57
Königsnatter 125
Königstiger 134
Konzentrat 187
Konzentrationsfähigkeit 35
Korallenschlange 125
Korngrößen 77, 93
Kostüm- und Maskenbildner 44
Kräfte 162 ff.
Kresse 166
Kriminallabor 64, 93
Kristalle 70, 71, 95
– züchten 71
Kröten 221
Kufen 239, 244
Kunstfasergewebe 98
Kurzflügler 74
Kurzsichtigkeit 34, 43, 48

L
Lampe 88
Lärche 136
Lärm 35
Larven 74, 138
Larvengang 138
Laubmischwald 135
Laub 75
Laubwald 116
Laufabzeichen 150 ff., 172
Lautstärke 43
Lebensmittelzusatzstoffe 187, 189, 205
Lederhaut 25, 42, 47
Lehm 77

Leinengewebe 86
Licht 13, 48
Lichtausbreitung 13
Lichtbündel 13
Linsen 12, 25, 26, 34, 39, 42, 43, 49
Linsenbänder 25
Lochkamera 12
– Bauanleitung 50
Löschpapier 96
Lösung 70, 71, 95, 192, 205
Löwenzahnblüte 87
Luft 153, 172, 232
Luftdruck 224, 232, 233, 245
Luftfeuchtigkeit 107, 218, 224, 245
Lüftung 107
Luftverschmutzung 137
Lupe 86
Lux-Meter 220, 245

M
Mais 112
Malteserkreuz 52
Mastrinder 110
Maulwurf 76
Mäuse 39
Mehl 158
Melkmaschine 111
Mikrochip 98
Mikrokosmos 60, 61, 95
Mikroskop 88
Mikroskopieren 83
– Anleitung 89
Mikroskopierführerschein 88
Mikrotom 84, 85
– Bauanleitung 84
Milchkuh 110, 133
Milchprodukte 111
Milliliter 185, 186, 206
Mimose 41, 50
Mineralstoffe 160, 161, 173, 175
Mineralwasser 188, 206
Mischwald 116, 135
Mistkäfer 74
Mittelsteine 93
Monitor 91
Monokultur 135
Moosblättchen 99
Mundbild 42

Mundschleimhaut 99
Muskeln 165, 171
Muttergang 138
Muttermilch 10, 16

N
Nadelmischwald 135
Nadelwald 116
Nagelfeile 71
Nährstoffe 158, 159, 174, 175
Nahrungskette 120, 127, 133
Nahrungsnetz 120, 133
Narbe 97
Nase 16, 51
Naturjogurt 111, 133
Nebel 218, 245
Neonfische, Rote 125
Nervenendigungen 47
Netzhaut 12, 25, 34, 42, 51
Neutralisation 193, 206
Niederschlagmessgerät 214, 219, 246
Nudelsuppe 156
Nutzpflanzen 108, 109

O
Oberarmmuskulatur 165, 176
Oberboden 73, 76, 90
Oberfläche einer Nagelfeile 71
Oberhaut 47
Objekte schneiden 85
Objektiv 88, 89
Objektträger 65, 83, 92, 97
Ohr 14, 51
Ohrmuschel 51
Ohrwurm 74
Okular 88, 89
Optische Täuschung 24
Opuntien 140
Orangen 160, 187, 189
Orangenlimonade und Orangensaft 186, 187, 189, 208
Oszilloskop 54

P
Pantoffeltierchen 99
Papierherstellung 68, 96
Papiersorten 68, 69, 96
Patronenhülse 94
Peary, Robert E. 126
Pfau 125
Pfeilgiftfrösche 125
Pfifferling 137
Pflanzenfresser 120
Pflanzenpflege 104
Pflanzenvermehrung 104
Pflanzenzellen 99
pH-Wert 193, 194, 207
Pigmentschicht 42
Pilzfäden 75
Pinguin 101
Pipette 97
Plankton 127
Platine 87
Pointillismus 69
Polarfuchs 130
Pollenkörner 98
Porridge 157
Posthornschnecke 81
Präparat 65, 68, 83, 92, 97
Präparate herstellen 97
Produzent 44
Projektor 26, 52
Proteine 159, 161, 174, 175
Protokoll 112, 113, 134, 220, 246
Prozent 188, 208
Puls 35, 146, 152, 154, 176
Pulsfrequenz 146, 176
Pupille 42, 44
Puppe 138
Puppenräuber 76
Puppenwiege 138
Pyritkristall 95

R
Rasterelektronenmikroskop 98
Rasterpunkte 68
Raumtemperatur 106
Reaktionen 40, 41
Reflexion 13, 52
Regen 219, 246
Regenbogen 226, 246
Regenwurm 72, 74, 75, 76
Regenwurmhintern 87
Regie-Werkzeugkasten 27
Regisseur 27, 44
Reh 137
Reibezunge 55
Reiz-Reaktionen 40, 41
Rennmäuse 105
Reporter-Abc 53
Reptilien 139
Richtungshören 23, 45, 54, 56
Riechen 17, 54
Riechflächen 51
Riechnerven 51
Riechorgel 17
– Bauanleitung 17
Riechzelle 51
Rind 110
Rinde 116, 138
Rinderauge 25
Ringelrobbe 127, 131
Ringelwürmer 75
Robben 131
Roggen 112
Rotbuche 116
Rote Neonfische 125
Roter Fingerhut 136
Rotkohlchemie 190 ff.
Rückenschwimmer 81

S
Saft und Limonaden 186, 187, 189, 208
Saftkugler 75
Saguaro-Kaktus 101
Salatdressing 71
Salinenkrebse 129, 141
Salz 71
Samen 104
Sammellinse 26, 49
Sand 77, 93
Sandkörner 60
Satansröhrling 137
Satellitenbilder 224, 233, 246
Sauerstoff 153, 176
Säugetiere 110, 125, 134, 139
Saurer Regen 137, 194, 209
Schädelknochen 51
Schall 14, 22, 35, 47, 51, 54, 55
Schallgeschwindigkeit 23, 54, 55
Schallpegelmessgerät 35, 43, 55
Schallschwingungen 54
Schauspieler 44
Schlämmprobe 77
Schließmundschnecke 75
Schluff 93
Schlupfwespe 138
Schmauchspuren 94
Schmeckzellen 59
Schmerzschwelle 43
Schmetterlingsflügel 60
Schnecke (Gehörschnecke) 51
Schnecke 40, 55, 75, 166
Schneeflockenkristalle 95
Schneidegerät 84
Schnurfüßer 74
Schreibpapier 96
Schreibstimmgabel 22
Schriftanalyse 94
Schusswaffen 94
Schwarzer Holunder 136
Schwarzkäfer 129, 141
Schweiß 148, 172
Schweißdrüsen 148, 172
Schwellpapierverfahren 58
Schwingungen 22, 54
Schwingungsschreiber 54
Sehbehinderung 30, 34, 43
Sehnerv 42
Sehzellen 42, 44
Seitenwinder-Viper 128
Sezieranleitung
– Rinderauge 25
Sinne 36 – 41
Skelett 165, 172
Skorpione 128, 141
Sommer 222 ff.
Sommerlinde 136
Sonne 224, 246
Sonnenkollektor 225, 246
Sonnenlicht 225, 226, 247
Sonnenschutzmittel 226, 247
Sperber 138
Spiegel 52
Spinnen 230, 247
Spitzahorn 136
Sportkleidung 148, 172
Springschwanz 74
Spross 97
Sprossachse 97
Spurentabelle 65
Stabheuschrecken 105
Stammumfang 119

Stängel 97
Stärke 159, 161, 174, 175
Staubblätter 97
Stechmückenlarve 81
Steckbrief 117, 129, 134, 198
Steinkriecher 74, 76
Steinpilz 137
Stereo 23, 54, 56
Stereoaufnahmen 56
Stereoklänge 23
Stethoskop 154, 178
Stieleiche 136
Stifte 69, 98
Stimmenanalyse 94
Stimmgabel 15, 22, 40, 41
Stockbrot 158
Stockwerke des Waldes 116, 135
Stoffe 180 ff.
Stoffeigenschaften 189, 198, 209
Stofffahndung 198
Stofftrennung 185, 186, 188, 211
Streusalz 239, 248
Streuschicht 76, 90

T
Tagebuch 38 – 41
Tageslänge 224, 237, 248
Tanne 121
Tarnen 125
Tastbild 57
Tastborste 19, 40, 41
– Bauanleitung 56
Tastkörperchen 19, 47
Tastsinn 19
Täuschen 124
Tausendfüßer 74
Tee 184, 185, 212
Temperaturprotokoll 106
Teststreifen 193, 212
Thermometer 225, 236, 248
Thermometerhuhn 56
Tiefziehverfahren 57
Tiere der Welt 36, 37
Tierhaltung 104, 105
Tierspuren 117, 135
Tierzellen 99
Tomatensuppe 71
Ton 14, 15, 22, 54, 57, 77, 93

Tonfrequenzgenerator 22, 35
Tonmann 45
Torball 28, 31
Trainingsplan 152
Tränenkanal 42
Trommelfell 51
Tulpe 82, 97
Tulpenblüte 79, 97
Tulpenzwiebel 82, 83
Tümpeln 80

U
Überwintern 236, 238, 248
Uhu 101
Ultraschall 47, 57
Ultraschallschwingungen 57
Umkehrbilder 8
Universalindikator 193, 213
Unterboden 73, 76, 90
Unterhaut 47
Unterrichtsmaterial für Blinde 31, 57
Untersuchungsprotokoll 64
Urinsekt 74

V
Vakuum 15, 58
Venusfliegenfalle 58
Verbraucher 133
Verdauung 158, 179
Verdunsten 225, 249
Vergrößerung messen 83, 99
Vergrößerungsleistungen 99
Vierfarbdruck 91
Vitalkapazität 147, 179
Vitamin C-Kristall 95
Vitamine 113, 135, 160, 161, 175, 179
Vögel 139

W
Wachstumsschicht 138
Wald 114, 115, 116, 135
Waldameisen 117, 138
Waldkauz 138
Waldmaus 137
Waldpflanzen 116, 118, 136

Waldschäden 121, 137
Waldspiel 114, 115, 121
Waldtiere 117, 120, 121, 137
Wärme 18
Wärmeauge 48
Wärmebild 48
Wärmekörperchen 18, 47
Wärmeleitung 237, 249
Wärmesinn 18
Wärmeverlust 237
Warnen 125
Wasserbeschaffung 129
Wasserfloh 61, 81
Wasserläufer 81
Wasserlinsen 78
Wasserpest 89
Weißbirke 136
Weißdorn 136
Weißtanne 136
Weitsichtigkeit 34, 43, 58
Weizen 112
Weltkarte 36, 37
Weltraum 15
Wetter 214 ff., 249
Wetterballon 231
Wetterbericht 216, 222, 228, 234
Wetterkarte 217, 223, 224, 229, 235, 250
Wetterstation 224
Wettervorhersage 227, 250
Wildschwein 101, 137
Wildschweinspuren 117
Wildtulpe 97
Wildverbiss 117
Wimpern 42
Wind 233, 250
Windlabor 232, 233
Windmesser 215
Windrose 133
Windstärke 230, 232, 251
Winter 234 ff.
Wirbellose Tiere 138, 139
Wirbelsäule 165, 179
Wirbeltiere 125, 134, 138
– bestimmen 138, 139
Wolken 219, 224, 251
Wurmfarn 136
Wurzel
– Tulpe 83
– Wüstenpflanzen 123, 129
Wüste 123, 140

Wüstenpflanzen 129, 140
Wüstenrennmaus 105
Wüstenspringmäuse 129, 141
Wüstentiere 128, 129, 141

Z
Zahnräder
– eines Uhrwerkes 87
Zeigerpflanzen 194, 213
Zellen 83, 89, 99
Zerstreuungslinse 49
Zitronentee 185
Zoetrop 24
– Bauanleitung 59
Zoo 122, 123, 124
Zooplan 124
Zucker 71
Zuckmückenlarve 81
Zugvögel 221, 251
Zunge 16, 59
Zungenoberfläche 59
Zusammenhalten 125
Zwergspinne 75
Zwiebel 97
Zwiebelhaut 83
Zwiebelpräparat 83
Zypergras 104

Bildquellenverzeichnis

Vorsatz links 1 Focus (Science Photo Library), Hamburg; Vorsatz links 2+3 Hartmut Fahrenhorst, Unna; Vorsatz links 4 Waterfall by M. C. Escher © 1997 Cordon Art-Baarn-Holland. All rights reserved; Vorsatz links 5 Klett-Archiv; Vorsatz rechts 1 Cinetext, Frankfurt; Vorsatz rechts 2 Klett-Archiv; Vorsatz rechts 3 Karl Heinz W. Steckelings, Wuppertal; Vorsatz rechts 4–6 H. Fahrenhorst; 3 Nachdruck mit Genehmigung des Bundesamtes für Seeschiffahrt und Hydrographie (BSH) Hamburg und Rostock-8095-2/98 N34; 4.1 Focus (Science Photo Library); 4.2 Okapia (Stefan Cropp), Frankfurt/Main; 4.3 K. H. W. Steckelings; 4.4 Bruce Coleman, Ltd. (Kim Taylor), GB-Uxbridge; 4.5 H. Fahrenhorst; 5.1 Okapia (Manfred P. Kage); 5.2 Helmut Länge, Stuttgart; 5.3 H. Fahrenhorst; 5.4 Zefa (Jonas), Düsseldorf; 5.5 Fabian H. Silberzahn, Stuttgart; 6.1 Bongarts (Lutz Bongarts), Hamburg; 6.2 Okapia (Christine Steimer); 6.3 Werkstatt Fotografie Neumann und Zörlein, Stuttgart; 6.4 H. Fahrenhorst; 6.5 Okapia (G. Büttner/Naturbild); 7.1 H. Fahrenhorst; 7.2 Klett-Archiv; 7.3 Mauritius (von Ravenswaay), Stuttgart; 7.4 H. Fahrenhorst; 8.1 Focus (Science Photo Library); 8.2+3 H. Fahrenhorst; 8.4 Waterfall by M. C. Escher © 1997 Cordon Art-Baarn-Holland. All rights reserved; 10.1a–c Okapia (Stefan Cropp); 10.2 Picture Press (Raith), Redaktionsbüro München; 10.3 Bökförlaget Bonnier Alba (Lennart Nilsson), Stockholm; 11.1 Ulrike Drosihn, Stuttgart; 11.2 Okapia (Photri Inc.); 11.3 Elisabeth Schreiber, Aachen; 12.1 (Hintergrund) Klett-Archiv; 12.2 (H. Guether)+3 (Kabes) Mauritius; 14 Okapia (Photri Inc.); 15.1 (Hintergrund) Klett-Archiv; 15.2 Helga Lade (Photri), Frankfurt; 16.1 (Hintergrund)+3–5 H. Fahrenhorst; 16.2 Brigitte Bömer, Dortmund; 17.1 (Hintergrund) Klett-Archiv; 17.2–4 H. Fahrenhorst; 18.1 Mauritius (Superstock); 18.2 H. Fahrenhorst; 19.1 Klett-Archiv; 19.2 Norbert Schäfer Pictures, Düsseldorf; 19.3+4 H. Fahrenhorst; 20 Cinetext; 22.1 H. Fahrenhorst; 22.2+ 3 Werkstatt Fotografie; 22.4 Eckhard Müller, Böbingen a. d. Rems; 23 H. Fahrenhorst; 24 K. H. W. Steckelings; 25.1 Klett-Archiv; 25.2–6 H. Fahrenhorst; 26 Georg Trendel, Unna; 27.1 (Hintergrund) Loewe Opta GmbH, Kronach; 27.2 pwe Kinoarchiv (Krieger/Engelmeier), Hamburg; 28.1a–c H. Fahrenhorst; 28.2–5 Förderzentrum Blindenintegration, Soest; 28.6 Rainer Wohlfahrt, Bochum; 29.1–8 E. Schreiber; 29.9, 30 H. Fahrenhorst; 31.1 (Hintergrund) Hartmut W. Schmidt, Freiburg; 31.2–4+6–8 H. Fahrenhorst; 31.5 H. Länge; 32.1 (Hintergrund) Verlag hörgeschädigte kinder gGmbH, Hamburg, aus: Gebärdenlexikon Band 1, Günter Maisch/Fritz-H. Wisch, „Grundgebärden"; 32.2–7, 33 E. Schreiber; 34.1 (Hintergrund)+4 H. Fahrenhorst; 34.2 Werkstatt Fotografie; 34.3 Fielmann AG, Hamburg; 38 Photo-Center Greiner & Meyer (Kratz), Braunschweig; 39.1 Silvestris (Lenz), Kastl; 39.2a (Waldboden) Georg Meister, Bad Reichenhall; 39.2b (Waldmaus) Manfred Pforr, Langenpreising; 40.1 H. Fahrenhorst; 40.2 H. Länge; 41 Photo-Center Greiner & Meyer (Greiner); 42 Klett-Archiv; 44.1 Toni Angermayer, Holzkirchen; 44.2 pwe Kinoarchiv; 45.1 Okapia (Milos Andera); 45.2 Focus (EOS); 46 Verlag hörgeschädigte Kinder gGmbH, Hamburg aus: Gebärdenlexikon Band 1, Günter Maisch/Fritz-H. Wisch, „Grundgebärden"; 48.1 T. Angermayer; 48.2, 49 Klett-Archiv; 50 Photo-Center Greiner & Meyer (Greiner); 51 Photo Courtesy of Richard M. Constanzo and E. E. Morrison, Virgina Commonwealth; 52, 54 G. Trendel; 55 E. Müller; 56 Okapia (Roger Brown/OSF); 57.1 Tanja Terschawetz, Böblingen; 57.2–5, 58.1a+b H. Fahrenhorst; 58.2 Okapia (NAS/RAY Coleman); 58.3 Silvestris (Dr. Sauer); 59 Reed Books, London; 60.1 B. Coleman, Ltd. (Kim Taylor); 60.2+3 H. Fahrenhorst; 60.4 Ralph Grimmel, Stuttgart; 60.5 Konrad Kunsch, Freiberg; 60.6 Manfred Keil, Neckargemünd; 60.7 Mauritius (Simon Sims); 61.1 Silvestris (K. Wothe); 61.2 Reinhard-Tierfoto (Hans Reinhard), Heiligkreuzsteinach; 61.3 (Simon Sims)+6 (Rossenbach) Mauritius; 61.4 Photo-Center Greiner & Meyer (Kunz); 61.5 H. Fahrenhorst; 62.1+2, 63.1 H. Fahrenhorst; 64.1+2 G. Trendel; 65 H. Fahrenhorst; 66 Picture Press, München, aus: YPS-Heft 1112; 68.5 Kodak Foto-CD (Steve Kally), Stuttgart; 69.2 Musées Royaux des Beaux-Arts de Belgique, Bruxelles; 69.3 Vobis-Microcomputer AG, Würselen; 69.4+6+7 H. Fahrenhorst; 69.5a Laenderpress (STM), Mainz; 69.5b Mauritius (Rossenbach); 70, 71 H. Fahrenhorst; 74.1 Silvestris (Frank Hecker); 74.2 Jacana (A. Carrara), Paris; 74.3+8+10 T. Angermayer (Hans Pfletschinger); 74.4+11 H. Länge; 74.5 Silvestris (Erhard Kotzke); 74.6 Heiko Bellmann, Lonsee; 74.7 Okapia (Manfred P. Kage); 74.9 Save-Bild (C. M. Bahr), Augsburg; 75.1 H. Länge; 75.2 Manfred Keil; 75.3a–d Dieter Schmidtke, Schorndorf; 75.4 Okapia (Manfred P. Kage); 75.5 Silvestris (Maier); 75.6+7 T. Angermayer (Hans Pfletschinger); 76 Universität München, Lehrstuhl für Bodenkunde, K. E. Rehfuess, Freising; 77 H. Fahrenhorst; 78 Manfred Kage, Lauterstein; 79.1 Okapia (K. G. Vock); 79.2 M. Kage; 81.1 (Hintergrund)+2–4+14 Eckart Pott, Stuttgart; 81.5–7+12 T. Angermayer (Hans Pfletschinger); 81.8 Silvestris (K. Wothe); 81.9 Ulrich Heitkamp, Gleichen-Diemarden; 81.10 H. Länge; 81.11 (K. Wothe)+13 (Robert Maier) Silvestris; 82.1 (Hintergrund)+2 Reinhard-Tierfoto; 82.3 H. Länge; 83 H. Fahrenhorst; 84, 85 (Hintergrund) Johannes Lieder, Ludwigsburg; 86, 87.1+3–8 H. Fahrenhorst; 87.2 Okapia (K. G. Vock); 89.1 Nature+Science, Aribert Jung, Vaduz; 89.2–4 H. Fahrenhorst; 90 Universität München, Lehrstuhl für Bodenkunde, K. E. Rehfuess; 91.1 Vobis-Microcomputer AG; 91.2 Photo-Center Greiner & Meyer (Kunz); 92.1a Laenderpress (STM); 92.1b Mauritius (Rossenbach); 93.1 Okapia (Günter Kiepke); 93.2 H. Lade (D. Assmann); 93.3 Laenderpress (FOR); 93.4 H. Lade (Bernd Siering); 93.5+ 6 G. Trendel; 93.7+8, 94 Landeskriminalamt Nordrhein-Westfalen, Düsseldorf; 95.1+2+4–6 H. Fahrenhorst; 95.3 Carl Zeiss, Optisches Museum, Oberkochen; 96 H. Fahrenhorst; 97.1 Reinhard-Tierfoto (Hans Reinhard); 97.2 E. Pott; 98.1+4+5+7 M. Kage; 98.2 J. Lieder; 98.3 (EOS)+6 (Andrew Syred/Science Photo Library)+8 (David Scharf/Science Photo Library) Focus; 99.1–3 H. Fahrenhorst; 99.4 M. Kage; 99.5 Okapia (Nuridsany & Perennou); 99.6 Joachim Wygasch, Paderborn; 99.7 FU Berlin, Klaus Hausmann, Berlin; 100.1 (Hintergrund) Thomas Raubenheimer, Stuttgart; 100.2 H. Fahrenhorst; 100.3 (Frauke)+4 (Enzinger) Mauritius; 100.5 Silvestris (Andreas Riedmiller); 100.6 Zefa (Jonas); 100.7 Okapia (Ernst Schacke); 100.8 Reinhard-Tierfoto (Hans Reinhard); 101.1 T. Angermayer (Hans Reinhard); 101.2 (Fritz Pölking)+3 (Frank Hecker) Silvestris; 101.4+5+7 Reinhard-Tierfoto, (Hans Reinhard); 101.6 Tony Stone (Kim Heacox), München; 104.1 Reinhard-Tierfoto (Hans Reinhard); 104.2–4+6, 105.1–3+5+6 H. Fahrenhorst; 104.5 H. Lade (E. Morell); 105.4 Okapia (Hans Reinhard); 106.1 (Hintergrund) Conrad Höllerer, Stuttgart; 106.2 H. Fahrenhorst; 107.1 F. H. Silberzahn; 107.2 Lambrecht GmbH, Göttingen; 107.3–6 H. Fahrenhorst; 108.1 (Hintergrund) Stuttgarter Luftbild Elsässer GmbH; 108.2–4+7–9 H. Fahrenhorst; 108.5 Silvestris (Danegger); 108.6 Okapia (Klein/Hubert); 109.1–5+8 H. Fahrenhorst; 109.6 Michael Steinle, Fellbach; 109.7 H. Länge; 109.9 R. Grimmel; 110.1 Okapia (Ernst Schacke); 110.2–8 H. Fahrenhorst; 110.9 dpa (ADN/Zentralb.), Frankfurt/M.; 111.1–3+5 H. Fahrenhorst; 111.4 R. Grimmel; 112.1+3+5+7 H. Länge; 112.2+4+6+8–10 H. Fahrenhorst; 113.1 (Hintergrund)+3+4 Horst Janus, Ludwigsburg; 113.2+5 H. Fahrenhorst; 116.1 Mauritius (SDP); 116.2 Photo-Center Greiner & Meyer; 116.3 M. Pforr; 116.4 Klett-Archiv; 116.5 Theo Homolka, Böblingen; 117.1 Reinhard-Tierfoto (Hans Reinhard); 117.2 (Hans Reinhard)+7 (Hans Pfletschinger) T. Angermayer; 117.3+6 Werner Waldrich, Immenhausen; 117.4 Photo-Center Greiner & Meyer (H. Schrempp); 117.5 Th. Homolka; 118 Schutzgemeinschaft Deutscher Wald e. V., Meckenheimer Allee 79, 53115 Bonn, Tel. (02 28) 65 84 62, Telefax (02 28) 65 69 80, Internet: http: //www.dai-net.de/sdw, e-mail: sgdwald@AOL.COM; 121.1 Th. Homolka; 121.2+3+5 Bernhard Wagner; 121.4 Realfoto (Altemüller); 122.1 (Hintergrund: Icelandic Photo)+2 (Peter Fey), 123 (Hintergrund: TCL) Bavaria, Gauting; 124 Stadt Dortmund; 125.1 Silvestris (C. Dani/I. Jeske); 125.2 (Günter Ziesler)+5+7 T. Angermayer; 125.3 (NAS/T. Mc Hugh)+6 (Konrad Wothe) Okapia; 125.4 Reinhard-Tierfoto; 125.8 Dr. G. Ruempler, Bremen; 125.9 Reinhard-Tierfoto (Hans Reinhard); 126.1 Corbis-Bettmann, New York; 126.2 Reinhard-Tierfoto (Hans Reinhard); 126.3 Mauritius (AGE-Kat.); 126.4 Save-Bild, Minden Pictures (Flip Nicklin); 127.1 (Hintergrund) Mauritius; 127.2 Okapia (Daniel J. Cox/OSF); 127.3 Mauritius (AGE-Kat.); 127.4 Silvestris (Hans-Georg Arndt); 127.5 J. Kienzer, Kiel; 127.6 Roland Herdtfelder, Reutlingen; 127.7 Hans Müller, Dortmund; 128.1 Focus (Stefan Warter); 128.2 (Dennis Nigel)+3 (Raimund Cramm) Silvestris; 128.4 Photo-Center Greiner & Meyer (Meyer); 129.1 Okapia (Dr. C. Rohrbach); 129.2 ABPL Image Library (Anthony Bannister), Sandton; 130 Okapia (Nils Reinhard); 131.1 Okapia (Press-tige Pict./OSF); 131.2 H. Fahrenhorst; 131.3 F. H. Silberzahn; 131.4 Eberhard Theophel, Giessen; 132 Lambrecht GmbH; 133 H. Fahrenhorst; 134 Reinhard-Tierfoto (Hans Reinhard); 138 E. Pott; 139.1 H. Fahrenhorst; 139.2 Reinhard-Tierfoto (Hans Reinhard); 139.3–5 E. Pott; 140.1 Reinhard-Tierfoto (Hans Reinhard); 140.2 Okapia (St. Meyers); 141 H. Fahrenhorst; 142.1 Okapia (Christine Steimer); 142.2 Zefa (Norman); 142.3 (Coll)+4 (Ridder) Mauritius; 142.5 Jacana (Lorne), Paris; 142.6 Focus (S. Sagaldo); 142.7 Bongarts (Heesen/HSV); 142.8 M. Steinle;

143.1+2 (Vivien Venzke)+3 Bongarts; 143.4 Zefa (Lenz); 144.1/145 (Hintergrund) C. Höllerer; 144.2–7, 145.1–4 H. Fahrenhorst; 146.1 Werkstatt Fotografie; 146.2–5 H. Fahrenhorst; 146.6 Michael Ludwig, Stuttgart; 147, 148.1+2 H. Fahrenhorst; 148.3 Bongarts; 148.4 dpa (Gero Breloer); 148.5 dpa/Sportreport (Frank Kleefeld), Berlin; 148.6 (Manus)+7 (fact) Mauritius; 148.8 Bavaria (Flecks); 149 H. Fahrenhorst; 156.1/157 (Hintergrund) Claus Kaiser, Stuttgart; 156.2 Silvestris (Peter Legler); 156.4 StockFood (S. & P. Eising), München; 156.5 Klett-Archiv; 157.1 Silvestris (S. Kerscher); 157.2 StockFood (Anthony Blake); 157.3 Mauritius (AGE); 157.4 Laenderpress (Späing); 157.5 Silvestris (S. Kerscher); 158, 159.1–3+6+7 H. Fahrenhorst; 159.5 R. Grimmel; 160, 161.1+2 H. Fahrenhorst; 161.3 M. Steinle; 162.1/163 (Hintergrund) C. Kaiser; 162.2 Okapia (J. Dürk); 162.3 T. Stone (Gay Bumgarner); 163 Bongarts (Lutz Bongarts); 164.1/165 (Hintergrund) Okapia (Christine Steimer); 164.2 Bongarts; 164.3 Okapia (J. Dürk); 164.4 T. Stone (Gay Bumgarner); 165 H. Fahrenhorst; 166.1/167 (Hintergrund) Superbild (Zscharnack), Grünwald; 169 Herbert Lies, Stuttgart; 170.3 Okapia (CNRI), 170.4 Mauritius (Pigneter), 172.1 Deutscher Leichtathletik-Verband, Darmstadt, 173.1 Superbild (Zscharnack); 173.2 Mauritius (Poehlmann), 177.2 W. L. Gore & Associates GmbH, Feldkirchen-Westerham; 178.1 Mauritius (AGE); 180 Okapia (G. Büttner/Naturbild); 182.1/183 (Hintergrund: Raga), 182.2+3+4 (Hackenberg)+5–7 (Stallmann), 183.1 (Habel) Mauritius; 184.1 Bilderdienst Süddeutscher Verlag, München; 184.2 (Poehlmann)+7 (Hackenberg) Mauritius; 184.3+4+6 H. Lies; 184.5 H. Fahrenhorst; 184.8 Bilderberg (Dorothea Schmid), Hamburg; 184.9–11 H. Fahrenhorst; 185.1 Mauritius (Poehlmann); 185.2+4 H. Fahrenhorst; 185.3 C. Kaiser; 186.1+3 H. Fahrenhorst; 186.2 StockFood (Maximilian Stock LTD); 187.1+6 H. Fahrenhorst; 187.2–4 H. Lade (Rainer Binder); 187.5 Mauritius (Mitterer); 188.1+2+4+5 H. Fahrenhorst; 188.3 Mauritius (Poehlmann); 189.1+4+5 H. Fahrenhorst; 189.2 C. Kaiser; 189.3 IFA Bilderteam (Tschanz); 190.1/191 (Hintergrund) Okapia (G. Büttner/Naturbild); 191.2–4 H. Fahrenhorst; 192.1 (Hintergrund) Okapia (G. Büttner/Naturbild); 192.2+5 H. Fahrenhorst; 192.3+4 C. Kaiser; 193.1 (Hintergrund) Okapia (G. Büttner/Naturbild); 193.2+4+5 H. Fahrenhorst; 193.3 Werkstatt Fotografie; 194.1 Bernhard Wagner, Breisach; 194.2 Mauritius (Dr. Pott); 194.3 Sebapharma GmbH & Co., Boppard-Bad Salzig; 195.1+2 Westf. Amt für Denkmalpflege (Arnulf Brückner), Münster; 195.3 Baumann, Gomaringen; 195.4 Focus (Andrew Syred/Science Photo Library); 198, 199–201 H. Fahrenhorst; 202.1+2 T. Angermayer (Hans Pfletschinger), Holzkirchen; 202.3, 203.1–3 H. Fahrenhorst; 203.5 Reinhard-Tierfoto (H. Reinhard); 204.1 Klett-Archiv; 204.2 Mauritius (Poehlmann); 204.3+5 H. Fahrenhorst; 204.4 Bettina Ohnesorge, Düsseldorf; 205, 207.1–3 H. Fahrenhorst; 207.4+5 H. Länge; 208.1–5 Mauritius (Stallmann); 210 H. Fahrenhorst; 211.1 Johann Leupold, Wendisch-Evern; 211.2–4 H. Fahrenhorst; 211.5 Mauritius (Habel); 211.6 Bavaria; 212.1 H. Fahrenhorst; 213.1 R. Grimmel; 213.2–5 H. Länge; 213.6 Mauritius (Dr. Pott); 214.1 Klett-Archiv; 214.2–4, 215 H. Fahrenhorst; 216.1/217 (Hintergrund: Albinger), 216.3 (Hubatka)+4 (Paul Stephan-Vierow) Mauritius; 216.2 Deutscher Wetterdienst, Offenbach a. M.; 217.1 WNI meteo consult; 217.2 Okapia; 217.3 Bavaria (Tschanz-Hofmann); 217.4 H. Lade; 217.5 Save-Bild (D. Nill); 218.1+3+4 H. Fahrenhorst; 218.2 (Albinger), 219.1 (Albinger) Mauritius; 219.2 H. Lade (Kirchner); 219.3–5, 220.1+3+4 H. Fahrenhorst; 220.2 H. Länge; 221.1 Silvestris (Naroska); 221.2+5 Naturbildarchiv Lange, Bad Lausik; 221.3 Okapia (Dr. Eckart Pott); 221.4 Silvestris (Fritz Hanneforth); 221.6–8+10 H. Fahrenhorst; 221.9 Silvestris (Dr. Brehm); 222.1/223 (Hintergrund) H. Lade (Kirchner); 222.2 Deutscher Wetterdienst; 222.3 Mauritius (Mitterer); 222.4 (Janicek)+5 (Anton Geisser) Bavaria; 223.1 WNI meteo consult; 223.2 Bavaria (VCL); 223.3–7 Ilse Nötzold, Drensteinfurt; 224 Mauritius (Ekholm); 225.1+3+4 H. Fahrenhorst; 225.2 G. Trendel; 225.5 Mauritius; 226.1+3 G. Trendel; 226.2+4 H. Fahrenhorst; 226.5 Mauritius (ACE); 227 Bongarts (Marcus Brandt); 228.1/229 (Hintergrund) Mauritius (Albinger); 228.2 Deutscher Wetterdienst; 228.3 H. Lade (B. Radelt); 228.4 Zefa; 228.5 Mauritius; 229.1 WNI meteo consult; 229.2 (MAN)+4 (Benier) H. Lade; 229.3 H. Fahrenhorst; 229.5 Pictor International, München; 230.1/231(Hintergrund) Mauritius (Kohlhaupt-Sendtner); 230.2–5 H. Fahrenhorst; 230.6 (Geoff du Feu)+8 (R. Sebastian) H. Lade; 230.7 Bavaria (VCL); 231.1+2 H. Fahrenhorst; 231.3 Westermann Schulbuchverlag GmbH, Braunschweig, aus: Diercke Weltatlas 1992, Seite 20;

232, 233 H. Fahrenhorst; 234.1/235 (Hintergrund) Bavaria (Dr. Wagner); 234.2 Deutscher Wetterdienst; 235 WNI meteo consult; 236.1 Bavaria (Dr. Wagner); 236.2 Werkstatt Fotografie; 237.1+2 H. Fahrenhorst; 237.3 Save-Bild (K. Wothe); 238.1/239 (Hintergrund) Bavaria (Füllenbach); 238.2–4, 239.1+2 H. Fahrenhorst; 239.3 Klett-Archiv; 239.4 Okapia (NAS/ Blair Seitz); 240.1–3 E. Pott; 240.4 H. Fahrenhorst; 241 Mauritius (von Ravenswaay); 244 H. Fahrenhorst; 246 Bavaria (Masterfile); 247.1+2 Flir AG Infrarottechnik, CH-Kriens; 247.3+4 Klett-Archiv; 248 T. Angermayer (H. Pfletschinger); 249.1+2 M. Steinle; 249.3 Mauritius (Fichtl); 250.2 Bavaria (FPG)

Die Seiten 142 bis 145 wurden von Prof. Jürgen Wirth, Fachhochschule Darmstadt (Fachbereich Gestaltung) illustriert und gestaltet.

Weitere Grafiken unter Mitarbeit von:
Prof. Jürgen Wirth, Fachhochschule Darmstadt (Fachbereich Gestaltung): 120 (Nahrungskette und Nahrungsnetz), 135 (Waldstockwerke), 136 (Waldpflanzen), 137 (Waldpflanzen und Waldtiere), 138 (Waldtiere), 168 (Brust- u. Bauchatmung), 169 (Lungenbläschen); 170.1 (Blutkreislauf), 171.1 (Fußgewölbe), 171.2+3 (Herz), 173.3+4 (Muskeln), 176.1 (Oberarmmuskulatur), 177.1 (Skelett), 178.2 (Verdauungsorgane), 179.2 (Wirbelsäule), 203, 251
Thomas Menzel, Seedorf: 241.3 (Atmosphäre)
Conrad Höllerer, Stuttgart: 248.1 (Tageslänge)